思路决定出路

THINKING DETERMINES THE WAY OUT.

文　娟◎主编

煤炭工业出版社
·北　京·

图书在版编目（CIP）数据

思路决定出路／文娟主编．－－北京：煤炭工业出版社，2019

ISBN 978－7－5020－7293－3

Ⅰ.①思…　Ⅱ.①文…　Ⅲ.①成功心理—通俗读物　Ⅳ.①B848.4－49

中国版本图书馆 CIP 数据核字（2019）第 042865 号

思路决定出路

主　　编　文　娟
责任编辑　马明仁
封面设计　刘明彬

出版发行　煤炭工业出版社（北京市朝阳区芍药居 35 号　100029）
电　　话　010－84657898（总编室）　010－84657880（读者服务部）
网　　址　www.cciph.com.cn
印　　刷　三河市天润建兴印务有限公司
经　　销　全国新华书店

开　　本　710mm×1000mm 1/16　**印张**　18　**字数**　280 千字
版　　次　2019 年 7 月第 1 版　2019 年 7 月第 1 次印刷
社内编号　20180769　　　**定价**　49.80 元

前　言

有这样一则故事，两个鞋厂的推销员，同时来到太平洋的一个岛国推销鞋。

他们看到同一个事实：这里的人不穿鞋。

A鞋厂的推销员向厂部发回信息说："这里的人不穿鞋，鞋在这里没有市场。"然后就失望地离开了这个岛国。

B鞋厂的推销员却兴奋地向厂部发回信息说："这里的人都没有鞋穿，有很好的市场前景。"然后他把一双最好看的鞋送给岛国的国王穿，这里的人看到国王穿鞋，也学着穿鞋。于是B鞋厂的推销员在这里开设了卖鞋的商店，结果，B鞋厂发财了。

同一个事实，却产生两种截然不同的结局。思路不同，看问题的角度不同，解决问题的方法不同，导致了两种有天壤之别的结果。世界上还有很多事情，都是因为有不同的思路，而有不同的出路，请看下面的例子。

在偏远的山区，有两个青年一同开山，一个人把开采出的石块砸成小石子运到路边，卖给建房的人；另一个人则直接把开采出的大石块运到码头，卖给花鸟商人。因为这里的石头奇形怪状，十分好看，他认为卖重量不如卖造型。两年后，他成为村里第一个盖起瓦房的人。

后来，政府不许开山，只许种树，于是这里又变成了果园。等到秋天，因为这里的梨汁浓肉脆、味美可口，漫山遍野的鸭梨招来八方商客，他们把堆积如山的鸭梨成筐成筐地运往城市出售，有些还发往国外。就在村里人为鸭梨的丰收所带来的小康生活而欢呼雀跃时，曾经卖大石块的那个果农却砍掉果树，开始种柳。因为他发现，来这里的客商不愁买不到好梨，只愁买不到盛梨的筐子。四年后，他成为村里第一个在城里买房的人。

从以上两个故事中可见：无论是企业的经营，还是个人的发展，都是不断开拓创新的思路中选择和变化的过程。思路是决定企业和个人成败的关键因素。思路不同，看待世界的视角不同，对待生活的心态不同，解决问题的方法不同，由此产生截然不同的结局。思路错，则山穷水复；思路对，则柳暗花明。优秀者与平庸者的根本区别就在于他们是否能够主动寻找获得成功的好思路。优秀者能够不断思考，开拓创新，积极寻找新的思路，突破人生中的一个个难题，最终取得成功；而平庸者墨守成规，缺乏思考，最终成为人生跑道上的落伍者。总之，企业经营没有思路不行，组织管理没有思路不行，个人生活、工作没有思路不行……在逆境和困境中，有思路就有出路；在顺境和坦途中，有思路才有更大的发展。思路决定出路，有什么样的思路，就会有什么样的出路。对于普通人，思路决定自己一个人、一家人的出路；对于领导者，思路则决定一个组织、一个地方，乃至一个国家的出路。只有具备明确的思路，才能找到光明的出路。

现实生活中，我们常常会看到，那些思路灵活、善于思考的人，总是比别人强，他们能赚更多的钱，有不错的工作和良好的人际关系，身体健康、生活愉快，过着高品质的生活，人生充满了无限的趣味。

穷人与富人的差别不只是钱，还在于穷人生活在一种贫穷的思维中，而富人以特有的金钱观和行为模式，通过不懈的努力，让金钱为他们带来更多的金钱。每个人都有可能成为亿万富翁，在机遇面前人人都有机会。一生中，我们拥有许许多多选择人生的机会，关键在于我们的头脑中是否形成了正确的思路，并决心为之付出努力。一个善于开拓新思路的人，一定是一个善于发现机会和勇于开拓创新的人。能够努力寻找好的思路的人，比只会埋头苦干、不善思考的人更能获得成功，也更容易过上称心如意的生活。

这个世界上很多事情，只要你思路正确，并下定决心去做，就一定能成功。大多数人认为不可能的事，而少数人做到了，因此成功的总是少数人。大多数人遇到比较困难的事，就觉得无论如何也做不到，于是打起退堂鼓回避问题，根本不去想有没有解决问题的办法。而那些取得成功的少数人不会被困难吓倒，他们总能迎难而上，积极思考，想办法克服困难。成功者之所以在众多的竞争者中一枝独秀，就是因为他们拥有出奇制胜的思路。人与人之间的差别，从根本上说就是自身思路的差异。

在竞争日趋激烈、生活节奏日益加快的今天，每天都会出现大量的、错综复杂的问题，给人们的事业、工作、学习、生活带来压力、障碍。迅速有效地解决这些问题，就需要有正确的思路。正确的思路，是对错误滞后的思路的否定和突破，它可以帮助我们修正人生坐标，最大限度地发挥自身的潜能，高效地解决摆在面前的各种问题，冲破事业、生活中的人生困局，在汹涌的时代大潮中立于不败之地。

目 录

第一篇 思路决定出路

第二篇 打好手中的坏牌

第一篇

思路决定出路

第一章
人生无处不套牢，思路决定出路

面对自我的困惑

不能正确地评价自己，做好定位，朝着正确的方向前进，是人成功道路上的一堵墙。正确的做法应该是正确认识自己，找准人生的坐标，改变错误的思维模式。

人们常说“人贵有自知之明”，那就是既不高估自己，也不低估自己。认识到这一点容易，但要做到这一点，却非人人能及。

想拥有更大的权力，想到更能发挥自己才能的岗位上去，想做出比别人更大的成就……几乎所有人都有上进心，都有改善现状的欲望。但是，正确估价自己的人，完全有能力接受自己目前所处的现状和环境，这对于想成功的人来说是非常重要的。

世上没有十全十美的人，有些缺点和性格是与生俱来并要带进坟墓的。只要看看那些伟大的成功者，你就能立即明白——他们都接受了自然的自我。

接受自己，对于正确地评价自我非常重要。纪伯伦曾在其作品里讲了一个狐狸觅食的故事。狐狸欣赏着自己在晨曦中的身影说：“今天我要用一头骆驼做午餐呢！”整个上午，它奔波着寻找骆驼。但当正午的太阳照在它的头顶时，它再次看了一眼自己的身影，于是说：“一只老鼠也就够了。”狐狸之所以犯了两次相同的错误，与它选择“晨曦”和“正午的阳光”作为镜子有关。晨曦不负责任地拉长了它的身影，使它错误地认为自己就是万兽之王，并且力大无穷无所不能；而正午的阳光又让它对着自己缩小了的身影忍不住妄自菲薄。

大师笔下的这只狐狸与现实生活中的很多人十分相似。他们对自己的认识不足，过分强调某种能力或者凭空承认无能。在这种情况下，千万别忘了上帝为我们准备了另外一块镜子，这块镜子就是“反躬自省”，这4个字可以照见落在心灵上的尘埃，提醒我们“时时勤拂拭”，使我们认识真实的自己。

尼采曾经说过：“聪明的人只要能认识自己，便什么也不会失去。”只有正确认识自己，才能充满自信，才能使人生的航船不迷失方向。只有正确认识自己，才能正确确定人生的奋斗目标。只有有了正确的人生目标并充满自信地为之奋斗终生，才能此生无憾，即使不成功，也会无怨无悔。

思路突破：定位决定人生

一个人的发展在某种程度上取决于自己对自己的评价，这种评价有一个通俗的名词——定位。在心目中你把自己定位成什么，你就是什么，因为定位能决定人生，定位能改变人生。

一个乞丐站在地铁出口处卖铅笔，一名商人路过，向乞丐杯子里投入几枚硬币，匆匆而去。过了一会儿，商人回来取铅笔，他说：“对不起，我忘了拿铅笔，因为你我毕竟都是商人。”几年后，商人参加一次高级酒会，遇见了一位衣冠楚楚的先生向他敬酒致谢。这位先生说，他就是当初卖铅笔的乞丐。他生活的改变得益于商人的那句话：你我都是商人。故事告诉我们：当你定位于乞丐，你就是乞丐；当你定位于商人，你就是商人。

定位概念最初是由美国营销专家里斯和屈特于1969年提出的，当时他们的观点是，商品和品牌只有在潜在的消费者心中占有位置，企业经营才会成功。随后定位的外延扩大了，大至国家、企业，小至个人、项目等，均存在定位的问题，事关成败兴衰。

汽车大王福特自幼帮父亲在农场干活，12岁时，他就在头脑中构想如何用能够在路上行走的机器代替牲口和人力，而父亲和周围的人都要他在农场做助手。若他真的听从了父辈的安排，世间便少了一位伟大的工业家，但福特坚信自己可以成为一名机械师。于是他用1年的时间完成了其他人需要3年的机械师训练，随后又花2年多的时间研究蒸汽原理，试图实现他的目标，未获成功；后来他又投入汽油机研究上来，每天都梦想制造一部汽车。他的创意被大发明家爱迪生所赏识，邀请他到底特律公司担任工程师。经过10年努力，在29岁时，福特成功地制造了第一个汽车引擎。今天在美国，每个家庭都有一部以上的汽车，底特律成为美国最大的工业城市之一，也是福特的财富之都。福特的成功，不能不归功于他定位的正确和不懈的努力。

反过来说，就算你给自己定位了，如果定得不切实际，或者没有一种健康的心态，也不会取得成功。

自我设限

人的悲哀不在于他们不去努力，而在于他们总爱给自己设定许多条条框框，这种条框无意之中限制了他们想象的空间、创造的潜能和奋进的范围。看似一天到晚在忙碌，实际上自己已经套上了可怕的“紧箍咒”，最终注定碌碌无为。

科学家曾做过一个有趣的实验：

他们把跳蚤放在桌上，一拍桌子，跳蚤立即跳起，跳起高度均在其身高的100倍以上，堪称世界上跳得最高的动物。然后他们在跳蚤头上罩一个玻璃罩，再让它跳。第一次跳蚤就碰到了玻璃罩，连续多次碰壁后，跳蚤改变了起跳高度以适应环境，每次跳跃高度总保持在罩顶以下。接下来，科学家逐渐改变玻璃罩的高度，这使跳蚤每次都在碰壁后主动改变跳跃的高度。最后，玻璃罩接近桌面，这时跳蚤已无法再跳了。于是，科学家把玻璃罩打开，再拍桌子，跳蚤仍然不会跳，变成“爬蚤”了。

跳蚤变成“爬蚤”，并非它已丧失了跳跃的能力，而是一次次的受挫使它学乖了、习惯了、麻木了。最可悲之处在于，实际上玻璃罩已经不存在了，它却连“再试一次”的念头都没有了。玻璃罩已经罩在了它的潜意识里，罩在了它的心灵上。行动的欲望和潜能被自己扼杀了！科学家把这种现象叫作“自我设限”。

“自我设限”是人生的最大障碍，如果想突破它，我们就必须不怕碰壁。这时我们就用得着“饥渴精神”了。如果那只跳蚤永远想着“外面有美味可以填饱肚子”，那它就永远都不会放弃跳跃，除非生命终结。

无独有偶。自然科学家法布尔也曾利用毛毛虫做过一次很不寻常的试验。这些毛毛虫总是盲目地跟着前面的毛毛虫走，所以它们又叫游行毛毛虫。法布尔很小心地安排，使它们围着花瓶的边缘走成一个圆圈。花瓶的旁边则放了一些松针，这是毛毛虫喜欢的食物。毛毛虫开始绕着花瓶走，它们一圈儿又一圈儿地走，一连 7 天 7 夜，一直围着花瓶团团转。最后，终于因饥饿与筋疲力尽而死去。在不到 6 寸远的地方就有很丰富的食物，而它们却饥饿而死，因为它们把活动与成就弄混了。

许多人像毛毛虫一样，放弃主宰自己的生命和命运，按别人的意愿过日子，却不能够自主地生活。这种人最突出特点就是盲从，他们没有目标，就像一艘没有舵的船，永远漂流不定，所以只会到达失望、失败和丧气的海滩。

许多人犯了毛毛虫所犯的错误，结果只从丰富的生活中获得了很小的一部分。他们跟着大家绕圈子，根本不到别的地方去。他们遵循既定的方法与步骤，没有别的理由，因为"大家都那样做"和"大家都认为应该那样做"。其实，深究起来，这两个小实验的结果揭示了极为深刻的寓意。常人的悲哀不在于他们不去努力，而在于他们总爱给自己设定许多条条框框，这种条框无意之中限制了他们的想象空间、创造的潜能和奋进的范围。看似一天到晚在忙碌，实际上自己已经套上了可怕的"紧箍咒"，注定碌碌无为。

敢于打破自我设定的障碍，多一点超越、少一点盲从，世界会不一样。

思路突破：唤醒心中的巨人

任何人都应该有这样一种抱负，那就是在生命中做一些独特的、带有个人特征的事情，从而使自己免于平庸和世俗，并使自己远离毫无目标、无精打采的生活。最理想的抱负就是植根于现实土壤的切实目标，在自身能力范围之内尽可能地追求卓越。

所以说，真正需要唤醒的是你自己，我们每个人都应当尽可能地挖掘自身的潜能，激发自己的雄心壮志。

很多时候，某些我们极其敬仰的人给予我们的信任和鼓励，或者是当有些人对我们表示怀疑时另一些人却毫不犹豫地对我们的才能表示肯定，都可能激发起我们的雄心，并使我们在一瞬间看到无穷的机会。或许在当时我们并没有对此给予太多的关注，但是，它很可能成为我们职业生涯中的一个转折点。

在生活中，无数的人在阅读一本激励人心的书或一篇感人至深的励志美文时，突然感到灵光一闪，蓦地发现了一个崭新的自我。如果没有这样的一些书或文章，他们可能会永远对自身的真实能力懵懂无知。任何能够使我们真正认识自己，能够唤醒我们的全部潜能的东西都是无价之宝。

问题在于，我们中的绝大多数人从来没有被唤醒过，或者是直到生命的晚年才真正认识自身的能力，但是为时已晚，再也不可能有大的作为了。因此，在我们年轻时就应当对自身的潜能有一个清醒的认识，唯其如此，我们才可能有效地发掘生命的潜力，从而最大限度地实现自我的价值。

大多数人直到撒手人寰时，还有相当大的一部分潜能根本就没有被开发。他们只使用了自身能力中很小的一部分，而其他更珍贵的财富却白白地闲置在那儿，原封未动。

因此，最大化地开发一个人的潜能，已成为每个人一生要面对的重要命题。那么如何才能让潜能淋漓尽致地开发出来呢？其实，潜能开发的途径有许多，但从成功学的角度而言，主要有 4 个方面，即“诱、逼、练、学”。

1.“诱”就是引导

寻求更大领域、更高层次的发展，是人生命意识中的根本需求。“这山望着那山高”“喜新厌旧”是人的本性。因此，具有主体自觉意识的自我，有理性的自我，是绝不愿意停留在任何一种狭小的、有限的状态之中的，而是总想不断开拓以取得更大的发展，从而更好地生存的。这种炽热的、旺盛的发展需要，是渴望成功的表现，是潜能蓄势待发的前兆。只要对这种发展意识给予有益的暗示、引发、规划和培育，就能很好地激发并释放潜能。

2.“逼”就是逼迫

人是一个复杂的矛盾体，既有求发展的需要，又有安于现状、得过且过的惰性。能够卧薪尝胆、自我警醒的人少之又少，更多的人需要的是鞭策和当头棒喝式的促动，而“逼”就是“最自然”的好办法。人们常说的“压力就是动力”，就是这个意思。

因此，被逼不是“无奈”，被逼是福。

要么你是被“看得起”委以重托，要么是有好运气，否则别人不会“逼”到你的头上来。

被逼，心态就会改变；被逼，就会有明确的目标；被逼，就会分清轻重缓急，抓紧时间；被逼，就会马上行动。不寻求突破、不创新，就休想跨过这道坎儿。于是潜能在一逼之下因迅速集聚而爆发，如同核聚变。

逼自己，就是战胜自己，必须比过去的自己更好；逼自己，就是超越竞争，必须比别人更好。别人想不到的，我要想到；别人不敢想的，我敢想；别人不敢做的，我来做；别人认为做不到的，我一定要做到。潜能的力量是巨大的！

人的潜能也遵循着“马太效应”，越开发、越使用，就越多、越强。

生命力是从压力中体现出来的。生命力就是创新能力，就是创造力，就是人的潜能，也就是竞争力。

3.“练”就是练习

此处特指专家为开发人的潜能而专门设计的练习、题目、测验、训练，如脑筋急转弯、一分钟推理等，多做有益。另外还包括“潜意识理论与暗示技术”“自我形象理论与观想技术”“成功原则和光明技术”“情商理论与放松入静技术”等。

4.“学”就是学习

学习绝对是增加潜能基本储量及促使潜能发挥的最佳方法。知识丰富必然联想丰富，而智力水平则取决于神经元之间信息连接的广度和信息量。

心中的瓶颈

人人心中都有一堵“墙”——你成功的障碍。人们的一生仿佛受到一个失灵的罗盘的指引，永远迷失着自我，而无法冲破人生的局限。其实，心可以超越困难，可以突破阻挠；心可以粉碎障碍，让你脱颖而出！

希拉斯·菲尔德先生退休的时候已经积攒了一大笔钱，然而他忽发奇想，想在大西洋的海底铺设一条连接欧洲和美国的电缆。随后，他就开始全身心地推动这项事业。前期的基础性工作包括建造一条长约1600千米、从纽约到纽芬兰圣约翰的电报线路。纽芬兰长约640千米的电报线路要从人迹罕至的森林中穿过，所以，要完成这项工作不仅包括建一条电报线路，还包括建同样长的一条公路。此外，还包括穿越布雷顿角全岛共700千米长的线路，再加上铺设跨越圣劳伦斯海峡的电缆，整个工程十分浩大。

菲尔德使尽浑身解数，总算从英国政府那里得到了资助。然而，他的方案在议会上遭到了强烈的反对，在上院仅以一票的优势获得多数通过。随后，菲尔德的铺设工作就开始了。电缆的一头搁在停泊于塞巴斯托波尔港的英国旗舰“阿伽门农号”上，另一头放在美国海军新造的豪华护卫舰“尼亚加拉号”上，不过，就在电缆铺设到 8 千米的时候，它突然被卷到了机器里面，被弄断了。菲尔德不甘心，进行了第二次试验。在这次试验中，在铺到 320 千米长的时候，电流突然中断了，船上的人们在甲板上焦急地踱来踱去。就在菲尔德先生即将命令割断电缆，放弃这次试验时，电流突然又神奇地出现了，一如它神奇地消失一样。夜间，船以每小时约 6.5 千米的速度缓缓航行，电缆的铺设也以每小时约 6.5 千米的速度进行。这时，轮船突然发生了一次严重倾斜，制动器紧急制动，不巧又割断了电缆。

但菲尔德并不是一个容易放弃的人。他又订购了 1100 千米的电缆，而且还聘请了一个专家，请他设计一台更好的机器，以完成这么长的铺设任务。后来，英美两国的科学家联手把机器赶制出来。最终，两艘军舰在大西洋上会合了，电缆也接上了头；随后，两艘船继续航行，一艘驶向爱尔兰，另一艘驶向纽芬兰，结果它们都把电线用完了。两船分开不到 4.8 千米，电缆又断开了；再次接上后，两船继续航行，到了相隔约 13 千米的时候，电流又没有了。就这样，电缆第三次接上后，铺了 320 千米，在距离“阿伽门农号”6 米处又断开了，两艘船最后不得不返回爱尔兰海岸。

参与此事的很多人都泄了气，公众舆论也对此流露出怀疑态度，投资者也对这一项目丧失了信心，不愿再投资。这时候，如果不是菲尔德先生百折不挠的精神，不是他天才的说服力，这一项目很可能就此放弃了。菲尔德继续为此日夜操劳，甚至到了废寝忘食的地步，他绝不甘心失败。于是，第三次尝试又开始了，这次总算一切顺利，全部电缆铺设完毕，而没有任何中断，几条消息也通过这条漫长的海底电缆发送了出去，一切似乎就要大功告成了，但突然电流又中断了。

这时候，除了菲尔德和他的一两个朋友外，几乎没有人不感到绝望。但菲尔德仍然坚持不懈地努力，他最终又找到了投资人，开始了新的尝试。他们买来了质量更好的电缆，这次执行铺设任务的是“大东方号”，它缓缓驶向大洋，一路把电缆铺设下去。一切都很顺利，但最后在铺设横跨纽芬兰 960 千米电缆线路时，电缆突然又折断了，掉入了海底。他们打捞了几次，但都没有成功。于是，这项工作就耽搁了下来，而且一搁就是 1 年。

这一切困难都没有吓倒菲尔德。他又组建了一个新的公司，继续从事这项工作，而且制造出了一种性能远优于普通电缆的新型电缆。1866 年 7 月 13 日，新的试验又开始了，并顺利接通、发出了第一份横跨大西洋的电报！电报内容是："7 月 27 日。我们晚上 9 点到达目的地，一切顺利。感谢上帝！电缆都铺好了，运行完全正常。希拉斯·菲尔德。"不久以后，原先那条落入海底的电缆被打捞上来了，重新接上，一直连到纽芬兰。现在，这两条电缆线路仍在使用，而且再用几十年也不成问题。

思路突破：打破心中的瓶颈

几年前，举重项目之一的挺举项目中，有一种"500 磅 (约 227 千克) 瓶颈"的说法，也就是说，以人的体力而言，500 磅是很难超越的瓶颈，当时没有一个运动员能突破这个重量。一次，499 磅的纪录保持者巴雷里比赛时所举的杠铃，由于工作人员的失误，实际上超过了 500 磅。这个消息发布之后，世界上有 6 位举重高手也紧接着举起了一直未能突破的 500 磅杠铃。

有一位撑竿跳的选手，一直苦练都无法越过某一个高度。他失望地对教练说："我实在是跳不过去。"

教练问："你心里在想什么？"

他说："我一冲到起跳线时，看到那个高度，就觉得跳不过去。"

教练告诉他："你一定可以跳过去。把你的心从竿上摔过去，你的身子也一定会跟着过去。"

他撑起竿又跳了一次，果然跃过了。

心，可以超越困难，可以突破阻挠；心，可以粉碎障碍，终会达成你的期望。

所谓瓶颈，其实只是心理作用。你的心中有瓶颈吗？

人的生活罗盘经常失灵，日复一日，有很多人在迷宫般的、无法预测也乏人指引的茫茫职场中失去了方向。他们不断触礁，可是别人却技高一筹地继续航行，安然应对每天的挑战，平安抵达成功的彼岸。为了维持正确的航线，为了不被沿路上意想不到的障碍和陷阱困住或吞噬，你需要一个可靠的内部导航系统。一个有用的罗盘，将为你在陷入职场困境时指引一条通往成功的康庄大道。然而，可悲的是，太多的人从未抵达终点，因为他们借助失灵的罗盘来航行。这坏掉的罗盘可能是扭曲的是非感，或是蒙蔽的价值观，或是自私自利的意图，或是未能设定目标，或是无法分辨轻重缓急，简直不胜枚举。聪明人利用罗盘，可以获致恒久的成功。有智慧的卓越人士，选择可靠的路线，坚定地向前行进，可以渡过难关，安抵终点。

内心中的自毁倾向

心理学家指出，在每一个人的内心深处，多多少少都隐藏了一些自毁的倾向，这种内在情绪的冲动常常会驱使一个人做出危及自己的事情。而真正的成功者与一般人之间的一个重要区别在于：他们战胜了自己和内心的情绪，而一般人却不能。

你一定听过"自讨苦吃""自找麻烦""搬起石头砸自己的脚""自作孽，不可活"等诸如此类的话，这些描述的就是一个人所犯的错误把自己逼往失败的境地。

仔细想想，每一个人都难免会犯以上的错误，只不过有程度严重与否的区别。无怪乎有句话说"自己才是自己最大的敌人"，因为我们总是不断地用各种方法"迫害"自己。

心理学家指出，其实，在我们每一个人的内心深处，多多少少都隐藏了一些自毁倾向，这种内在情绪的冲动常常会驱使一个人做出危及自己的事情。例如，有人整天絮絮叨叨，看什么事都不顺眼，动不动就抱怨这个、抱怨那个，好像所有的人都做了对不起他的事；还有的人，生活漫无目标，整日无所事事，只会嫉妒别人的成就，自怨自艾，认为什么好运都不会落在自己的头上；还有的人嗜酒如命、沉湎于药物、好财如命、饮食不知节制、消费成癖、纵情声色等，这些都称得上是自毁行为。

人们常常把失败的原因归咎于别人，其实很多问题都出在自己身上，很多麻烦都是自找的。每个人在先天性格上都有一些缺陷，只是你不愿承认失败是出于自己的缺点。这种"不愿当输家"的防卫心理可以理解，但如果你对自己的缺点浑然不觉或者不知反省，就真会有"一败涂地"的危险。

"生命的脚本可由演出者的主观意志加以改变"，杜柏林认为，每个人天生的性格固然会影响他的行为模式，但即使你的输家"脚本"是与生俱来的，你也可以决定不再依赖这种"脚本"过日子。问题是，你是否愿意正视你的缺陷，改变你的自毁行为，不再继续自讨苦吃。

想要不再与自己为敌，并且停止迫害自己，就要找出和解的方法。当然，你要努力去改掉多年的自毁习惯。当你一点一滴慢慢铲除这些障碍的时候，你就会发现：你已经不再是自己最大的敌人，而是自己最好的朋友。

思路突破：一个人最重要的是他的内心

在一次讨论会上，一位著名的演说家没讲一句开场白，只在手里高举着一张20美元的钞票。面对会议室里的200个人，他问："谁要这20美元？"一只只手举了起来。他接着说："我打算把这20美元送给你们中的一位，但在这之前，请准许我做一件事。"他说着将钞票揉成一团，然后问："谁还要？"仍有人举起手来。

他又说："那么，假如我这样做又会怎么样呢？"他把钞票扔到地上，又踏上一只脚，并且用脚碾它。尔后他拾起钞票，钞票已变得又脏又皱。"现在谁还要？"还是有人举起手来。

"朋友们，你们已经上了一堂很有意义的课。无论我如何对待那张钞票，还是有人想要它，因为它并没贬值，它依旧值20美元。人生路上，我们会无数次被自己的决定或碰到的逆境击倒、欺凌，甚至碾得粉身碎骨，我们觉得自己似乎一文不值了。但无论发生什么，或将要发生什么，在上帝的眼中，你们永远不会丧失价值。在他看来，无论你们肮脏或是洁净，衣着齐整或是不齐整，你们都是无价之宝。生命的价值不依赖我们的所作所为，也不仰仗我们结交的人物，而是取决于我们本身，也就是说，完全属于你的内心所想！你们是独特的——永远不要忘记这一点！"是的，生命的价值取决于我们自身，除了自己，没有人能让你贬值。

凯特先生的一次经历更让我们认识到：一个人最重要的是他的内心！

一个星期天的早晨，凯特本来可以好好睡一个懒觉，但是一种强烈的罪恶感驱使他起身去教堂做礼拜。

凯特洗漱完毕，收拾整齐，匆匆忙忙赶往教堂。

礼拜刚刚开始，凯特在一个靠边的位子上悄悄坐下。牧师开始祈祷了，凯特刚要低头闭上眼睛，却看到邻座先生的鞋子轻轻碰了一下他的鞋子，凯特轻轻地叹了一口气。

凯特想，邻座先生那边有足够的空间，为什么我们的鞋子要碰在一起呢？这让他感到不安，但邻座先生似乎一点儿也没有感觉到。

祈祷开始了："我们的父……"牧师刚开了头。凯特忍不住又想，这个人真不自觉，鞋子又脏又旧，鞋帮上还有一个破洞。

牧师继续祈祷着，凯特尽力想集中心思祷告，但思绪忍不住又回到了那双鞋子上。他扫了一眼地板上邻座先生的鞋子想，难道我们上教堂时不应该以最好的面貌出现吗？邻座的这位先生肯定不是这样认为的。

祷告结束了，人们唱起了赞美诗，邻座先生很自豪地高声歌唱，还情不自禁地高举双手。凯特想，主在天上肯定能听到他的声音。奉献时，凯特郑重地放进了自己的支票。邻座先生把手伸到口袋里，摸了半天才摸出了几枚硬币，"叮啷啷"放进了盘子里。

牧师的祷告词深深地触动了凯特，邻座先生显然也同样被感动了，因为凯特看见泪水从他的脸上流了下来。

礼拜结束后，大家像平常一样欢迎新朋友，从而让他们感到温暖。凯特心里有一种想要认识邻座先生的冲动，他转过身子握住了邻座先生的手。

邻座先生是一个上了年纪的黑人，头发很乱，但凯特还是谢谢他来到教堂。邻座先生激动得热泪盈眶，咧开嘴笑着说："我叫查理，很高兴认识你，我的朋友。"

查理擦擦眼睛继续说道："我来这里已经有几个月了，你是第一个和我打招呼的人。我知道，我看起来与别人格格不入，但我总是尽量以最好的形象出现在这里。星期天一大早我就起来了，先是擦干净鞋子，打上油，然后走了很远的路，等我到这里的时候鞋子已经又脏又破了。"凯特忍不住一阵心酸，强咽下了眼泪。

查理接着又向凯特道歉说："我坐得离你太近了。当你到这里时，我知道我应该先看你一眼，再问候你一句。但是我想，当我们的鞋子相碰时，也许我们就可以心灵相通了。"

凯特一时觉得再说什么都显得苍白无力，就静了一会儿才说："是的，你的鞋子触动了我的心。在一定程度上，你让我知道，一个人最重要的是他的内心，而不是外表。"

还有一半话凯特没有说出来，这位老黑人怎么也不会想到，凯特从心底深深地感激他那双又脏又旧的鞋子，是它深深触动了他的灵魂。

邻座的黑人先生并没有因为自己的衣着寒酸而自怨自艾，或无端地贬低、毁灭自己，而是满怀着对上帝、对生活的感恩之情，热情地对待自己，以及认真地面对主给予他的所有恩赐——包括那双又破又烂的鞋子。事实证明，在贫贱与困境中保持着内心的昂扬和人格完整的人，能赢得人们的尊重和敬佩。"一个人最重要的是自己的内心。"没错，上面的两个故事诠释了这一点，并带给我们无声的震撼。

青蛙的处境

故步自封和过度的自我满足让人的世界变得越来越小。而有些人宁可在暂时的安逸中沉湎，也不愿提高自身的能力和核心竞争力以适应环境变化。这种做法和文中的两只青蛙所做出的反应，几乎同出一辙。

有一只青蛙生活在井里，那里有充足的水源。它对自己的生活很满意，每天都在欢快地歌唱。

有一天，一只鸟儿飞到这里，便停下来在井边歇歇脚。青蛙主动打招呼说："喂，你好，你从哪里来啊？"

鸟儿回答说："我从很远很远的地方来，而且还要到很远很远的地方去，所以感觉很劳累。"

青蛙很吃惊地问："天空不就是那么大点儿吗？你怎么说是很遥远呢？"

鸟儿说："你一生都在井里，看到的只是井口大的一片天空，怎么能够知道外面的世界呢？"

青蛙听完这番话后，惊讶地看着鸟儿，一脸茫然和失落的样子。

这是一个我们早已熟知的故事，或许你会感到好笑，但在现实生活中，仍可以见到许许多多的"井底之蛙"陶醉在自我的狭小领域中。这种自以为是的自足自得，只会导致眼光的短浅和心胸的狭隘。信息的落后和自我张狂会让自己和现实离得越来越远。特别是在竞争日趋激烈的今天，故步自封和过度的自我满足只会让你的世界越来越小，并时刻有被淘汰的危险。因此，每个人都应该走出"小我"，积极地提升自身的能力，开阔自己的视野，这样才能在汹涌的时代大潮中立于不败之地。

下面，我们再讲一个有关于青蛙的故事。在19世纪末，美国康乃尔大学做过一次有名的青蛙实验。他们把一只青蛙冷不防丢进煮沸的油锅里，在那千钧一发的生死关头，青蛙用尽全力，一下就跃出了那势必使它葬身的滚烫的油锅，跳到锅外的地面上，安全逃生。

半小时后，他们使用同样的锅，在锅里放满冷水，然后又把那只死里逃生的青蛙放到锅里，接着用炭火慢慢烘烤锅底。青蛙悠然地在水中享受“温暖”，等它感觉到承受不住水的温度，必须奋力逃命时，却发现为时已晚，欲跃无力。青蛙全身瘫痪，终于葬身在热锅里。

在生活中，我们随处可以看到这样的例子，许多人安于现状、不思进取，在浑浑噩噩中度日，害怕面对不断变化的环境，更不愿增强自己的本领，去发挥自身的优势以适应变化，最终在安逸中消磨了所有的生命能量。

思路突破：更高的目标为生命增色

不少人会有这样的体验，虽然每天准时上班，每天按计划完成该做的事，但总觉得生活得呆板，缺乏活力。似乎该做的事都已经做了，生活中再也找不到还能去做选择和努力的地方。曾经就有这样一个人们一致公认的成功人士，竟爬上楼顶，从上面跳了下去。

问题出在哪里？从表面上看，他是因为反复循着同样的生活方式，没有新鲜的感受，没有新的创意，产生了厌倦和疲劳，身心感到耗竭。

再往更深的层次看，也许是目标定得不够高，成功后就再看不到更高的奋斗目标了；也许有着不切实际的预期，这样，无论他的学业、事业多么的成功，都无法达到预期的要求；也许是认识不到自己工作的成就和价值；也许是把自己的目标定得太窄，于是生活变得刻板，没有生气。

美国的本杰明·富兰克林是举世闻名的政治家、外交家、科学家和作家。他的多方面才能令人惊叹：他4次当选宾夕法尼亚州的州长；他制定出《新闻传播法》；他发明了口琴、摇椅、路灯、避雷针、两块镜片的眼镜、颗粒肥料；他设计了富兰克林式的火炉和夏天穿的白色亚麻服装；他最先组织消防厅；他首先组织道路清扫部；他是政治漫画的创始人；他是出租文库的创始人；他是美国最早的警句家；他是美国第一流的新闻工作者，也是印刷工人；他创设了近代的邮信制度；他想出了广告用插图；他创立了议员的近代选举法；他的自传是世界上所有自传中最受欢迎的自传之一，仅在英国和美国就重印了数百版，现在仍被广泛阅读……

诚然，像富兰克林这样敢于尝试，并在各方面都显示出卓越才能的人是少见的。可是，这也足以说明：只要愿意，人无所不能。作为普通人，虽然我们不可能在各方面都有所建树，但如果我们敢于求新求变，试着涉足更广阔的领域，即使不能成名立万，也会使生活变得更加丰富多彩。长期单调乏味的生活常常会使最有耐性的人也觉得忍无可忍，读到这里，你完全应该相信：你还可以做好很多事情。

人生无处不套牢

“套牢”是股市上的一个术语，却也很好地表现出了人生中的一种尴尬处境。就像一个禅学故事中所讲的，一只贪食的鸟儿拼命地往网孔中钻，可任凭它怎样用力，脖子被勒得窒息，也够不着近在咫尺的虫子。当人们拼着性命往套中钻时，却怎么也得不到自己所渴望得到的。也许，这种削尖脑袋往套中钻的动机和想法本身就是一个圈套，或者说是一堵围困人生的墙吧。

在股市猛地热了起来以后，有个词的使用频率也突然增高，这便是——套牢。许多人被股市赚钱的光环所诱惑而奋不顾身地跳了进去，谁知股价非但不涨反而直线下跌，这就是被套牢了。凡是玩股票的人，没有一个喜欢自己被套牢的。

股市真可谓是人生大课堂。收市之后，你如果将眼光放得远一点，会忽然发现，人生真是无处不套牢。生而为人，出生前就被子宫套牢了。后来，上学了被学校套牢，工作了被单位套牢，结婚了被家庭套牢，死了被骨灰盒套牢。

说起来，有些套子是自己钻的。股票是自己要买的，婚是自己要结的，国是自己要出的，儿子是自己要生的。假如买不到股票，人是会抱怨的；假如生不出儿子，人是会沮丧的；假如出不了国，人是会恼火的。有朋友终于拿到了绿卡，他却立即愁眉苦脸起来，说是原本穷学生一个，万事没有关系，而现在要以一个美国人的标准来要求自己，车是什么档次的车，房子是什么档次的房子，衣服是什么衣服，工作是什么工作，凡此种种，不一而足，原来绿卡也是个圈套。这么一说，做人就难了。得到了朝思暮想的东西还要犯愁，甚至更愁，人生真是很无奈。

仔细想想，人又不能没有一点儿东西将自己套牢。过于自由，心里就空落落的，魂不守舍、食不甘味，这种、那种的孤独就要来咬人。人不是被这个套牢，就是被那个套牢，一套接着一套，彻底的孤鬼儿一个是不可想象的。有种说法是不错的：凡是活人必然是套中之人。

而人要套自己是最无可救药的。有一个人热爱炒股，小有进账。然而他总是拨起算盘算自己理论上应该赚多少，而实际上少赚了多少，这样算来算去反而更不快乐。友人劝他何苦和自己过不去，留得“生命”在，还怕没钱赚？他觉得这话是对的，但心里忍不住还是惦记那飞走的铜钱。唉！不知道是人套钱，还是钱套人，天下的傻瓜们啊！

思路突破：人生不应该有太多负荷

人生不应该有太多的牵累与负荷。现在拥有的，我们应该珍惜；已经失去的，也没必要再为之哭泣。抬头向前看，会有更美好的生活在等着你。只要还有一颗乐观向上的心，人生就会一路充满阳光。

尤利乌斯是一个画家，而且是一个很不错的画家。他画快乐的世界，因为他自己就是一个快乐的人。不过没人买他的画，因此他想起来会有点儿伤感，但只是一会儿。

“玩玩足球彩票吧！”他的朋友们劝他，“只花 2 马克便可赢很多钱！”

于是尤利乌斯花 2 马克买了一张彩票，并真的中了彩！他赚了 50 万马克。

“你瞧！”他的朋友都对他说，“你多走运啊！现在你还经常画画吗？”

“我现在就只画支票上的数字！”尤利乌斯笑道。

尤利乌斯买了一幢别墅并对它进行了一番装饰。他很有品位，买了许多好东西：阿富汗地毯、维也纳橱柜、佛罗伦萨小桌、迈森瓷器，还有古老的威尼斯吊灯。

尤利乌斯很满足地坐下来，点燃一支香烟静静地享受他的幸福。突然，他感到好孤单，便想去看看朋友。如同在原来那个石头做的画室里一样，他把烟往地上一扔，然后就出去了。

燃烧着的香烟躺在地上，躺在华丽的阿富汗地毯上……一个小时以后，别墅变成一片火的海洋，它完全烧没了。

朋友们很快就知道了这个消息，他们都来安慰尤利乌斯。

“尤利乌斯，真是不幸呀！”他们说。

“怎么不幸了？”他问。

“损失呀！尤利乌斯，你现在什么都没有了。”

“什么呀？不过是损失了2个马克。”

克服不了的“约拿情结”

“约拿情结”的典故出自《圣经》，其高度概括了人的一种状态。人渴望成功又害怕面对成功，内心一直在积极与消极的两端徘徊。其实，这种心理迷茫状态来源于内心深处的恐惧感，而这种深层的恐惧心理，也成了人生最严重的致命伤。

约拿是《圣经》中的人物。据说上帝要约拿到尼尼微城去传话，这本是一种崇高的使命和荣誉，也是约拿平素所向往的。但一旦理想成为现实，他又感到一种畏惧，觉得自己不行，想回避即将到来的成功，想推却突然降临的荣誉。这种在成功面前的畏惧心理，心理学家们称之为“约拿情结”。

“约拿情结”是一种普遍的心理现象。我们想取得成功，但成功以后，又总是伴随着一种心理迷茫；我们既自信，又自卑；我们既对杰出人物感到敬仰，又总是心怀一种敌意；我们敬佩最终取得成功的人，而对成功者，又怀有一种不安、焦虑、慌乱和嫉妒；我们既害怕自己最低的可能性，又害怕自己最高的可能性。

说到底，“约拿情结”是一种内心深层次的恐惧感。这种恐惧感往往会破坏一个人的正常能力。

恐惧使创新精神陷于麻木；恐惧毁灭自信，导致优柔寡断；恐惧使我们动摇，不敢做任何事情；恐惧还使我们怀疑和犹豫。恐惧是能力上的一个大漏洞，而事实上，有许多人把他们一半以上的宝贵精力浪费在毫无益处的恐惧和焦虑上面了。

恐惧虽然阻碍着人们力量的发挥和生活质量的提高，但它并非不可战胜。只要人们能够积极地行动起来，在行动中有意识地纠正自己的恐惧心理，那它就不会再成为我们的威胁。

思路突破：跨越恐惧的藩篱

勇敢的思想和坚定的信念是治疗恐惧的天然药物，勇敢和信心能够中和恐惧，如同在酸溶液里加一点儿碱，就可以破坏酸的腐蚀力一样。

对此，我们不妨多加了解一下。

有一个文艺作家对创作抱着极大的野心，期望自己成为大文豪。美梦未成真前，他说："因为心存恐惧，我眼看一天过去了，一星期、一年也过去了，仍然不敢轻易下笔。"

另有一位作家说："我很注意如何使我的心力有技巧、有效率地发挥。在没有一点儿灵感时，也要坐在书桌前奋笔疾书，像机器一样不停地动笔。不管写出的句子如何杂乱无章，只要手在动就好了，因为手到能带动心到，从而慢慢地将文思引出来。"

初学游泳的人，站在高高的水池边要往下跳时，都会心生恐惧。如果壮大胆子，勇敢地跳下去，恐惧感就会慢慢消失，反复练习后，恐惧心理就不复存在了。

倘若很神经质地怀着完美主义的想法，进步的速度会受到限制。如果一个人恐惧时总是这样想："等到没有恐惧心理时再来跳水吧，我得先把害怕退缩的心态赶走才可以。"这样做的结果往往是把精神全浪费在消除恐惧感上了。

这样做的人一定会失败，为什么呢？人类心生恐惧是自然现象，只有亲身行动才能将恐惧之心消除。不实际体验，只是坐待恐惧之心离你远去，自然是徒劳无功的事。

在不安、恐惧的心态下仍勇于作为，是克服神经紧张的处方儿，它能使人在行动之中，获得活泼与生气，渐渐忘却恐惧心理。只要不畏缩，有了初步行动，就能带动第二、第三次的出发，如此一来，心理与行动都会渐渐走上正确的轨道。

得过且过，一生无成

有的人想做大事，却漫无目标，得过且过。这样的人肯定会有很多局限性而无法超越自我，难有大的突破和进展。实际上，凡是有“得过且过”心态的人，无不是给自己立了一堵墙，并陶然忘我地在围墙之内沉醉。殊不知，这俨然是在耗费生命。

在古希腊，鲁尔和克尔威逊同村的人，为了比高低，打赌看谁走得离家最远。于是，他们同时却不同道地骑着马出发了。

一个人走了13天之后，心想：“我还是停下来吧，因为我已经走了很远了。他肯定没有我走得远。”于是，他停了下来，休息了几天，掉转马头返回家乡，重新开始他的农耕生活。

而另外一个人走了7年，却没回来，人们都以为这个傻瓜为了一场没有必要的打赌而丢了性命。

有一天，一支浩浩荡荡的队伍向村里开来，村里的人不知发生了什么大事。当队伍临近时，村里有人惊喜地叫道：“那不是克尔威逊吗？”消失了7年的克尔威逊已经成了军中统帅。

他下马后，向村里人致意，然后说：“鲁尔呢？我要谢谢他，因为那个打赌让我有了今天。”鲁尔羞愧地说：“祝贺你，好伙伴。我至今还是农夫！”

暂时满足的心态只能使你次人一等。生活中有多少人都是这样成为次人一等者的啊！

一个有生气、有计划、克服消极心态的人，一定会不辞任何劳苦，坚持不懈地向前迈进，他们从来不会想到“将就过”这样的话。有些人常常对他人说：“得过且过，过一把瘾吧！”“只要不饿肚子就行了！”“只要不被撤职就够了！”这种青年无异于承认自己没有生机。他们简直已经脱离了世人的生活，至于“克服消极心态”那更是想也不必想了。

打起精神来！它虽然未必能够使你立刻有所收获，或得到物质上的安慰，但它能够充实你的生活，使你获得无限的乐趣，这是千真万确的。

无论你做什么事，打不起精神来就不能克服消极心态。你必须全神贯注，竭尽所有的精力去做它，务必使你每天都有显著的克服消极心态的进步，因为每天从事的工作都可以训练和发展我们克服消极心态的能力。一个人如能打定如此坚决的主意，那他的收获一定不会仅够“填饱肚子”的。

那些克服消极心态而成就的大事，绝非仅欲“填饱肚子”以及做事“得过且过”的人所能完成的，只有那些意志坚决、不辞辛苦、十分热心的人才能完成这些事业。

思路突破：塑造一个最好的“我”

在美国西部，有个天然的大洞穴，它的美丽和壮观出乎人们的想象。但是这个大洞穴一直没有被人发现，没有人知道它的存在，因此它的美丽也就等于不存在。有一天，一个牧童偶然发现洞穴的入口，从此，新墨西哥州的“绿巴洞穴”成为世界闻名的胜地。

科学研究表明，我们每个人都有 140 亿个脑细胞，而一个人只利用了肉体和心智能源的极小部分。若与人的潜力相比，我们只处于半醒状态，还有许多未发现的“绿巴洞穴”。正如美国诗人惠特曼诗中所说：

我，我要比我想象得更大、更美
在我的，在我的体内
我竟不知道包含这么多美丽
这么多动人之处……

人是万物的灵长，是宇宙的精华，我们每个人都具有发扬生命的本能。为“生命本能”效力的就是人体内的创造机能，它能创造人间的奇迹，也能创造一个最好的你。

我们每个人心里都有一幅“心理蓝图”或一幅自画像，有人称它为“自我心像”。自我心像有如电脑程序，直接影响它的运作结果。如果你的心像想的是做最好的你，那么你就会在你内心的“荧光屏”上看到一个踌躇满志、不断进取的自我。同时，还会经常听到“我做得很好，我以后还会做得更好”之类的信息，这样你注定会成为一个最好的你。美国哲学家爱默生说：“人的一生正如他一天中所设想的那样，你怎样想象，怎样期待，就有怎样的人生。”美国赫赫有名的钢铁大王安德鲁·卡内基就是一个能充分发挥自己创造机能的楷模。他12岁时由苏格兰移居美国，最初在一家纺织厂当工人，当时，他的目标是决心“做全工厂最出色的工人”。因为他经常这样想，也是这样做的，最后果真成为全工厂最优秀的工人。后来命运又安排他当邮递员，他想的是怎样“做全美最杰出的邮递员”。结果他的这一目标也实现了。他的一生总是根据自己所处的环境和地位塑造最佳的自己，他的座右铭就是：“做一个最好的自己。”

荒芜的花园

人总为自己筑起一道特别的“篱笆墙”，别人走不进来，自己也走不出去。这道看不见的篱笆墙就是自我封闭。可想而知，自我封闭这堵墙只会让自己本来姹紫嫣红的世界日渐荒芜。

每个人心中都有一座美丽的大花园。如果我们愿意让别人在此种植快乐，同时也让这份快乐滋润自己，那么我们心灵的花园就永远不会荒芜。

罗曼太太是美国的一位贵妇人，她在亚特兰大城外修了一座花园。花园又大又美，吸引了许多游客，人们毫无顾忌地跑到罗曼太太的花园里玩耍。

年轻人在绿草如茵的草坪上跳起了欢快的舞蹈；小孩子扎进花丛中捕捉蝴蝶；老人蹲在池塘边垂钓；有人甚至在花园当中支起了帐篷，打算在此度过他们浪漫的盛夏之夜。罗曼太太站在窗前，看着这群快乐得忘乎所以的人们，看着他们在属于她的园子里尽情地唱歌、跳舞、欢笑。她非常生气，就叫仆人在园门外挂了一块牌子，上面写着：“私人花园，未经允许，请勿入内。”可是这样做并不管用，那些人还是成群结队地走进花园。罗曼太太只好让她的仆人前去阻拦，结果发生了争执，有人竟拆走了花园的篱笆墙。

后来罗曼太太想出了一个绝妙的主意，她让仆人把园门外的那块牌子取下来，换上了一块新牌子，上面写着：“欢迎你们来此游玩。为了安全起见，本园的主人特别提醒大家：花园的草丛中有一种毒蛇，如果哪位不慎被蛇咬伤，请在半小时内采取紧急救治措施，否则性命难保。最后告诉大家，离此地最近的一家医院在威尔镇，驱车大约50分钟即到。”

这真是一个绝妙的主意，那些贪玩的游客看了这块牌子后，对这座美丽的花园望而却步了。可是几年后，有人再到罗曼太太的花园去，却发现那里因为园子太大，走动的人太少而真的杂草丛生、毒蛇横行，几乎荒芜了。孤独、寂寞的罗曼太太守着她的大花园，她非常怀念那些曾经来她的园子里玩的、快乐的游客。

篱笆墙是农家用来把房子四周的空地围起来的类似栅栏的东西，有的上面还有荆棘。篱笆墙的存在是向别人表示这是属于自己的"领地"，要进入必须征得自己的同意。罗曼太太用一块牌子为自己筑了一道特别的"篱笆墙"，随时防范别人的靠近。这道看不见的篱笆墙就是自我封闭。

自我封闭，顾名思义就是把自我局限在一个狭小的圈子里，与外界断绝交流与接触。自我封闭的人就像契诃夫笔下的套中人一样，把自己严严实实地包裹起来，因此很容易陷入孤独与寂寞之中。自我封闭的人在情绪上的显著特点是情感淡漠，不能对别人给予的情感表达做出恰当的反应。在这些人脸上，很少看到笑容，总是一副冷冰冰、心事重重的样子。这无形之中就告诉周围的人：我很烦，请别靠近我！周围的人自然也就退避三舍、敬而远之。不难想象，一个自我封闭的人要获得巨大的成功该是多么的艰难！由此，自我封闭者要正视现实，要勇敢地介入社会生活，找机会多接触和了解他人，在与他人的交往中获得益处。

思路突破：别让自己成为孤岛

合群就是与别人合得来。合群作为一种性格特征，具有既能够接受别人，同时也能被人接受的社会适应性特点。合群的人乐于与人交往，他们不封闭自己，愿意向别人敞开心扉。同时，合群的人往往是善解人意、热情友好的，他们在与人相处时，正面的态度(如尊敬、信任、喜悦等)多于反面的态度(如仇恨、嫉妒、怀疑等)。因此，他们能建立和谐的人际关系，有较多的知心朋友。

但是，生活中也确实常有些人过于自我封闭，他们或自命清高，不善于交往；或过于自卑，缺乏积极从事交往活动的勇气，总以为别人瞧不起自己，因而孤僻内向，离群索居。

心理学家指出，这种自我封闭的性格有碍于建立和谐的人际关系，因而不适应现代社会生活的需要，同时还会使人在心理上缺乏安全感和归属感，形成退缩感和孤独感，从而也有碍于人的身心健康。

那么，究竟怎样才能改变自我封闭的性格呢？

1. 学会关心别人

如果你期望被人关心和喜爱，你首先得关心别人和喜爱别人。关心别人，帮助别人克服困难，不仅可以赢得别人的尊重和喜爱，而且，由于你的关心引起了别人的积极反应，会给你带来满足感，并增强你与人交往的自信心。

2. 学会正确评价自己

古语说："人贵有自知之明。"在人际交往中，你对自己的认识越正确，你的行为就越自然，表现也越得体，结果也就越能获得别人的肯定，这种评价对于克服自我封闭的心理障碍是十分有利的。

3. 学会一些交际技能

如果你在与人交往时总是失败，那么由此而引起的消极情绪当然会影响你的合群性格。如果你能多学习一点交往的艺术，自然有助于交往的成功。例如，多掌握几种文体活动技能，如跳舞、打球之类，你会发现自己在许多场合都会成为受人欢迎的人。

4. 保持人格的完整性

《礼记》中说："水至清则无鱼，人至察则无徒。"与人相处时，当然不应苛求别人，而应当采取随和的态度，但那是有限度的。因为随和不是放弃原则，迁就亦非予取予求。如果那样，根本就不会得到别人的信任和尊重，自然也就无法使自己合群了。

保持人格完整的最好办法，是在平素的待人接物中，把自己的处事原则明白地表现出来，让别人知道你是怎样一个人。这样，别人就会知道你的作风，而不会勉为其难地要你做你不愿做的事，而你也不会因需要经常拒绝别人而影响彼此间的关系了。

5. 学会和别人交换意见

合群性格的形成有赖于良好的人际关系，而良好的人际关系肇始于相互了解，人与人之间的相互了解又要靠彼此在思想上和态度上的沟通。因此，经常找机会与别人谈谈话、聊聊天，讨论某些问题、交换一些意见是十分必要的。

第二章
心态成就一切

冷漠是堵心墙

在当今社会里，人们之间的交流越来越少，一堵无形的心墙隔开了人与人之间的距离。

一位建筑设计大师一生杰作无数，阅历丰富，但他最大的遗憾，正如人们批评的那样，就是把城市空间分割得支离破碎，楼房之间的绝对独立加速了都市人情的冷漠。过完70岁寿辰，大师意欲封笔，而在他的封笔之作中，他想打破传统的楼房设计形式，力求在住户之间开辟一条交流和交往的通道，使人们的生活充满大家庭般的欢乐与温馨。

一位颇具胆识和超前意识的房地产商很赞同他的观点，出巨资请他设计。作品果然不同凡响。

然而，大师的全新设计叫好不叫座。社会上炒得火热，市场反应却非常冷淡，乃至创出了楼市新低。

房地产商急了，急命市场调研。调研结果出来，让人大跌眼镜：人们不肯掏钱买房的原因，是嫌这样的设计虽然令人耳目一新，但邻里之间交往多了，不利于处理相互间的关系；在这样的环境里，活动空间大了，孩子们却不好看管；还有，空间一大，人员复杂，对防盗之类的事也十分不利……

大师听到反馈，心中痛惜不已：我只识图纸不识人，这是我一生中最大的败笔。

我们可以拆除隔断空间的砖墙，但谁又能拆除人与人之间坚厚的心墙？

心墙不除，人心会因为缺少氧气而枯萎，人会变得忧郁、孤寂。爱是医治心灵创伤的良药，爱是心灵得以健康生长的沃土。爱，以和谐为轴心，放射出温馨、甜美和幸福。爱把宽容、温暖和幸福带给了亲人、朋友、家庭和社会。无爱的社会太冰冷，无爱的荒原太寂寞。爱能打破冷漠，让尘封已久的心重新温暖起来。

在与人交往时，将你的心窗打开，不要吝啬心中的爱，因为只有爱人者才会被爱。当你孤独时，你会获得许多关于爱的美丽传说；当你陷入困境时，你会得到许多充满爱心的人的关怀和帮助。有两个重病人同住在一间病房里，房子很小，只有一扇窗子可以看见外面的世界。其中一个病人的床靠着窗，他每天下午可以在床上坐 1 个小时，另外一个人则终日都得躺在床上。

靠窗的病人每次坐起来的时候，都会描绘窗外的景致给另一个人听。从窗口可以看到公园的湖，湖内有鸭子和天鹅，孩子们在那儿撒面包片，放模型船，年轻的恋人在树下携手散步，人们在绿草如茵的地方玩球嬉戏，头顶上则是美丽的天空。

另一个人倾听着，享受着每一分钟。一个孩子差点跌倒湖里，一个美丽的女孩穿着漂亮的夏装……病友的诉说几乎使他感觉到自己亲眼看见了外面发生的一切。

在一个晴朗的午后，他心想：为什么睡在窗边的人可以独享外面的风景呢？为什么我没有这样的机会？他觉得不是滋味，而且越是这么想，就越想换位子。这天夜里，他盯着天花板想着自己的心事，另一个人忽然惊醒了，拼命地咳嗽，一直想用手按铃叫护士进来。但这个人只是旁观而没有帮忙，他感到病友的呼吸渐渐停止了。第二天早上护士来时，那人已经死去，他的尸体被静静地抬走了。

过了一段时间，这人开口问护士，他是否能换到靠窗户的那张床上。医院工作人员搬动他，将他换到了那张床上，他感觉很满意。人们走后，他用肘撑起自己，吃力地往窗外望……

窗外只有一堵雪白的墙。

如果这个人不起恶念，在晚上按铃帮助另一个人，他还可以听到美妙的窗外故事。可是现在一切都晚了，他看到的是什么呢？不仅是自己心灵的丑恶，还有窗外的白墙——一堵冷漠的心墙。几天之后，他在自责和忧郁中死去。一个人只有心存美的意象，才能看到窗外的美景。命运对每一个人都是公平的，窗外有土也有星，就看你能不能磨砺一颗坚强的心、一双智慧的眼，透过岁月的风尘寻觅到灿烂的星星。

思路突破：与人分享幸福和快乐

可以肯定地说，如果一个人有充足的理由去抱怨他的不幸的话，这个人一定是海伦·凯勒。海伦出生时便是聋、哑、盲者，她被剥夺了同她周围的人进行正常交际的能力，只有她的触觉能帮助她把手伸向别人，体验爱别人和被他人所爱的幸福。

但是，由于一位虔诚而伟大的教师向海伦伸出了友爱之手，这位既聋，又哑，又盲的小姑娘终于成了一个欢乐、幸福、成绩卓越的女性。海伦小姐曾经写道：任何人出于他的善良的心，说一句有益的话，发出一次愉快的笑，或者为别人铲平粗糙不平的路，这样的人就会感到欢欣是他自身极其亲密的一部分，以致使他终身追求这种欢欣。

海伦·凯勒正是同别人分享了优良而称心的东西，从而使自己得到更大的快慰。与别人分享的东西越多，你获得的东西就越多。

曾有这样一个小孩，他实在是一个极为孤独而不幸的小孩。他出生时，脊柱拱起，呈怪异的驼峰状，而且他的左腿弯曲。

这个孩子的家庭很穷。在他还不满1岁的时候，他的母亲辞世了。他慢慢长大，但别的孩子都避开他，因为他身体畸形，而且他无法令人满意地参加孩子们的活动。这个孩子名叫查理·斯坦梅兹，一个孤独不幸的孩子。

但是上天并没有忽视这个儿童。为了补偿他身体的畸形，他被赐予了非凡的敏锐和聪慧。查理5岁时能做拉丁语动词变位，7岁时学习了希腊语，并懂得了一些希伯来语，8岁时就精通了代数和几何。

在大学里，查理的每门功课都胜人一筹。在毕业时，他用储蓄的钱租用了一套衣服，准备参加毕业典礼。但人们在消极心态的影响下常常考虑不周，这所大学在布告栏里贴了一个通告，免除查理参加毕业典礼的资格。

这件事使查理不再努力让人们尊敬他，而去努力培养同人们的友谊。为了实践自己的理想，他来到了美国。

在美国，查理四处寻找工作。由于其貌不扬，他多次受到冷遇。最后，他终于在通用电气公司谋到了一份工作，当绘图员，周薪12美元。除了完成规定的工作外，他还花很多时间研究电气，并努力培养和同事之间的友谊。

查理工作努力，成绩显著。他一生获得了200多种电气发明的专利权，写了许多关于电气理论和工程的书籍和论文。他懂得做好了工作便会得到赞赏，也懂得做出了贡献，便会使这个世界更有价值。他积累财富，买了一所房子，并让他所认识的一对青年夫妇和他同享这所房子。这样，查理过上了幸福的生活。

99%的烦恼其实不会发生

各种各样的忧虑充斥着人的心灵，久而久之杞人忧天式的忧虑，便成了习惯，甚至会内化成个人的性格，这种忧虑渗入血液，最终会销蚀人们的斗志和心灵。

每个人都或多或少地有过杞人忧天的经历。举个例子来说：假设有一天早晨起得太晚，你不禁心想：糟糕！起得太晚了，一定会碰上大塞车，上班铁定会迟到。如果到得太晚，老板肯定会对我不满意，要是他气炸了，说不定会要我走人。万一我失业了，房屋贷款，还有一大堆等着支付的信用卡账单该怎么办？要是不能及时找到工作的话，不但信用破产，房子也会被查封。房子如果没了，我住哪儿去？没钱又没地方可去，我一定得挨饿，搞不好还会横死街头呢！而这些都是因为今天这么晚起床！

也许你会觉得这一路推演下来未免太夸张了点儿，没错，是稍夸张了点儿，不过，类似这样的杯弓蛇影的事情你绝不会没有经历过。

为了明天会更好，每个人都战战兢兢地过活，谁都害怕今天所拥有的一切明天会幻化成泡影，所以，恐惧感就油然而生了。

适当的恐惧感可以促使我们奋发向上，没有了它，大多数人就失去了激发自己向上的原动力，也就没了奋斗动机。但是，过度恐惧也并不可取，它只会让我们成天忧心忡忡，久而久之成了习惯，甚至内化成个人的性格，让你变得无事不忧、无事不虑，畏首畏尾，让你什么事也做不了。

如果凡事能够退一步想，不要那么汲汲钻营，忧虑就会减轻不少。就上面的例子来说，虽然迟到了，也可以安慰自己：说不定赶着上班的人今天都起早了，一路都畅通无阻。万一塞车了，老板可能也还没到。就算被他逮到了，顶多也是被批一顿，没什么事的……

反正对于未知的事，所有猜想都是概率问题。以统计学来说，最坏和最好的情况出现的概率都是微乎其微的，同时它们的机会也大略相等，所以你不必担心。更何况，如果最坏的结果真被你料到了，你又能怎么办？你的担心能够改变它吗？所以说，与其一颗心七上八下，倒不如及早规划一下如何亡羊补牢，甚至是另谋解决之道。

思路突破：莫把忧虑藏心中

黄昏时刻，有一个人在森林中迷了路。天色渐渐地暗了，眼看夜幕即将笼罩，黑暗的恐惧和危险一步步移近。只要一步走错，就有掉入深坑或陷入泥沼的可能。还有潜伏在树丛后面饥饿的野兽，正虎视眈眈地注视着他，一场狂风暴雨般的恐怖正威胁着他、侵袭着他。万籁无声，前方对他来说是一片死前的寂静和孤单。

突然间，他的眼前出现了一个也在赶路的流浪汉，他不禁欢喜雀跃，上前探询走出的路径。这个流浪汉很友善地答应帮助他，于是他们两人一起上了路。但很快，他发现这个陌生人和他一样迷茫。于是他失望地离开了这个迷茫的流浪汉，再一次回到自己的路线上来。不久，他又碰上了第二个陌生人，那人肯定地说他拥有一张精确的地图，于是他再跟随着这个新的向导，终于，他发现这是一个自欺欺人的人，他的地图只不过是他自我欺骗的工具而已。于是他陷入深深的绝望之中，他曾经竭力问他们有关走出森林的知识，但他们的眼神后面隐藏着忧虑和不安，他知道，他们和他一样迷茫。他漫无目的地走着，一路的惊慌和失误，使他彷徨、失落，进而恐惧。无意间，他把手插入口袋，却找到了一张正确的地图。

他若有所悟地笑了：原来它始终就在这里，只要在自己身上寻找就行了。从前他太忙着询问别人，反而忽略了最重要的事——在自己身上寻找。

如同这个迷路者，你天生具有一份内在的地图，指引你离开忧虑和沮丧的黑森林。这个故事告诉人们，情绪性的恐惧是多余的。假如有人告诉你不是这样，那他一定没有找到他自己。

消除恐惧的办法是始终存在的，但是我们一定得靠自己的能力去解除自己的恐惧，不能随便听信他人，不要因为他自称知道解决的办法，就放弃自己的追寻，甚至委屈了自己。只要我们不断地追寻，甚至“绝望”本身也能够帮助我们。如保罗·泰利斯博士所言：“在每个令人怀疑的深坑里，虽然感到绝望，但我们对真理追求的热情，依旧不停地存在。不要放弃自己，而去依赖别人，纵使别人能解除你对真理的焦虑。不要因诱惑而导入一个不属于你自己的真理。”

尽管生活中难免会遇到不如意的事，但只要你善于把握自己，并明白以下几点，就可以战胜困难：

——不要把忧虑和恐惧隐藏在心中。许多人感到忧虑与不安时，总是将此深藏在心底，不肯坦白地说出来。其实，这种办法是很愚蠢的。内心有忧虑烦恼，应该尽量坦白地讲出来，这不但可以为自己从心理上找出一条出路，而且有助于恢复头脑的理智，把不必要的忧虑除去，同时找出消除忧虑、抵抗恐惧的方法。

——不要怕困难。人遇到困难，往往是成功的先兆，只有不怕困难的人，才可以战胜忧虑和恐惧。

自卑是成功的大敌

在许多人的心中，自卑仿佛是挥之不去的黑蝙蝠。它像蛀虫一样啃噬着你的人格，它是人迈向成功路上的一堵围墙，它是快乐生活的拦路虎。

大诗人李白在《将进酒》中吟道：“天生我材必有用！”这是何等豪迈的气势！心理学家读到此句的时候，肯定还会再加上一句：这是何等的自信！现代社会充满竞争，同时也常有机遇，尝试成了现代人相当时髦的人生信条。每当人们走向新的挑战之前，总会向挑战者或竞争者显示：天生我材必有用，这次胜利非我莫属！但是，在人生舞台上，有些人却低低哀叹：天生我材……没用。这种自卑的“自白”与自信者产生了强烈的反差：自信者相信自己的力量，竭力去做人生舞台上的主角；自卑者则认为自己没有能力，只适合当观众。自卑是个人由于某些生理缺陷或心理缺陷及其他原因而产生的轻视自己、认为自己在某个方面或其他各方面不如他人的情绪体验，表现在交往活动中就是缺乏自信，想象失败的体验较多。自卑是影响交往的严重的心理障碍，它直接阻碍了一个人走向群体，去与其他人交往的积极性。

自卑是人生最大的跨栏，每个人都必须成功跨越才能到达人生的巅峰。

当你还是孩童的时候，“自卑”这个神秘的怪物就开始跟随着你，一步一步地侵蚀你的勇气和信心。具体说来，你会忧虑同伴看不起你，存心隔离你、孤立你；当你读书的时候，你会怀疑自己的能力，总觉得自己的能力逊人一筹，虽经不懈努力，成绩还是不能拔尖，于是你就自暴自弃，放任自流，你开始害怕见到老师，在同学面前抬不起头，渐渐地你变得孤僻、不合群；当你步入社会时，你会无端猜测别人对你不怀好意，埋怨领导对你不器重，感叹世态炎凉，缺乏社交勇气，见到陌生人就脸红、心跳、惶惶不安，以致回避社交，不敢见人；当你出来工作的时候，你会觉得处处有压力，样样不顺心，面对困难你会无从下手，无所适从；当你恋爱时，你会过分关注你自己的表现，你会很在乎对方对你的评价，你会怀疑自己的魅力，担心被对方抛弃，害怕错过你所爱的人；等到你步入婚姻的殿堂，你又会莫名其妙地怀疑起自己的性能力和生育能力。

自卑常常在不经意间闯进我们的内心世界，控制着我们的生活。当我们该有所决定、有所取舍的时候，向我们勒索着勇气与胆略；当我们碰到困难的时候，自卑会站在我们的背后大声地吓唬我们；当我们要大踏步向前迈进的时候，自卑会拉住我们的衣袖，叫我们小心地雷。自卑会让你面对一次偶然的挫败就垂头丧气，一蹶不振，将自己的一切否定，你会觉得自己一无是处，窝囊至极，甚至会掉进自责自罪的旋涡。自卑就像蛀虫一样啃噬着你的人格，它是你走向成功的绊脚石，它是快乐生活的拦路虎。

思路突破：自信是成功的第一秘诀

自信是人格的核心力量。

我们要从哪里找自信呢？其实，我们不用像唐僧到西天取经一样历经无数的劫难，我们的自信就在自己的体内，自信是一种天赋，是一种与生俱来的自然力量，它与自我实现同属人性最伟大的潜能。

其实，在人生的舞台上，每一个人都是自己的主角。

莫小米先生曾讲过这样一个故事，很耐人寻味。说的是有位同事总是管不好自己的钥匙，不是丢了，就是忘了，要不就是反锁在门里边。他的301办公室就他一个人，老是撬门也不是个办法，于是配钥匙时便多配了一把，放在302办公室，这下无忧无虑了好些时日。有一天他又没带钥匙，恰好302室的人都出去办事了，他又吃了闭门羹。于是他在303也放了钥匙，多多益善。最后就变成这样：有时候，他的办公室，所有的人都进得去，只有他进不去。

以上故事说明一个问题，在现实生活中放弃自己的权利，让别人的意志来决定自己生活的人实在不少。失去了自我，也就失去了自我追求和信仰，也就失去了自由，那自卑就会随时来压迫你，迫使你归入生活的阴暗里面去，最后变成一个毫无价值的人。可见失掉自信是人生重大的损失。

还有个故事，说的是一位画家把自己的一幅佳作送到画廊里展出，他别出心裁地在画旁放了支笔，并附言："观赏者如果认为有欠佳之处，请在画上做记号。"结果画面上标满了记号，几乎没有一处不被指责。过了几日，这位画家又画了一张同样的画拿去展出，不过这次附言与上次不同，他请每位观赏者将他们最为欣赏的妙笔都标上记号。当他再取回画时，看到画面又被涂满了记号，原先被指责的地方，都换上了赞美的标记。

这位画家不受他人的操纵，充满了自信。正像林润翰先生所言，他"自信而不自满，善听意见却不被其所左右，执着却不偏执"。

上面两个故事里的主人公，前者过高地估计了他人而过低地估计了自己，没有认识到自己拥有的能力和可能性，越是这样越觉得自己不行，觉得自己不行，就必然要依赖他人，受他人的操纵。后者因为用正确的观点评价别人和看待自己，所以在任何情况下，都不会迷失，都会有完全的自信，永不会受他人操纵。

都是懦弱惹的祸

人生在世，最可恨的就是胆小畏缩地过一辈子。可有人却生性懦弱，毫无冒险之心，这无疑是导致失败的一大原因。上天既然让我们降生于世，我们就应当承担起我们作为人的责任和义务，书写那一个大大的"人"字。

懦弱的人害怕压力，因而他们也害怕竞争。在对手面前，他们往往不善于坚持，而选择逃避或屈服。懦弱者对于自尊并不忽视，但他们常常更愿意用屈辱来换回安宁。

懦弱者常常害怕机遇，因为他们不习惯迎接挑战。他们从机遇中看到的是忧患，而在真正的忧患中，他们又看不到机遇。

懦弱者不善应对冲突，因而他们也害怕刀剑，进攻与防卫的武器在他们的手里捍卫不了自身。他们当不了凶猛的虎狼，只愿做柔顺的羔羊，而且往往是任人宰割的羔羊。

懦弱总是会遭到嘲笑，而遭到嘲笑，懦弱者会变得更加懦弱。

懦弱者经常自怜自卑，他们心中没有生活的高贵之处。宏图大志是他们眼中的浮云，可望而不可即。

懦弱通常是恐惧的伴侣，恐惧加强懦弱。它们都束缚了人的心灵和手脚。

懦弱者常常会品尝到悲剧的滋味。中国历史上南唐后主李煜性格懦弱，终于没能逃脱沦为亡国之君、饮鸩而死的悲惨命运。

当初，宋太祖赵匡胤肆无忌惮、得寸进尺地威胁欺压南唐。镇海节度使林仁肇有勇有谋，听闻宋太祖在荆南制造了几千艘战舰，便向李后主奏禀，宋太祖是在图谋江南。南唐爱国人士获知此事后，也纷纷向李后主奏请，要求前往荆南秘密焚毁战舰，破坏宋朝南犯的计划。可李后主却胆小怕事，不敢准奏，以致失去了防御宋朝南侵的良机。

后来，南唐国灭，李后主沦为阶下囚，其妃小周后常常被召进宋宫，侍奉宋皇，一去就得好多天才能放出来，至于她进宫到底做些什么，作为丈夫的李后主一直不敢过问。只是小周后每次从宫里回来就把门关得紧紧的，一个人躲在屋里悲悲切切地抽泣。对于这一切，李煜忍气吞声，把哀愁、痛苦、耻辱往肚里咽，忍无可忍时，就写些诗词，聊以抒怀。

李煜虽然在诗词上极有造诣，然而作为一个国君、一个丈夫，他是一个懦夫、是一个失败者。

美国最伟大的推销员弗兰克说："如果你是懦夫，那你就是自己最大的敌人；如果你是勇士，那你就是自己最好的朋友。"对于胆怯而又犹疑不决的人来说，一切都是不可能的。事实上，总是担惊受怕的人，就不是一个自由的人，他总是被各种各样的恐惧、忧虑包围着，看不到前面的路，更看不到前方的风景。正如法国著名文学家蒙田所说："谁害怕受苦，谁就已经因为害怕而在受苦了。"懦夫怕死，但其实，他早已经不再活着了。

思路突破：冒险有时也值得一试

敢为别人所不敢为，你就有可能成为强者，成为幸运儿。

幸运可能会使人产生勇气，反过来勇气也会帮助你得到好运。当然，大胆不同于鲁莽，二者是有本质区别的。如果你把一生的储蓄孤注一掷，采取一项引人注目的冒险行动。在这种冒险中你有可能失去所有的东西，这就是鲁莽轻率的举动。如果你尽管因要踏入一个未知世界而感到恐慌，然而还是接受了一项令人兴奋的新的工作机会，这就是大胆。

J. 保罗·格蒂是石油界的亿万富翁，一位最走运的人。在早期他走的是一条曲折的路。他上学的时候认为自己应该当一名作家，后来又决定要从事外交工作。可是，出了校门之后，他发现自己被俄克拉荷马州迅猛发展的石油业所吸引，那时他的父亲也是在这方面发财致富的。搞石油业偏离了他的主攻方向，但是他觉得，他不得不把自己的外交生涯延缓一年，他想试试自己的运气。

格蒂通过在其他开井人的钻塔周围工作筹集了些钱，有时也偶尔从父亲那里借些钱（他的父亲严守禁止溺爱的原则，他可以借给儿子钱，但是送给他的则只是价值不大的现金礼物）。年轻的格蒂是有勇气的，但不是鲁莽的。如果一次失败就足以造成难以弥补的经济损失的话，这种冒险的事他不会去干。他头几次冒险都彻底失败了，但是在 1916 年，他碰上了第一口高产油井，这个油井为他打下了幸运的基础，那时他才 23 岁。

是走运吗？当然。然而格蒂的走运是应得的，他做的每一件事都没有错。那么格蒂怎么会知道这口井会产油呢？他确实不知道，尽管他已经收集他所能得到的所有资料。“总是存在着一种机会的成分的，”他说，“你必须乐意接受这种成分，如果你一定要求有肯定的回答，那你就会捆住自己的手脚。”廉·丹佛说：“冒险意味着充分地生活。一旦你明白它将带给你多么大的幸福和快乐，你就会愿意开始这次旅行。”

别跟自己过不去

在过错和失意的纠缠中折磨自己，是很多人常用的做法，他们不懂得生命的可贵和心灵的释然。心经受了过多的蒙蔽，已落满尘埃，失去了灵气与生机。

如果你仔细观察周围，就会发现，在宁静的生活中，大多数人都是亲切的，富有爱心的，充满宽容的。如果你犯了错，而且真诚地请求他人的宽恕，绝大多数人不仅会原谅你，还会把这事儿忘得一干二净，使你再次面对他们时一点儿愧疚感也没有。

我们这种亲切的态度对所有人都一样，没有人种、地域、民族的分别，但就只对一个人例外。谁？没错，就是我们自己。

可能有人会怀疑："人类不都是自私的吗？怎么可能严以律己，宽以待人？"是的，人总是会很容易原谅自己，不过，这只是表面上的饶恕而已，在深层的思维里，我们一定会反复地自责："为什么我会那么笨？当时要是细心一点就好了。"或是："我真该死，这样的错怎能让它发生？"

如果你还不相信，请再想想自己有没有犯过严重的错误，如果想得出来的话，那你一定仍在耿耿于怀，并没有真正忘了它。表面上你原谅了自己，实际上你将自责收进了潜意识里。我们可以对他人这么宽大，难道自己就没有资格获得这种仁慈的待遇吗？

没错，我们是犯了错。但除了上帝之外，谁能无过？犯错只表示我们是平常之人，不代表就该承受地狱般的折磨。我们唯一能做的就是正视这种错误的存在，在错误中学习，以确保未来不会发生同样的憾事。接下来就应该获得绝对的宽恕，然后就得把它忘了，继续往前行进。

人一生中犯的错误很多，如果对每一件事都深深地自责，一辈子都背着一大袋的罪恶感过活，你还能奢望自己走多远？

犯错对任何人而言，都不是一件愉快的事情。一个人遭受打击的时候，难免会格外消沉。在那一段灰色的日子里，你会觉得自己就像拳击场上失败的选手，被那重重的一拳击倒在地上，头昏眼花，满耳都是观众的嘲笑和惨败的感觉。那时，你会觉得已经没有力气爬起来了！可是，你会爬起来的。不管是在裁判数到10之前，还是之后。而且，你还会慢慢恢复体力，平复创伤，你的眼睛会再度张开，看见光明的前途。你会淡忘掉观众的嘲笑和失败的耻辱，你会为自己找一条合适的路——不要再去做挨拳头的选手。

思路突破：找个理由干杯

法国影片《野鹅敢死队》里的男主人公简·德斯，因筹划“野鹅行动计划”而与昔日的老搭档佛克曼谋面时，曾说了一句看似无可奈何实则深思熟虑的话。

佛克曼：“我们已经有9年没有见过面了吧？”

简·德斯：“不，10年了！”

佛克曼(若有所思地)：“我们那些伙伴……”

简·德斯(打断他的话)：“噢，别提他了——来，我们来找个理由干一杯吧！”

两个老朋友久别重逢，不由得抚今追昔，缅怀故人，感慨生命与人生的无常和无奈……

是啊，找个理由干一杯！——即便毫无干杯的理由！纵然危在旦夕，人，也不能让烦恼和忧愁把自己憋死！我们虽然没有能力拒绝所有的不幸和痛苦，但我们却同样没有任何义务去承受任何忧伤和悲哀。让烦恼和忧愁统统见鬼去吧！——我们来找个理由干一杯！

生活，是美好而沉重的。人生，更是丰富多彩而又艰难曲折的。苦乐忧欢、钟情失意、坦途坎坷、成败荣辱、花前月下、落日西风……对谁都一样；盘根错节、繁杂纷呈、五光十色、千姿百态……绝不像傍晚听音乐那样舒畅陶然，轻松愉快，也不像夏日喝啤酒那样可口可乐，开心惬意。马克·吐温说得好：“谁没有蘸着眼泪吃过面包，谁就不懂得什么叫生活！”世界不给贝多芬欢乐，但他却咬紧牙关扼住命运的咽喉，用痛苦去铸造欢乐来奉献给世界。他们都找到了干杯的理由——为写作生命和人生的诗与歌，为弹奏痛苦与欢乐的主旋律，干杯！

因此，干杯吧，哪怕仅仅就为了迄今为止，我们都还活着！

钢琴有黑键有白键。人生有时想来，也好比钢琴，你不能只触黑键不触白键。所以，真正精彩的人生是黑白交错，互相打入，互相侵削，互相渗透。在几十年说长不长、说短却也不短的人生中，人们尝过痛苦也享受过快乐，从自己、从他人、从同辈，也从前辈那儿悟出了一些滋味来。其中之一是：知足知不足，有为有弗为。坦率地说，来到世界的每一个人智力虽有高低但都差不了很多，成功重在毅力。这世上有那么多美丽的诱惑，因此，终生踏踏实实地追求一个人生目标，就成了件非常非常困难的事了。特别是今天，选择的机会太多太多，像满天的星斗。这当然是好事，让社会充满了竞争和选择的活力。但太多的机会又何尝不是美丽的陷阱？它们一个个分散了你有限的生命，也使人有了更多一事无成的可能。

朋友，别跟自己过不去，我们应该感谢生命，珍惜生命、人在旅途，应该为他人、为社会、为自我尽些心力。让别人觉得你不是可有可无的人，你的生命才是有意义的。不管有没有理由，我们先来干一杯！

欲望可有不可纵

古语说："人为财死，鸟为食亡。"贪得无厌的人往往没有好下场。贪欲永远无边，所以放纵贪欲就会招来无穷的灾害。聪明的人常常克制对金钱的欲望，而大多数人却放纵这样的欲望。

曾听说过这样一个故事。从前有座山，山里有一个神奇的洞，里面的宝藏足以使人终生享用不尽。但是这个山洞 100 年才开一次。

有一个人无意中经过那座山时，正巧碰到百年难得的一次洞门大开的机会。他兴奋地进入洞内，发现里面有大堆的金银珠宝，他急忙往袋子里装。由于洞门随时都有可能关上，他必须动作迅速，并且要尽快离开。

当他得意扬扬地装了满满一口袋珠宝，愉快地走出洞口后，却发现帽子忘在里面了，于是他又冲入洞中，可惜时刻已到，他和山洞一起消失得无影无踪。

故事很简单，却耐人寻味。

贪婪的人，被欲望牵引，欲望无边，贪婪无边。

贪婪的人，常怀有私心，一心算计，斤斤计较，却最终一无所获。

古语说："人为财死，鸟为食亡。"人不能没有欲望，不然就会失去前进的动力，但人也不能贪婪，因为贪欲是个无底洞，你永远也填不满。苏联教育家马卡连柯曾经说过："人类欲望本身并没有贪欲，如果一个人从烟雾弥漫的城市来到一个松林里，呼吸清新的空气，谁也不会说他消耗氧气是过于贪婪。贪婪是从一个人的需要和另一个人的需要发生冲突开始的，是由于必须用武力、狡诈、盗窃，从他人手中把快乐和满足夺过来而产生的。"

一个穷人会缺很多东西，但是，一个贪婪者却什么都会缺！

贫穷的人只要一点东西就可以感到满足，奢侈的人需要很多东西也可满足，但是贪婪的人却需要一切东西才能满足。所以贪婪的人总是不知足，他们天天生活在不满足的痛苦中，贪婪者想得到一切，但最终两手空空。

有一则寓言：上帝在创造蜈蚣时，并没有为它造脚，但是它们爬得和蛇一样快。

有一天，它看到羚羊、梅花鹿和其他有脚的动物都跑得比它快，心里很不高兴，便嫉妒地说："哼！脚愈多，当然跑得愈快！"

于是，它向上帝祷告说："上帝啊！我希望拥有比其他动物更多的脚。"上帝答应了蜈蚣的要求。他把好多好多的脚放在蜈蚣面前，任凭它自由取用。

蜈蚣迫不及待地拿起这些脚，一只一只地往身上贴去，从头一直贴到尾，直到再也没有地方可贴了，它才依依不舍地停止。

它心满意足地看看满身是脚的自己，心中窃喜："现在，我可以像箭一样地飞出去了！"

但是，等它开始要跑步时，才发觉自己完全无法控制这些脚。这些脚噼里啪啦地各走各的，它非得全神贯注，才能使这一大堆脚不致互相绊跌而顺利地往前走。这样一来，它走得比以前更慢了。

任何事物都不是多多益善，蜈蚣因为贪婪，想拥有更多的脚，结果却适得其反，脚成了束缚它行动的绳索，代价可谓惨重。

如果你得到的是整个世界，而丧失了自己的生命，那么，你也得不偿失。因贪婪得来的东西，永远是人生的累赘。贪婪轻则让人丧失生活的乐趣，重则误了身家性命。生活的压力越来越大，脸上的笑容越来越少，这或许便是贪婪的代价。

思路突破：贪婪可以克服

贪婪并非遗传所致，而是个人在后天社会环境中受病态文化的影响，形成自私、攫取、不满足的价值观而出现的不正常的行为表现。贪婪是可以改正、克服的，具体方法如下：

1. "20问"法

这是一种自我反思法，即自己在纸上连续写出20个"我喜欢……"，写的时候要不假思索，限时 20 秒钟。待全部写下后，再逐一分析哪些是合理的欲望，哪些是超出能力的过分的欲望，这样就可明确贪婪的对象与范围，最后对造成贪婪心理的原因与危害，自己做较深层的分析。例如，有一个贪财的人在纸上连续写下“我喜欢钱”“我喜欢很多的钱”“我喜欢自己是个有钱人”“我喜欢有许多财富”“我喜欢过有钱的生活”……他写完之后，就要思考一下，自己对钱是否有一些过分的欲望，为什么许多举动都与钱有关。接着往下想，人的生活离不开钱，但这钱应来得正，不能取不义之财；钱是身外之物，生不能带来，死不能带走，贪婪之心最终会阻碍自己的发展。然后分析自己是否有攀比、补偿、侥幸的心理，是不是缺乏正确的人生观、价值观。

2. 知足常乐法

一个人对生活的期望不能过高，虽然谁都会有些需求与欲望，但要与本人的能力及社会条件相符合。每个人的生活都有欢乐，也有失缺，不能搞攀比，俗话说“人比人，气死人”“尺有所短，寸有所长”“家家有本难念的经”。心理调适的最好办法就是做到知足常乐，“知足”便不会有非分之想，“常乐”也就能保持心理平衡了。

3. 格言自警法

利用格言警句时刻提醒自己，约束自己，不要过于贪婪。

嫉妒是很多错误的根源

人的心态危情之一便是常害“红眼病”“妒人之能，幸人之失”，从而上演了一场场丑陋的嫉妒闹剧。嫉妒其实是一种难以公开的阴暗心理，它对人们造成严重的危害，嫉妒就像一条凶悍的毒蛇，吞噬着人焦灼的心灵。

《三国演义》中，有位英才盖世、文武双全的大英雄叫周瑜。这位当时很了不起的美男子，年纪轻轻就执掌江东(吴国)的大都督要职，在赤壁之战中，更显出叱咤风云、谋略过人的政治军事奇才。他居然以少量兵力，大破曹操 83 万大军，在历史上留下千古绝唱的赫赫声名。据说，此人不仅披挂上马，能征善战，运筹帷幄，决胜千里，文韬武略堪称上乘，是位难得的英俊奇才，而且，他还熟谙音律。有传闻说他听音乐演奏时，若谁奏错一个音符，他便即刻能耳辨明详。

因此，当时有“曲有误，周郎顾”之说。当后人对周瑜其人褒奖盛赞之际，人们也同时看到了这位英年早逝者的两大致命弱点，那就是他的量窄和嫉才。

周瑜一生度量狭窄，人人皆知。比如，在火烧赤壁取得成功后，竟容不下与他共同抗曹的诸葛亮，并密令部将丁奉、徐盛击杀诸葛亮。不料孔明早有准备，密杀不成。为此，周瑜万分气愤。如此不能容人的周瑜，密除同盟，过河拆桥，实在让人心寒并为之可悲。

周瑜为什么容不下诸葛亮？原来，足智多谋的诸葛亮处处高周瑜一筹，尤其在关键时刻，事事想在周瑜之前，且能将周瑜内心活动看得入木三分。这使得周瑜妒忌得寝食难安，并随时想除掉才智高于自己的诸葛亮。而孔明总于周瑜谋害前就有了防备，这更使周瑜一次比一次气懑于心。嫉才的结果，反把周瑜自己给活活“气死”。

有道是：“人之将死，其言也善。”可周瑜在临死之前，非但未能悔悟自己的致命弱点，反而含恨仰天长叹曰：“既生瑜，何生亮？”连叫数声而亡。可见其量窄嫉才之心，到死也不肯更改；怨天尤人之气，到盖棺也不肯丢。

所以，后人都评说周瑜是因量窄害了他自己。用今人的话说，他是心胸狭窄，心理不健康，甚至是严重的心理疾病。周瑜心胸狭窄、嫉才、妒能、害人而最终害己的惨痛教训，给后人留下了深刻的教训。

尤其是嫉妒之心，这个人类心灵上的毒瘤，不知伤害了多少人！

嫉妒是一种难以公开的阴暗心理，它常对人们造成严重的心理危害。日常工作和社会交往中，嫉妒的对象常常是一些与自己旗鼓相当、能够形成竞争的人。比如：对方的一篇论文获奖，人们都过去称赞和表示祝贺，自己却木呆呆地坐在那里一言不发。由于心存芥蒂，事后也许或就这篇论文，或就对方其他事情的“破绽”大大攻击一番。对方再如法炮制，以牙还牙。如此恶性循环，必然影响双方的事业发展和身心健康。

《浮士德》中写道：“嫉妒是来自地狱的一块嘶嘶作响的灼煤。”嫉妒其实是一些人心态不平衡的表现。有嫉妒之心者，也往往自高自大，认为自己“老子天下第一”，从而看不起别人，置别人的成绩于不顾，贬他人如草芥。而当别人取得一些成绩时，他的心理便会失去平衡，总要千方百计地给那些优于自己的人制造种种麻烦和障碍：或打小报告，无中生有，唯恐天下不乱；或做扩音器，把一件小小的事情闹得满城风雨。嫉妒者还终日郁郁寡欢，唉声叹气。只有别人降到了与他一样的或更低的位置，他们才认为这样可以理所当然地消除妒气了，从而偃旗息鼓。这也正应了“小人长戚戚，君子坦荡荡”一说，嫉妒别人者当也属于小人之列。

当嫉妒心里很强烈时会产生报复心，把嫉妒对象作为发泄的目标，使其蒙受巨大的精神或肉体伤害。青年的嫉妒心理出现以后，如果不能直接用某种嫉妒行为达到目的，就可能会转而等着看嫉妒对象的“好戏”，稍有一点挫折或失败出现在嫉妒对象身上，他们便幸灾乐祸，鼓倒掌、喝倒彩，以此挖苦对方，满足自己日益膨胀的嫉妒心理需要。如果嫉妒对象遭受到比较大的挫折，他们更是乐不可支，不给予半点同情和安慰。实际上，嫉妒心理及相应的嫉妒行为除了能暂时地平衡他们的心理之外，毫无可取之处。一方面，身受其害的嫉妒对象会远离这个“作恶多端”的嫉妒者，旁观者也会对嫉妒者的小人行径不满，嫉妒者以前建立的一些人际关系也可能由此而失去和谐，变得紧张起来。另一方面，嫉妒者也不是一个胜利者，他们自己承受着巨大的心理痛苦，在以后的交往活动中也会裹足不前，不敢与那些条件优越或有很强能力的人交往。所幸的是，严重的嫉妒心理在大多数人那里找不到生长的温床，只有心胸狭隘得容不得别人比自己有半点的超出的人才会这样。

思路突破：嫉妒心理可以合理利用

伯特兰·罗素是20世纪声誉卓著、影响深远的思想家之一，是1950年诺贝尔文学奖的获得者。他在其《快乐哲学》一书中谈到嫉妒时说：“嫉妒尽管是一种罪恶，它的作用尽管可怕，但并非完全是一个恶魔。它的一部分是一种英雄式的痛苦的表现；人们在黑夜里盲目地摸索，也许走向一个更好的归宿，也许只是走向死亡与毁灭。要摆脱这种绝望，寻找康庄大道，文明人必须扩展他的心胸。他必须学会超越自我，在超越自我的过程中，学得像宇宙万物那样逍遥自在。”化解嫉妒心理的良方是：

1. 胸怀大度，宽厚待人

19世纪初，肖邦从波兰流亡到巴黎。当时匈牙利钢琴家李斯特已蜚声乐坛，而肖邦还是一个默默无闻的小人物。然而李斯特对肖邦的才华却深为赞赏。怎样才能使肖邦在观众面前赢得声誉呢？李斯特想了个妙法：那时候在演奏钢琴时，往往要把剧场的灯熄灭，一片黑暗，以便使观众能够聚精会神地听演奏。

李斯特坐在钢琴面前，当灯一灭，就悄悄地让肖邦过来代替自己演奏。观众被美妙的钢琴演奏征服了。演奏完毕，灯亮了。人们既为出现了这位钢琴演奏的新星而高兴，又对李斯特的推荐新秀行为深表钦佩。

2. 见贤思齐

一个有道德的人，一个思想纯正的人，一个能积极进取的人，当他发现有人比自己做得好、比自己有能力时，从不会对这个人心生不满，而是从这个人的成绩中找出自己的差距所在，从而振作精神，向他人学习。这样，便有可能在一种积极进取的心理状态下，迸发出创造性，赶上或超过曾经比自己强的人。这就是古人说的见贤思齐。

3. 有自知之明，客观评价自己

当嫉妒之心萌发时，或是有一定表现时，要积极主动地调整自己的意识和行动，从而控制自己的动机和感情。这就需要冷静地分析自己的想法和行为，同时客观地评价一下自己，从而找出自己与别人的差距。当认清了自己后，再评价别人，自然也就能够有所觉悟了。

4. 调整心态

嫉妒是由一种不良的心理状态引起的，原因多种多样。只要能对自己看问题的视角做必要的调整，便会发现嫉妒别人是完全没有必要的，也是毫无意义的。对别人的嫉妒，实际是对自己的一种惩罚。有人看见别人日子过得比自己好，便气不打一处来，说人家的钱来路不明；有人见别人打扮得漂亮一些，便不由得在心里骂一句“臭美”；人家添置了新家电、装修了房子，便议论人家“烧包”。这实在是一种典型的嫉妒心理在作怪。这样做对别人丝毫无损，只能自己惹自己生气。如果能调整一下心态，换一个角度来看问题，也许就会是另一番景象。

5. 快乐之药可以治疗嫉妒

快乐之药可以治疗嫉妒，是说要善于从生活中寻找快乐，就正像嫉妒者随时随处为自己寻找痛苦一样。如果一个人总是想：比起别人可能得到的欢乐，我的那一点快乐算得了什么呢？那么他就会永远陷于痛苦之中，陷于嫉妒之中。快乐是一种情绪心理，嫉妒也是一种情绪心理。何种情绪心理占据主导地位，主要靠人来调整。

6. 少一分虚荣就少一分嫉妒

虚荣心是一种扭曲了的自尊心。自尊心追求的是真实的荣誉，而虚荣心追求的是虚假的荣誉。对于嫉妒心理来说，它意味着要面子。不愿意别人超过自己，以贬低别人来抬高自己，正是一种虚荣，一种空虚心理的需要。单纯的虚荣心与嫉妒心理相比，还是比较好克服的。而两者又紧密相连，相依为命。所以克服一分虚荣就会少一分嫉妒。

猜疑是人生大敌

猜疑是人心理上的劣根性，猜疑流淌在我们每个人的血管里。猜疑是“窝里斗”的祸根，是化友为敌的障眼帘，是造成自杀和他杀的毒品。人不能任凭猜疑大肆泛滥，最终会将自己淹没。

猜疑是基于一种对他人不信任的、不符合事实的主观想象，是人际交往过程中的拦路虎。具有猜疑心理的人与别人交往时，往往抓住一些不能反映本质的现象，发挥自己的主观想象进行猜疑，而产生对别人的误解。或是之前对某人有某种印象，在交往之中就处处带着这种成见与对方接触，对方一有举动，就对原有成见加以印证。虽然猜疑心理有种种表现，但我们可以发现其共同的特征，即没有事实根据，单凭自己主观的想象；抓住“毛皮”，忽略本质，片面推测；不怀疑自己的判断，只是相信自己，怀疑他人，挑剔他人。具有猜疑心理的人把自己置于一种苦恼的心态中，对别人采取不信任的态度，严重的甚至对自己的感觉也产生怀疑。

猜疑心理往往导致心理偏执。这种人常常敏感固执，谨小慎微，事事要求十全十美。这样不仅危害自己，也危害他人。

赵君是一家公司的业务经理，年轻而英俊潇洒，搞公关很有一套，办事能力强，公司经常派他出差在外。这却使其妻颇费心机，生怕帅气的老公在外被别的女人勾引了去。于是，每逢赵君出差，妻子都要对他采取防范措施。天长日久，赵君见妻子一点也不体贴自己，还怀疑自己有外遇，想到自己辛辛苦苦地在外奔波还不是为了这个家，不由得火冒三丈。于是，二人你来我往，唇枪舌剑，大吵了一番。

事后，二人陷入了冷战，长时间冷眼相对，家庭的温馨荡然无存，婚姻大厦眼看岌岌可危。

类似因猜疑造成的人间悲剧可以说是举不胜举，从很多历史剧中可知，自古至今，从宫廷争斗到民间小事，猜疑这个罪魁祸首制造了多少血淋淋的故事，它给我们个人、国家和民族带来了多么大的精神折磨和财富损失呀！

思路突破：把猜疑消灭在萌芽状态

《三国演义》中曹操刺杀董卓败露后，与陈宫一起逃至吕伯奢家。曹吕两家是世交。吕伯奢见曹操到来，本想杀一头猪款待他，可是曹操因听到磨刀之声，又听说要“缚而杀之”，便大起疑心，以为要杀自己，于是不问青红皂白，拔剑错杀无辜。

这是由猜疑心理导致的悲剧。猜疑是人性的弱点之一，是害人害己的祸根。一个人一旦掉进猜疑的陷阱，必定处处神经过敏，对他人心生疑窦，损害正常的人际关系。那么，在人际交往中应如何消除猜疑心理呢？

第一，优化个人的心理素质，拓宽胸怀，来增加对别人的信任度和排除不良心理。

第二，摆脱错误思维方法的束缚。猜疑一般总是从某一假想目标开始，最后又回到假想目标。只有摆脱错误思维的束缚，走出先入为主的死胡同，才能促使猜疑之心在得不到自我证实和不能自圆其说的情况下自行消失。

第三，敞开心扉，增加心灵的透明度。猜疑往往是心灵闭锁者人为设置的心理屏障。只有敞开心扉，将心灵深处的猜测和疑虑公之于众，增加心灵的透明度，才能求得彼此的了解沟通，增加相互信任，消除隔阂，获得最大限度的谅解。

第四，无视“长舌人”的流言。猜疑之火往往在“长舌人”的煽动下，才越烧越旺，致使人失去理智、酿成恶果。因此，当听到流言时，千万要冷静，谨防受骗上当。

第五，当我们开始猜疑某个人时，最好能先综合分析一下他平时的为人、经历以及与自己多年交往的表现，这样有助于将错误的猜疑消灭在萌芽状态。

抑郁是一种失落

如果抑郁长时间地控制着自己的情绪，那么人就容易走上绝望的恶性循环之路。抑郁是一种消极而低落的情绪，人置身其中就仿佛处在阴暗的围墙之中，无法体味到开朗、洒脱、豁达的人生境界。

美国医学协会曾发起一项对10余个国家和地区约3.8万人的调查活动，结果显示，平均有5%的人患有抑郁症，抑郁症发病率最高的年龄段在25 ~ 30岁，其中女性的比例明显高于男性。来自美国的资料显示，抑郁症病人中有2/3的人曾有自杀念头，其中有10% ~ 15% 的人最终自杀，自杀者中70%的人有抑郁症状。我国20世纪90年代对7个主要省市的调查表明，约有27‰的人患有精神障碍(其中抑郁症位居首位)，一半的病人在20 ~ 29岁发病。

沮丧只是一时的情绪失落，但抑郁不同。专家告诉我们，生活中充满了大大小小的挫折和失败，常常我们最梦寐以求的东西，却再也不存在了，我们最心爱的人，再也不能回到我们身边了。每当这些时刻来临的时候，我们都会体验到悲伤、痛苦，甚至绝望。通常，由这些明确现实事件引起的抑郁和悲伤，是正常的、短暂的，有些甚至有利于个体的成长。但是，有些人的抑郁症状并没有十分明确、合理的外部诱因；另外一些人，虽然在他们的生活中发生了一些负面事件，但是，他们的抑郁症状持续得很久，远远超过了一般人对这些事件的情绪反应，而且抑郁症状日趋恶化，严重地影响了工作、生活和学习。如果是这样，那么很可能，他们患了抑郁症。

抑郁就好像透过一层黑色玻璃看事物。无论是考虑你自己，还是考虑世界，任何事物看来都处于同样的阴郁而暗淡的光线之下，“没有一件事做对了”“我彻底完蛋了”“我无能为力，因此也不值一试”“朋友们给我来电话仅仅是出于一种责任感”。当你工作中出了一点毛病，或思想开了小差，你就认为“我已经失去了干好工作的能力”，好像你的能力已经一去不回了。回想过去，你的记忆中充满着一连串的失败、痛苦和亏损，而那些你曾经认为是成功的事情，以及你的爱情和友谊，现在看来都一文不值了。你的回忆已经染上了抑郁的色彩。一旦戴上这副黑色的滤光镜，你就再也不能在其他的光线下观察任何事物。消极的思想与抑郁相伴，情绪低落导致消极的思想和回忆，同时，消极的思想和回忆又导致情绪低落，如此反复下去，便形成一个持久而日益严重的抑郁恶性循环。

思路突破：豁达是一种人生态度

幸福的人只记得一生中的满足之处，不幸的人则只记得相反的内容。

三伏天，禅院的草地枯黄了一大片。“快撒点草种子吧！好难看哪！”小和尚说。

师父挥挥手：“随时！”

中秋，师父买了一包草籽，叫小和尚去播种。

秋风起，草籽边撒、边飘。“不好了！好多种子都被吹飞了。”小和尚喊。

“没关系，吹走的多半是空的，撒下去也发不了芽。”师父说，“随性！”

撒完种子，跟着就飞来几只小鸟啄食。“要命了！种子都被鸟吃了！”小和尚急得跳脚。

“没关系！种子多，吃不完！”师父说，“随遇！”

半夜一阵骤雨，小和尚早晨冲进禅房：“师父！这下真完了！好多草籽被雨冲走了！”

“冲到哪儿，就在哪儿发芽！”师父说，“随缘！”

一个星期过去了。原本光秃的地面，居然长出许多青翠的草苗。一些原来没播种的角落，也泛出了绿意。

小和尚高兴得直拍手。

师父点头：“随喜！”

虽不是跟随，是顺其自然，不怨恨，不躁进，不过度，不强求。

虽不是随便，是把握机缘，不悲观，不刻板，不慌乱，不忘形。

不要幻想生活总是那么圆圆满满，也不要幻想在生活的四季中享受所有的春天，每个人的一生都注定要跋涉沟沟坎坎，品尝苦涩与无奈，经历挫折与失意。

在漫漫旅途中，失意并不可怕，受挫也无须忧伤。只要心中的信念没有萎缩，只要自己的季节没有严冬，哪怕寒风凄冷，哪怕大雪纷飞。艰难险阻是人生对你另一种形式的馈赠，坑坑洼洼也是对你意志的磨砺和考验。落英在晚春凋零，来年又灿烂一片；黄叶在秋风中飘落，春天又焕发出勃勃生机。这何尝不是一种达观，一种洒脱，一份人生的成熟，一份人情的练达。

这种洒脱的人生，不是玩世不恭，更不是自暴自弃，洒脱是一种思想上的轻装，洒脱是一种目光的超前。有洒脱才不会终日郁郁寡欢，有洒脱才不觉得人生太压抑。

懂得了这一点，我们才不至于对生活求全责备，才不会在受挫之后彷徨失意。懂得了这一点，我们才能挺起刚劲的脊梁，披着温柔的阳光，找到充满希望的起点。

悲观挡住了阳光

同样是人，会有截然不同的人生态度。不同的人生态度会造就完全两样的人生风景。乐观者能从低谷中看到希望，悲观者背向阳光，只看到了自己的影子。

悲观态度或乐观态度，是人类典型的也是最基本的两种倾向。

悲观者和乐观者在面对同一个事物和同一个问题时，会有不同的看法。下面是两个见解不同的人在争论三个问题：

第一个问题——希望是什么？

悲观者说：是地平线，就算看得到，也永远走不到。

乐观者说：是启明星，能告诉我们曙光就在前头。

第二个问题——风是什么？

悲观者说：是浪的帮凶，能把你埋藏在大海深处。

乐观者说：是帆的伙伴，能把你送到胜利的彼岸。

第三个问题——生命是不是花？

悲观者说：是又怎样，开败了也就没了！

乐观者说：不，它能留下甘甜的果实。

突然，天上传来了上帝的声音，也问了三个问题：

第一个问题——一直向前走，会怎样？

悲观者说：会碰到坑坑洼洼。

乐观者说：会看到柳暗花明。

第二个问题——春雨好不好？

悲观者说：不好！野草会因此长得更疯！

乐观者说：好，百花会因此开得更艳！

第三个问题——如果给你一片荒山，你会怎样？

悲观者说：修一座坟茔！

乐观者反驳：不！种满山绿树！

于是上帝给了他们两样不同的礼物：

给了乐观者成功，给了悲观者失败。

同样是人，会有截然不同的人生态度。不同的人生态度会造就截然不同的人生风景；同样是人，会因截然不同的世界观，导致截然不同的人生结局。

美国医生做过这样一个实验：让患者服用安慰剂。安慰剂呈粉状，是用水和糖加上某种色素配制的。当患者相信药力，就是说，当他们对安慰剂的效力持乐观态度时，治疗效果就显著。如果医生自己也确信这个处方，疗效就更为显著了。这一点已通过实验得到了证实。悲观态度由精神引起而又会影响到组织器官，有一个意外的事故证明了这一点。一个铁路工人意外地被锁在一个冷冻车厢里，他清楚地意识到如果出不去，就会冻死。不到 20 个小时，冷冻车厢被打开，他已经死了，医生证实是冻死的。可是，人们仔细检查了车厢后发现，冷气开关并没有打开。那个工人确实死了，因为他确信，在冷冻的情况下是不能活命的。所以，在极端的情况下，极度悲观会导致死亡。一个乐观主义者总是假设自己是成功的，就是说，他在行动之前，已经有了 85%的成功把握。而悲观主义者在行动之前，却已经认定自己是无可挽救了。

思路突破：克服悲观的 10 个方法

其实，悲观的心态并不可怕，只要你决定调整自己的心态，一切困难都可以克服。

越担惊受怕，就越遭灾祸。因此，一定要懂得积极态度所带来的力量，要相信希望和乐观能引导你走向胜利。

即使处境危难，也要寻找积极因素。这样，你就不会放弃努力。你越乐观，克服困难的勇气就越会倍增。

以幽默的态度来接受现实中的失败。有幽默感的人，才有能力轻松地克服厄运，排除随之而来的倒霉念头。

既不要被逆境困扰，也不要幻想奇迹，要脚踏实地，坚持不懈，全力以赴去争取。

不管多么严峻的形势向你逼来，你都要努力去发现有利的因素。过后，你就会发现自己到处都有一些小的成功，这样，自信心自然也就增长了。

不要把悲观作为保护你失望情绪的缓冲器。乐观是希望之花，能赐人以力量。

失败时，你要想到你曾经多次获得过成功，这才是值得庆幸的。如果有 10 个问题，你做对了 5 个，那么还是完全有理由庆祝一番，因为你已经成功地解决了 5 个问题。

在闲暇时，你要努力接近乐观的人，观察他们的行为。通过观察，乐观的火种会慢慢地在你内心点燃。

要知道，悲观不是天生的。就像人类的其他态度一样，悲观不但可以减轻，而且通过努力还能转变成一种新的态度——乐观。

如果乐观使你成功地克服了困难，那么你就应该相信这样的结论：乐观是成功之源。

第三章
不会改变难成功，创新产生奇迹

在旧观念中沉湎

旧观念是人的牢笼，人置身于旧观念牢笼之中，受到了许多的局限，造成事业的停滞不前。聪明者应该勇于从旧观念中走出来，而不囿于旧观念的束缚，这样才能突破自我。每个人都具备成功的潜质，但只有像哥伦布那样勇于探索自己灵魂的人，才会有所收获。

在一家效益不错的公司里，总经理叮嘱全体员工："谁也不要走进8楼那个没挂门牌的房间。"但他没解释为什么，员工们都牢牢记住了总经理的叮嘱。

一个月后，公司又招聘了一批员工，总经理对新员工又交代了同样的话。

"为什么？"这时有个年轻人小声嘀咕了一句。

"不为什么。"总经理满脸严肃地答道。

回到岗位上，年轻人还在不解地思考着总经理的叮嘱，其他人便劝他干好自己的工作，别瞎操心，听总经理的，没错。但年轻人却偏要走进那个房间看看。

他轻轻地叩门，没有反应，再轻轻一推，虚掩的门开了，只见里面放着一个纸牌，上面用红笔写着：把纸牌送给总经理。

这时，同事们开始为他担忧，劝他赶紧把纸牌放回去，大家替他保密。但年轻人却直奔15楼的总经理办公室。

当他将那个纸牌交到总经理手中时，总经理宣布了一个惊人的决定："从现在起，你被任命为销售部经理。"

"就因为我把这个纸牌拿来了？"

“没错，我已经等了快半年了，相信你能胜任这份工作。”总经理充满自信地说。

果然，上任后，年轻人把销售部的工作搞得红红火火。

像故事中的年轻人一样勇于走进某些禁区，你会采摘到丰硕的果实。打破条条框框的束缚，敢为天下先的精神正是开拓者的风貌。

思路突破：要勇于突破自己

有个顽童无意间在悬崖边的鹰巢里发现了一颗老鹰的蛋，他一时兴起，将这颗蛋带回父亲的农庄，放在母鸡的窝里，想看看能不能孵出小鹰来。

果然如顽童的期望，那颗蛋孵出了一只小鹰。小鹰跟着同窝的小鸡一起长大，每天在农庄里追逐主人喂饲的谷粒，一直以为自己是只小鸡。

某一天，母鸡焦急地“咯咯”大叫，召唤小鸡们赶紧躲回鸡舍内，慌乱之际，只见一只雄壮的老鹰俯冲而下，小鹰也和小鸡一样，四处逃窜。

经过这次事件后，小鹰每次看见在远处天空盘旋的老鹰身影，总是不禁喃喃自语：“我若是能像老鹰那样，自由地翱翔在天上，那该有多好。”

而一旁的小鸡总会提醒它：“别傻了，你只不过是只鸡，是不可能高飞的，别做那种白日梦啦。”

小鹰想想也对，自己不过是只小鸡，也就回过头，去和其他小鸡追逐主人撒下的谷粒。

直到有一天，一位驯兽师和朋友路过农庄，看见这只小鹰，便兴致勃勃要教会小鹰飞翔，而他的朋友则认为小鹰的翅膀已经退化无力，劝驯兽师打消这个念头。

驯兽师却不这么想，他将小鹰带到农舍的屋顶上，认为由高处将小鹰掷下，它自然会展翅高飞。不料小鹰只轻拍了几下翅膀，便落到鸡群当中，和小鸡们四处找寻食物。

驯兽师仍不死心，再次带着小鹰爬到农庄内最高的树上，掷出小鹰。小鹰害怕之余，本能地展开翅膀，飞了一段距离，看见地上的小鸡们正忙着追寻谷粒，便立时停了下来，加入鸡群中争食，再也不肯飞了。

在朋友的嘲笑声中，驯兽师这次将小鹰带到悬崖上。小鹰用锐利的眼光看去，大树、农庄、溪流都在脚下，而且变得十分渺小。待驯兽师的手一放开，小鹰展开宽阔的巨翼，终于实现了它的梦想，自由地翱翔于天际。

我们每个人都曾经如同小鹰一般，也曾有过翱翔天际、悠游自在的美妙梦想。有趣的是，这些伟大的梦想，往往也就在周围亲友的一句句“别傻了”“不可能”声中逐渐萎缩，甚至破灭。

就算侥幸遇上一位懂得欣赏我们的驯兽师，硬将我们带到更高的领域，往往我们也会像小鹰回头望见地上争食的鸡群一般，再次飞回地上，加入往日那个不敢梦想的群体里。可悲啊，那些在陈旧观念中安于现状的人们。

所以，我们要勇于突破自己的局限。用新的眼光去看世界，切莫在老的观念中沉湎，切莫让自己失去向上发展的勇气和动力。

墨守成规阻碍成功

我们知道很多的游戏规则是我们自己定的，结果这些规则反而使我们丧失了创造力。因此，人一定要记住：做任何事，没有规则不行，但过于因循守旧、墨守成规也不行。适当之时，要善于改变众人所遵循的规则，独辟蹊径，去创造辉煌的人生。

研究行销管理的专家们曾经提出过一个观点：竞争会造成限制。意思是说，一般人习惯用“硬碰硬”的方式与人正面竞争，但是这种短兵相接的方式并不见得是最有效的制胜之道，反而会限制成功。因为当你正面去竞争的时候，你也就完全认同这个游戏，并愿意遵守某些固定的规则与观念，你的思想就会受制于某一个框框，反而阻碍了你发挥自己的创造力。

绝大多数人相信遵守既定规则是非常重要的，如果人人都想打破规矩，岂不是天下大乱？然而，管理专家强调，这只是一种鼓励突破思考的方法，让你更精确、有效地达成目标。换句话说，“要打破的是规则，而不是法律”。通常情况下，具有突破性思考特征的人，他们和旧式的行业规则格格不入，对每件事都产生怀疑，不喜欢墨守成规，偏爱自由游荡。

专门从事运动心理学研究的美国斯坦福大学教授罗伯特·克利杰在他的著作《改变游戏规则》中指出：“在运动场上，很多选手创造佳绩，都是因为他们打破了传统的比赛方法。”杰出的运动选手普遍具有这种“改变游戏规则”的特征。

根据罗伯特·克利杰的结论：突破思考是一种心态，可以鼓励人不断地学习，不停地创造。所以，如果你想改变习惯，尝试新的挑战，那就突破规则，改变游戏方法吧！

所谓改变游戏规则，就是要掌握主控权。要改变规则不难，关键在于有没有求变的决心。一般人遇到没有把握的状况常常会犹豫，所以说人最大的敌人是自己。通常情况下，你决定“变”还是“不变”的标准是，如果你从以前的经验中找不到任何成功的例子，你就做最坏的打算——可以赔多少？只要赔得起你就做，更何况你可能会赢。

是否求变，还有一个规则：越是有许多人说不，就越该改变。在 1993 年美国总统大选中，克林顿曾经说过一句话：“我们要改变游戏规则……”而布什总统却说：“我有丰富的经验！”也许布什落选的一个重要原因是他在“往后看”，而不是“向前看”。

思路突破：创新有回报

世界充满了追随者、依附者、模仿者，他们喜欢循行旧的轨道，喜欢以他人之思想为思想。但是社会所需要的却是那些有创新的人，能够离开走熟了的途径，而闯入新天地的人，如那些离开了先例旧方而医治病人的医师，那些用别出心裁的方法办理讼案的律师，那些把新的理念、新的方法带进教室的教师等。

不要害怕你自己成为“创始人”。不要仅仅做一个人，而要做一个新的人，独立的人。不要想去抄袭仿效你的祖父、你的父亲、你的邻居，这就像紫罗兰花要模仿玫瑰花，菊花想要效颦向日葵一样的可笑。

要知道，没有人能够因仿效他人而得到成功。成功是不能从抄袭、模仿中得来的。成功是个人的创造，是由创始的力量所造成的，所以我们要勇于去做成功路上的创始者。

日本的“电子之父”松下幸之助，就是这样一位富有智慧、善于洞察未来的成功人物。每当人们问及他成功的秘诀时，他总是淡淡一笑，说：“靠的是比别人稍微走得快了一点。”

1917 年，松下幸之助在确立自己事业的方向时，靠的就是在自己智慧基础上形成的强烈的超前意识。严格地讲，松下幸之助同电器结下不解之缘并没有内在的必然联系，他的祖上经营土地，父亲从事米行，而他进入社会首先是涉足商业，所有这些都与电器制造相隔甚远，况且有关电的行业在当时只是凤毛麟角。然而，他深信电作为一种新式能源，在给人类带来方便的同时，也会带来更多的欲望；灿烂的电气时代如同电灯一样将会照亮人类生活的每个角落，因此，投身电器制造，也一定会前途灿烂。尽管在创业伊始，他就受到挫折和打击。然而，这种超前意识使他有了坚强的信念和必胜的信心。正是由于“稍微走得快了一点”，使得“松下电器”从无到有，从小到大。

第二次世界大战结束后，世界又恢复了新的和平。遭受战争创伤的人民，在新的和平环境里又重新燃起了生活和工作的热情。睿智的松下幸之助又“超前”地看到“新文明”将带来世界性的家电热。对于“松下电器”，这既是一次发展壮大的难得机会，又是一次艰巨而严峻的挑战。松下幸之助正是凭借着“稍微走得快了一点”，大刀阔斧地进行机构调整和技术改革，从而使“松下电器”在新的挑战中得到了前所未有的发展。

20 世纪 50 年代，松下幸之助第一次访问美国和西欧时发现：欧美强大的生产力主要基于民主的体制和现代的科技，尽管日本在上述方面还相对落后，然而这一趋势将是历史的必然。松下幸之助正是把握住了这一超前趋势，在日本产业界率先进行了民主体制改革。政治上给予产业充分的自主权，建立了合理的劳资体制和劳资关系。经济上他改革了日本的低工资制，使职工工资超过欧洲，接近美国水平，并建立了必要的职工退休金，使员工的物质利益得到充分满足。劳动制度上实现每周 5 天工作日，这在当时的日本还是第一家。松下幸之助认为：这一改革并非单纯增加一天休息，而是为了进一步促进产品的质量。好的工作成就产生愉快的假日，愉快的假日情绪又带来更高的工作效率。只有这样，生产才能突飞猛进，效益才能日新月异。

“时势造英雄”，被改变了的环境就是一种新的时势、新的发展机遇。无论是地理环境、交际环境，还是职业环境、人文环境，每一次改变都为我们提供了一个新的广阔的发展空间。

“恐龙族”的改变之痛

人最怕的就是无法视变化为正常现象，他们没有适应变化的能力，包括步调、观念、做事的弹性和效率等，他们更不会探索自身的潜能，遇到变故，宁愿坐以待毙。

一亿年前，地球上到处都是体积硕大的恐龙。后来，地球上发生变故，恐龙在很短的时间内灭绝了。直到现在，科学家还不能确定究竟当时发生了什么，唯一能确定就是恐龙因为无法适应这种变故，而招致绝迹的下场。

能变通者才能生存，“物竞天择，适者生存”的准则，不仅适用于上古时代，同样也适用于科技文明的现代社会。不论是生物学家还是经济学家都承认，在一场激烈的竞赛中，凡是不能适应者，都会被淘汰。

商场如战场，刀枪本无情，如果一个人在作战的中途倒下，则显示其生存的条件不够。不幸的是，在各个工作场所中，我们可以看到仍然有太多的“恐龙式人物”存在。这些“恐龙式人物”的特征大致如下：顽固、严苛、立定不前、缺乏弹性。

在工作上，“恐龙族”最大的障碍就是无法适应环境。在他们周围有许多学习新技术、继续深造、更换职务、创新企业的机会，但是他们往往视而不见，根本无心寻求新的突破。

工作与生活永远是变化无穷的，我们每天都可能面临改变，新产品和新服务不断涌现，新技术不断被引进，新的任务被交付，新的同事、新的老板……这些改变，也许微小，也许剧烈，但每一次的改变，都需要我们调整心态重新适应。

面对改变，意味着对某些旧习惯和老状态的挑战，如果你紧守着过去的行为与思考模式，并且相信：“我就是这个样子。”那么，尝试新事物就会威胁到你的安全。

“恐龙族”不喜欢改变，他们安于现状，没有野心，没有创新精神，没有工作热情，不设法改进自己，不让自己有资格做更好的工作。

“恐龙族”不肯承认改变的事实。他们不愿为自己制造机会，而情愿受所谓运气、命运的摆布。因为不相信自己能掌握命运，所以会选择错误，不是在平坦的道路上蹒跚前进，就是一辈子坐错位置。

不再成长，使得“恐龙族”过去所有的优点，逐渐都变成缺点。譬如，对工作的野心转变为钩心斗角、玩弄权术，对公司的忠诚转变为对上司的逢迎拍马，对下属的粗率无礼。他们让自己受限于困境，恐惧局限了他们的眼界，当然也降低了他们行事的能力。

“恐龙族”忘记了一个很重要的道理：一个人能否获得成就，就看他是不是愿意标新立异，敢于尝试。乐于冒险，喜欢试验，能变通，这些才是获得成功的途径。

思路突破：变化是最好的适应法则

一位搏击高手参加比赛前，自负地以为一定可以夺得冠军，却不料在最后的赛场上，遇到一个实力相当的对手。双方皆竭尽了全力出招攻击，搏击高手发觉，自己竟然找不到对方招式中的破绽，而对方的攻击却往往能够突破自己的防守。

他愤愤不平地回去找到师父，一招一式地将对方和他对打的过程再次演示给师父看，并央求师父帮他找出对方招式中的破绽。

师父笑而不语，在地上画了一道线，要他在不擦掉这条线的前提下，设法让这条线变短。

搏击高手苦思不解，最后还是放弃思考，请教师父。

师父在原先那条线的旁边，又画了一道更长的线，两者相较之下，原先的那条线看起来变得短了许多。

师父开口道：“夺得冠军的重点，不在于如何攻击对方的弱点。正如地上的长短线一样，只要你自己变得更强，对方正如原先的那条线一般，也就无形中变得较弱了。如何使自己更强，才是你需要苦练的。”

天才并不是天生的强者，他们的意识与自我创新力并非与生俱来，而是在后天的努力中逐渐形成的。从他们身上，我们学到，最好的适应和生存法则便是创新和变化。

最大的危险是不冒险

在中国人的传统观念中，崇尚“稳中求胜”，认为“凡人世险奇之事，绝不可为”。这种思想的积毒，严重地影响了人的行事风格，也给人的事业带来了不良的后果。所以人应改变心中所想，敢于去冒险，并在冒险中焕发出生命的光彩。

利奥·巴斯卡利雅说：“希望就有失望的危险，尝试也有失败的可能。但是不尝试如何能有收获？不尝试怎么能有进步？不做也许可以免于受挫折，但也失去了学习或爱的机会。一个把自己限于牢笼中的人，是生活的奴隶，无异于丧失了生活的自由。只有勇于尝试的人，才拥有生活的自由，才能冲破人生难关。”

这正是利奥·巴斯夫利雅对自己生活的总结。小时候，人们常常告诫他，一旦选错行，梦想就不会成真，还告诉他，他永远不可能上大学，劝他把眼光放在比较实际的目标上。但是，他没有放弃自己的梦想，不但上了大学，还拿到了博士学位。当他决定抛弃已有的一份优越工作去环游世界时，人们说他最终会为此后悔，并且拿不到终生教职，但是，他还是上了路。结果，他回来后不但找到了一份更好的工作，还拿到了终生教职。当他在南加州大学开办“爱的课程”时，人们警告他，他会被当作疯子。但是，他觉得这门课很重要，还是开了。结果，这门课改变了他的一生。他不但在大学中教“爱的课程”，还被邀请到广播、电视台举办爱的讲座，受到美国公众的欢迎，成为家喻户晓的爱的使者。他说：“每件值得的事都是一次冒险。怕输就错失游戏的意义。冒险当然有带来痛苦的可能，可是不去冒险的空虚感更痛苦。”

事实上，无论我们选择试还是不试，时间总会过去。不试，什么也没有；试，虽然有风险，但总比空虚度过丰富，总会有收获。这里有一个让我们能鼓起勇气来尝试的思维方式，即可能发生的最坏的事情是什么？

柯德特在纽约市一家公司里有一个舒适的职位，但是他想当自己的老板，到新罕布什尔经营自己的小生意。他问自己：如果失败了，最坏的事情是什么呢？他想到了倾家荡产。然后他继续问自己：倾家荡产后最坏的事情是什么？

答案是他不得不干任何他能得到的工作。之后，最坏的事情可能是他又厌恶这种工作，因为他不喜欢受雇于别人。最终，他会再找一条路子去经营自己的生意，而这一次，有了上一次失败的教训，他懂得了如何避免失败，他就会成功。这样想过之后，他采取了行动，去经营自己的生意，并真的获得了成功。他总结说："你的生活不是试跑，也不是正式比赛前的准备运动。生活就是生活，不要让生活因为你的不负责任而白白流逝。要记住，你所有的岁月最终都会过去的，只有做出正确的选择，你才配说你已经活过了这些岁月。""艰苦的选择，如同艰苦的实践一样，会使你全力以赴，会使你有力量。躲避和随波逐流是很有诱惑力，但是有一天回首往事，你可能意识到：随波逐流也是一种选择——但绝不是最好的一种。"

只有当我们选择尝试时，我们才能不断发现自己的潜力，从而找到最适合自己的事业，并冲破人生难关。

思路突破：冒险奏出生命的最强音

不论何时，只要尝试做事的新办法，人们就要把自己推向冒险之途。假如你想致力于改良事物的现况，就不得不欣然冒险。用罗斯福总统夫人伊莲娜的话说就是：我们必须去做自以为办不到的事。

成功者最大的特点就是具有想用新的点子做实验及冒险的意愿。进取的人和普通人最明显的差别就在于：进取的人在态度上勇于冒险，且具新观念，能鼓舞他人去从事一无所知的事物，而非尽玩些安全的游戏。他们之所以敢于冒险，是因为有冒险力的驱动。如果做事怕冒险的话就没办法把事情做好了。而要冒险，就一定要有足够的勇气及资本。所谓的资本是指冒险力。光凭着第六感觉或运气是没办法安然渡过大大小小的风险的。如果一切都在计划之内、意料之中，也就算不上什么冒险了。冒险力就是在无法确定的复杂情势下，发挥它的神奇魔力的。

说到冒险精神，人们就会联想到发现美洲新大陆的哥伦布。

哥伦布还在求学的时候，偶然读到一本毕达哥拉斯的著作，知道了地球是圆的，他就牢记在脑子里。经过很长时间的思索和研究后，他大胆地提出，如果地球真是圆的，他便可以经过极短的路程而到达印度了。自然，许多自以为有常识的大学教授和哲学家都嘲笑他的意见。他们觉得，他想向西方行驶而到达东方的印度，岂不是傻人说梦话吗？他们告诉他，地球不是圆的，而是平的，然后又警告道，他要是一直向西航行，他的船将驶到地球的边缘而掉下去……这不是等于走上自杀之路吗？

然而，哥伦布对这个问题很有自信，只可惜他家境贫寒，没有钱让他去实现这个理想。他想从别人那儿得到一点钱，助他成功，但一连空等了17年，还是失望，所以，他决定不再向这个“理想”努力了。因为使他忧虑和失望的事情太多了，竟使他的红头发也完全变白了——虽然当时他还不到50岁。

灰心的哥伦布，这时只想进西班牙的修道院去度过后半生。正在这时候，罗马教皇却怂恿西班牙皇后伊莎贝露帮助哥伦布。教皇先送了65元给哥伦布，算是路费；但他自觉衣服过于褴褛，便用这些钱买了一套新装和一匹驴子，然后启程去见伊莎贝露，沿途穷得竟以乞讨糊口。皇后赞赏他的理想，并答应赐给他船只，让他去从事这种冒险的工作。为难的是，水手们都怕死，没人愿意跟随他走。于是哥伦布鼓起勇气跑到海滨，捉住了几名水手，先向他们哀求，接着是劝告，最后用恫吓手段逼迫他们去。另外他又请求女皇释放了狱中的死囚，并许诺他们如果冒险成功，就可以免罪恢复自由。

1492年8月，哥伦布率领3艘船，开始了一次划时代的航行。刚航行几天，就有两艘船破了，接着他们又在几百平方公里的海藻中陷入了进退两难的险境。他亲自拨开海藻，才得以继续航行。在浩瀚无垠的大西洋中航行了六七十天，也不见大陆的踪影，水手们都失望了，他们要求返航，否则就要把哥伦布杀死。哥伦布兼用鼓励和高压两手儿，总算说服了船员。

也是天无绝人之路，在继续前进中，哥伦布忽然看见有一群飞鸟向西南方向飞去，他立即命令船队改变航向，紧跟这群飞鸟。因为他知道海鸟总是飞向有食物和适于它们生活的地方，所以他预料到附近可能有陆地。果然，他们很快发现了美洲新大陆。

当他们返回欧洲报喜的时候，又遇上了四天四夜的大风暴，船只面临沉没的危险。在十分危急的时刻，他想到的是如何使世界知道他的新发现，于是，他将航行中所见到的一切写在羊皮纸上，用蜡布密封后放在桶内，准备在船毁人亡后，使自己的发现能够留在人间。

哥伦布他们总算很幸运，终于脱离了危险，胜利返航了。无须赘言，哥伦布如果没有不怕困难、不怕牺牲、勇往直前的进取精神，“新大陆”能被早日发现吗？

哥伦布的探险成功了。

哥伦布那种无畏、勇敢和百折不回的精神，真值得作为我们的模范。当水手们畏惧退缩的时候，只有他还要勇往直前；当水手们“恼羞成怒”警告他再不折回，便要叛变杀了他时，他的答复还是那一句话：“前进啊！前进啊！前进啊！”

看看哥伦布，再看看我们自己，我们没有任何理由不去修正自己，以便建立起敢于打破传统框架、勇于去冒险的坚定信念。然而，可悲的是，固守传统观念的人，崇尚“稳中求胜”，认为“凡人世险奇之事，绝不可为。或为之而幸获其利，特偶然耳，不可视为常然也。可以为常者，必其平淡无奇，如耕田读书之类是也”。可是，随着时代的发展，这种思想已明显落伍。常人的机遇，常人的成功，往往存在于危险之中，你想要美好的机遇吗？你想要事业的成功吗？那就要敢冒风险，投身危险的境地，去探索、去创造，不要瞻前顾后、不要惧怕失败。

免费午餐的背后

记得有过这样一个故事，说一位国王为子孙后代总结守业的箴言，最后得出的一句经典之语便是：“天下没有免费的午餐。”这句再贴切不过的话道出了人世间的许多真义。大凡那些等待天下掉馅饼的人，都要为此而付出代价。所以，人应摒弃坐享其成的念头，积极努力，去锻造人生的辉煌与成功。

从前有一个帮人杀牛的屠夫，不但技术高超、工作认真，而且为人忠厚老实，长相也相当俊俏，没有任何不良嗜好，真是人见人爱，即使用现在的标准来衡量也属于优秀青年。可由于他家徒四壁，又有个常年卧病在床的老母，小伙子到了成家的年龄，却没有哪家的姑娘愿意嫁给他。大家都替他着急，纷纷给他说亲。

一天，有个稀客来找屠夫的主人，说是要给屠夫提亲，对方是县太爷的千金。主人听了惊喜万分，当即把屠夫叫来。

“我身体有残疾，恐怕配不上县太爷的千金。”屠夫面无高兴之色。

“你根本没啥残疾啊！”主人感到甚是奇怪，可又问不出个所以然来，只好作罢，请来人转告县太爷，回绝了这门亲事。邻居听说这件事后，都觉得不能理解，为屠夫感到可惜，都说屠夫不知好歹。

“你们以为这样的好机会，我愿意放弃啊？当然是有原因的呀！”屠夫一脸无奈。

“到底啥原因啊？”有好事者追根问底。

“他的女儿肯定丑得没人敢要。”屠夫答道。

“你又没见过，何以晓得？”有人问。

“依我多年杀牛的经验！每天我一拿到牛肉，就会分出哪些是上等牛肉，哪些是次等牛肉，哪些是下等牛肉，而往往上等牛肉早就有人预定了，最后只剩下那些次等牛肉和下等牛肉没人要，只好贱卖，甚至在每天收摊时白送给别人，不然只有丢掉。所以我推测县太爷的千金一定是长得奇丑无比，不然的话，这样的好事怎么会有我这样一个屠夫的份呢？”众人感到有理，无不佩服屠夫的眼光。

真的应该为屠夫叫好，为他没有落入县太爷的圈套而庆幸。天下没有免费的午餐，便宜的背后肯定是伪装的陷阱。在每个人事业发展的道路上都遍布这样的陷阱，因而要打破坐等免费午餐的观念和想法，须知这样做的结果只会让自己付出惨痛的代价，最终导致一无所获。

思路突破：成功来自积极的努力

成功来自积极的努力，它从不自动上门。有些人以为只要想想机会就会降临，这其实是误区，其结果是很糟糕的。

一位成功者，在取得成功的过程中，他一定付出了艰苦的劳动，一定经过了无数次的失败。

牛顿是世界一流的科学家。当有人问他到底是通过什么方法得到那些非同一般的发现时，他诚实地回答道：“总是思考着它们。”还有一次，牛顿这样表述他的研究方法：“我总是把研究的课题置于心头，反复思考，慢慢地，起初的点点星光终于一点一点地变成了阳光一片。”正如其他有成就的人一样，牛顿也是靠勤奋、专心致志和持之以恒才取得巨大成就的，他的盛名也是这样得来的。放下手头的这一课题而从事另一课题的研究，这就是他的娱乐和休息。牛顿曾说过："如果说我对公众有什么贡献的话，这要归功于勤奋和善于思考。"另一位伟大的哲学家开普勒也这样说过："只有对所学的东西善于思考才能逐步深入。对于我所研究的课题我总是追根究底，要想出个所以然来。"

英国物理学家及化学家道尔顿不承认自己是什么天才，他认为他所取得的一切成就都是靠勤奋点滴积累而成的。约翰·亨特曾自我评论道："我的心灵就像一个蜂巢一样，看来是一片混乱，杂乱无章到处充满嗡嗡之声，实际上一切都整齐有序。每一点食物都是通过劳动在大自然中精心选择的。"

突破思维定式

常规思维的惯性，又可称为"思维定式"，这是一种人人皆有的思维状态。当它在支配常态生活时，还似乎有某种"习惯成自然"的便利，所以不能否认它的积极作用。但是，当面对创新时，如若仍受其约束，就会形成对创造力的障碍。

大象能用鼻子轻松地将一吨重的行李抬起来，但我们在看马戏表演时却发现，这么巨大的动物，却安静地被拴在一个小木桩上。

因为它们自幼小无力时开始，就被沉重的铁链拴在木桩上，当时不管它用多大的力气去拉，这木桩对幼象而言，实在太沉重，当然动也动不了。不久，幼象长大，力气也变大了，但只要身边有桩，它总是不敢妄动。

这就是思维定式。长成后的象，可以轻易将铁链拉断，但因幼时的经验一直留存至长大，所以它习惯地认为(错觉)"绝对拉不断"，所以不再去拉扯。从人类来看也是如此——虽被赋予"头脑"这一最强大的武器，但因自以为是而将其搁置一边，于是徒然浪费"宝物"，实是愚蠢之人。由此可知，不只是动物，人类也因未排除"固定观念"的偏差想法，而只能以常识性、否定性的眼光来看事物，理所当然地认为"我没有那样的才能"，终于白白浪费掉大好良机。除了这种静止地看待自己的形而上学的错误外，用僵化和固定的观点认识外界的事物，有时也会带来危害。比如，通常我们都知道，海水是不能饮用的，可是如果抱定了这种认识，也可能犯下严重的错误。

一次，一艘远洋海轮不幸触礁，沉没在汪洋大海里，幸存下来的9名船员拼死登上一座孤岛，才得以活命。但接下来的情形更加糟糕，岛上除了石头，还是石头，没有任何可以用来充饥的东西。更为要命的是，在烈日的暴晒下，每个人都口渴得冒烟，水成为最珍贵的东西。

尽管四周是水——海水，可谁都知道，海水又苦又涩又咸，根本不能用来解渴。现在9个人唯一的生存希望是老天爷下雨或别的过往船只发现他们。

他们等了很久，没有任何下雨的迹象，天际除了一望无边的海水，没有任何船只经过这个死一般寂静的岛。渐渐地，他们支撑不下去了。

8个船员相继渴死，当最后一位船员快要渴死的时候，他实在忍受不住，扑进海水里，“咕咚咕咚”地喝了一肚子海水。船员喝完海水，一点儿也觉不出海水的苦涩味，相反觉得这海水非常甘甜、非常解渴。他想：也许这是自己渴死前的幻觉吧，便静静地躺在岛上，等着死神的降临。

他睡了一觉，醒来后发现自己还活着，船员非常奇怪，于是他每天靠喝这岛边的海水度日，终于等来了救援的船只。

后来人们化验这海水发现，这儿由于有地下泉水的不断翻涌，所以，海水实际上是可口的泉水。

习以为常、耳熟能详、理所当然的事物充斥着我们的生活，使我们逐渐失去了对事物的热情和新鲜感。经验成了我们判断事物的唯一标准，存在的当然变成了合理的。随着知识的积累、经验的丰富，我们变得越来越循规蹈矩，越来越老成持重，于是创造力丧失了，想象力萎缩了。思维定式已经成为人类超越自我的一大障碍。

思路突破：标新立异能突破思维常规

标新立异者常常能突破人们的思维常规，反常用计，在“奇”字上下功夫，拿出出奇的经营招数，赢得出奇的效果。

亨利·兰德平日非常喜欢为女儿拍照，而每一次女儿都想立刻得到父亲为她拍摄的照片。于是有一次他就告诉女儿，照片必须全部拍完，等底片卷回，从照相机里拿下来后，再送到暗房用特殊的药品显影。而且，在负片完成之后，还要照射强光使之映在别的像纸上面，同时必须再经过药品处理，一张照片才告完成。他向女儿做说明的同时，内心却在问自己：“等等，难道没有可能制造出同时显影的照相机吗？”对摄影稍有常识的人，在听了他的想法后都异口同声地说：“哪儿会有可能？”并列举一打以上的理由说：“简直是一个异想天开的梦。”但他却没有因受此批评而退缩，于是他告诉女儿的话就成为一种契机。最后，他终于不畏艰难地完成了“拍立得相机”。这种相机的作用完全依照女儿的希望，同时，兰德企业就此诞生了。

亨利·福特也是一位了不起的人。直到40岁，他的生意才获得成功。他没有受过多少正规的教育。在建立了他的事业王国之后，他把目光转向了制造八缸引擎。他把设计人员召集到一起说：“先生们，我需要你们造一个八缸引擎。”这些聪明的、受过良好教育的工程师深谙数学、物理、工程学，他们知道什么是可做的、什么是行不通的。他们以一种宽容的态度看着福特，好似在说：“让我们迁就一下这位老人吧，怎么说他都是老板嘛。”他们非常耐心地向福特解释八缸引擎从经济方面考虑是多么不合适，并解释了为什么不合适。福特并不听取，只是一味强调：“先生们，我必须拥有八缸引擎，请你们造一个。”

工程师们心不在焉地干了一段时间后向福特汇报：“我们越来越觉得造八缸引擎是不可能的事。”然而，福特先生可不是轻易被说服的人，他坚持说：“先生们，我必须有一个八缸引擎，让我们加快速度去做吧。”于是，工程师们再次行动了。这次，他们比以前工作得努力一些了，时间也花多了，也投入了更多的资金。但他们对福特的汇报与上次一样：“先生，八缸引擎的制造完全不可能。”

然而对于福特，在这位用装配线、每天5美元薪水、T型与A型改良了工业的人的字典里，根本不存在“不可能”之说。亨利·福特用炯炯有神的目光注视着大家，说：“先生们，你们不了解，我必须有八缸引擎，你们要为我做一个，现在就做吧。”猜猜接下来如何？他们制造出了八缸引擎。

给自己一个好的改变

每一个人现在所处的境况，正是以往生活态度造成的，所以，若想改变未来的生活，使之更加顺利，必得先改变此时的想法，倘若坚持错误的观念，固执不愿改变，即使再努力，恐怕也体会不到成功带来的喜悦。

下面一个故事，会对我们有所启示。

动物园新来了一只袋鼠，管理员将它关在一片有着 1 米高围栏的草地上。

第二天一早，管理员发现袋鼠在围栏外的树丛里蹦蹦跳跳，立刻将围栏的高度加到 2 米，把袋鼠关了进去。

第三天早上，管理员还是看到袋鼠在栏外，于是又将围栏的高度加到了 3 米，又把袋鼠关了进去。

隔壁兽栏的长颈鹿问袋鼠："依你看，这围栏到底要加到多高，才能关得住你？"

袋鼠回答道："很难说，也许 5 米高，也许 10 米，甚至可能加到 100 米高——如果那个管理员老是忘了把围栏的门锁上的话。"

在过往的岁月中，相信您一定非常努力地追求过很多东西，比如财富、名望、爱情、尊严……

你得到了吗？得到之后，幸福与快乐是否也随之而来？而你是否真的快乐？

问题可能在于我们的出发点是否正确。大多数人都认为："先让我得到，然后再为快乐操心。"而当他们耗尽心血，使尽手段，终于爬到成功顶峰时，环顾周围，却蓦然发现，自己的家人、朋友、同事竟已被踏在底下，而自己是如此的孤独与不快乐。

或许这时你不禁要问："我哪里做错了，怎会如此？"而一些从未成功过的朋友，也一直都喜欢问同样的问题。故事中袋鼠的回答应是最好的答案：如果不将栅门锁好，围栏加得再高也是枉然。

每一个人现在所处的境况，正是以往自己所抱的想法造成的。所以，如想改变未来的生活，使之更加顺利，必得先改变此时的想法。坚持错误的观念，固执不愿改变，即使再努力，恐怕也体会不到成功带来的喜悦。

思路突破：人生的精彩在改变中

一个平凡的上班族迈克·英泰尔，37 岁那年做出了一个疯狂的决定：他放弃薪水优厚的记者工作，把身上仅有的 3 块多美元捐给街角的流浪汉，只带了干净的内衣裤，由阳光明媚的加州，靠搭便车与陌生人的好心，横越美国。

他的目的地是美国东岸北卡罗来纳州的"恐怖角"(Cape Fear)。

这是他精神快崩溃时做的一个仓促决定。某个午后他“忽然”哭了，因为他问了自己一个问题：如果有人通知我今天死期到了，我会后悔吗？答案竟是那么的肯定。虽然他有好工作、亲友、美丽的同居女友，他发现自己这辈子从来没有下过什么赌注，平顺的人生从没有高峰或谷底。

他为自己懦弱的前半生而哭。

一念之间，他选择北卡罗来纳的恐怖角作为最终目的，借以象征他征服生命中所有恐惧的决心。

他检讨自己，很诚实地为他的“恐惧”开出一张清单：打从小时候起他就怕保姆、怕邮差、怕鸟、怕猫、怕蛇、怕蝙蝠、怕黑暗、怕大海、怕飞、怕城市、怕荒野、怕热闹又怕孤独、怕失败又怕成功、怕精神崩溃……他无所不怕，却又似乎“英勇”地当了记者。

这个懦弱的37岁男人上路前竟还接到奶奶的纸条：“你一定会在路上被人杀掉。”但他成功了，4000多里路，78顿饭，仰赖82个好心的陌生人。

一路上，他没有接受过任何金钱的馈赠，在雷雨交加中睡在潮湿的睡袋里，也有几个像杀手或抢匪的家伙使他心惊胆战。他在游民之家靠打工换取住宿，还碰到不少患有精神疾病的好心人。他终于来到恐怖角，接到女友寄给他的提款卡(他看见那个包裹时恨不得跳上柜台拥抱邮局职员)。他不是为了证明金钱无用，只是用这种正常人会觉得“无聊”的艰辛旅程来使自己面对所有恐惧。

恐怖角到了，但恐怖角并不恐怖。原来“恐怖角”这个名称，是一位16世纪的探险家取的，本来叫“Cape Faire”，被讹写为“Cape Fear”，只是一个失误。

迈克·英泰尔终于明白：“这名字的不当，就像我自己的恐惧一样。我现在明白自己为什么一直害怕做错事，我不是恐惧死亡，而是恐惧生命。”

花了6个星期的时间，到了一个和自己的想象无关的地方，他得到了什么？

得到的不是目的，而是过程。虽然他绝不会想再来一次，但这次经历在他的回忆中是甜美的信心之旅，仿如人生。

真的，人生真不过如此了。当你在一个安逸的环境中沉湎得太久时，一切都已成定式，你只是顺着生活的惯性在走路，心中已没有了追求事业和成功的热切渴望。所有的东西都静如止水，进入接近真空的状态，曾经的棱角和锐气被磨平。这样的人是悲哀的，注定在事业上庸庸碌碌，一无所成。

由此，明智的做法应该从是改变自己做起。一个人只有勇于去改变，才能让事业和生活的轨道脱离原来的固有模式，朝着新的方向驰骋。给自己一个好的改变吧，这是你事业成功的必由之路，也是人生对你的要求。

第四章
借口太多导致贫穷

患上“借口症”

生活中，因各种借口造成的消极心态，就像瘟疫一样毒害着我们的灵魂，并且互相感染和影响，极大地阻碍着人们正常潜能的发挥，使许多人未老先衰，丧失斗志，消极处世。然而，正像任何传染病都可以治疗一样，“借口症”这个心态病也是可以克服的。办法之一就是用事实将借口一一驳倒，使它没有理由在我们心中立足。

我们来看看几个常见的借口是如何的荒谬。

1. 年龄借口

两个儿时的玩伴，十几年后聚在一起，大家都大为感慨，于是亲切地聊了起来。然而，令人吃惊的是，两人竟都说自己已经“老”了。“现在只是为了孩子赚钱，还有十几年就要退休养老了，没有其他想法了。”

老天，才三十五六岁！怎么就等待退休养老了呢？

怪不得我们这个社会有那么多失败者，他们不努力去追求成功，却随意找借口，迎接和等待人生的失败。

按说这两位玩伴现在都具有很好的条件去设立某个目标，努力攀登。遗憾的是，他们竟然放弃了一切追求，年龄的借口和其他的交谈都显露了他们消极失败的心态。三十五六岁就说“老”了。事实恰恰相反，三十五六岁的人生是最有作为、精力最旺盛的时候。因为这个时候，人们因吸收广泛的生活养料而比较成熟，更容易认识和把握自己。

许多成功者，都是在 30 ~ 60 岁的年龄阶段达到自己事业顶峰的。北京天安制药集团总裁吕克键，49 岁才开始辞职创业；山东乳山百万富翁养蚶专家辛启泰，50 岁才从海边滩涂上寻找到成功之路；四川“蚊帐大王”杨百万 66 岁才从摆小摊开始做生意；美国前总统里根 73 岁还参加竞选。

拿破仑·希尔对 2500 人进行分析，发现很少有人在 40 岁以前取得事业上的大成功。美国著名的汽车大王福特，40 岁还没有迈出成功的关键步伐。美国钢铁大王安德鲁·卡耐基取得巨大成功之时，已过 40 岁。希尔本人出版第一本成功学著作时已是 45 岁，之后他为事业成功还奋斗了 42 年，当他 80 岁的时候还在出书。

年龄，绝不能成为不成功的借口。

2. 工作中的借口

我们经常会听到这样或那样的借口。借口在我们的耳畔窃窃私语，告诉我们不能做某事或做不好某事的理由，它们好像是“理智的声音”“合情合理的解释”，冠冕而堂皇。上班迟到了，会有“路上堵车”“手表停了”“今天家里事太多”等借口；业务拓展不开，工作无业绩，会有“制度不行”“政策不好”或“我已经尽力了”等借口。事情做砸了有借口，任务没完成有借口。只要有心去找，借口无处不在。借口就是一块敷衍别人、原谅自己的“挡箭牌”，就是一副掩饰弱点、推卸责任的“万能器”。有多少人把宝贵的时间和精力放在了如何寻找一个合适的借口上，而忘记了自己的职责和责任啊！

寻找借口，就是把属于自己的过失掩饰掉，把应该自己承担的责任转嫁给社会或他人。这样的人，在企业中不会成为称职的员工，在社会上也不是大家可信赖和尊重的人。这样的人，注定只能是一事无成的失败者。

3. 教育和文凭的借口

“我没有受过良好的教育”“我没有文凭”，这是不少人常用的借口。事实上学习知识的途径多种多样，学校教育、文凭教育，仅仅是千万种求知途径中的一种。要知道从学校的书本上学东西，常常有很大的局限性，真正的教育来自社会大学和自学。

我们看看那些成功人物的教育与文凭情况：“椰树集团”董事长王光兴，初中文凭；“果喜集团”总裁张果喜，小学文凭；治秃专家赵章光，高中文凭；美国钢铁大王安德鲁·卡内基 13 岁开始工作，几乎没接受过什么正规教育；美国石油大王洛克菲勒，高中辍学；日本松下幸之助只有小学四年级的学历；香港富商李嘉诚，初中辍学……这些成功者的知识与能力全靠自学而来。

受到良好的学校教育，当然对成功有帮助，没有受到学校教育、没有文凭的人，只要愿意，自学永远不晚。

4. 资金借口

“我没有资金，所以我不能成功……”

事实是，有资金可以帮助我们成功，但没有资金，只要想办法同样可以创业赚钱，同样可以成功。其实，资金来源途径很多：由少到多地积累，大雪球是由小雪球滚成的；向亲朋好友借钱集资；寻找一个能生财的门路；抓住机会找银行贷款；或找有钱单位和个人合伙；集资入股……许多做大生意的人都不是靠个人的资金，而是充分利用了银行、信用社以及社会闲散资金。

失败者大都喜欢找借口，成功者却大都拒绝找借口，向一切可以作为借口的原因或困难挑战。富兰克林·罗斯福因患小儿麻痹症而下身瘫痪，他是最有资格找借口的。可是他以信心、勇气和顽强的意志向一切困难挑战，居然冲破美国传统束缚，连任四届美国总统。他以病残之躯，在美国历史上，也在人类历史上写下了光辉灿烂的成功篇章。

此外，还有“运气”借口、“健康”借口、“出身”借口、“人际关系”借口等。希尔在他的《思考致富》里将一位个性分析专家编的借口表列出来，竟然有 50 个之多(在下一节里，我们会继续就失败者的著名托词做出探讨)。希尔说：“找借口解释失败是全人类的惯常做法。这种做法同人类历史一样源远流长，且对成功有着致命的破坏力。”

思路突破：不找借口找原因，不找借口找方法

当你面对失败时，不要寻找借口，而应找出失败的原因。

一个人做事不可能一辈子一帆风顺，就算没有大失败，也会有小挫折。而每个人面对失败的态度也都不一样，有些人不把失败当一回事，他们认为“胜败乃兵家之常事”。也有人拼命为自己的失败找借口，告诉自己，也告诉别人：他的失败是因为别人扯了后腿、家人不帮忙，或是身体不好、运气不佳等。在现实生活中，不把失败当一回事的人实在不多，而这种人也不一定会成功，因为如果他不能从失败中吸取教训，就算有过人的意志也没用。但不敢面对失败，老是为失败寻找借口，也不能获得成功。

为自己的失败寻找借口的人一般都不承认自己的能力有问题，固然有很多失败是来自客观因素，是无法避免的，但大部分失败却都是因主观原因造成的。

面对失败是件痛苦的事，就如同自己拿着刀割伤自己一样，但不这样做又能如何？人要追求成功就必须找出失败的原因来，以便对症下药。

要找出失败的原因并不很容易，因为人常会下意识地逃避，因此应双管齐下，自己检讨，也请别人批评。自己检讨是主观的，有正确的，也有不正确的；别人批评是客观的，当然也有正确的和不正确的，两者相比较，便能找出失败的真正原因了，这些原因一定和你的个性、智慧、能力有关。你应该好好分析这些问题，诚实地面对，并自我修正。如果能这么做，那你就不会再犯同样的错误，并且成功得比较快。如果一碰上失败就找借口，那你失败的机会很可能会多于成功的机会，因为你并未从根本上解决“病因”，当然也就要时常发病了！

50个著名托词

制造托词来解释失败，这是人们惯常的做法。这种习惯与人类的历史一样古老，这是成功的致命伤！为何人们不放弃他们喜爱的托词？答案是明显的。人们之所以会保护他们的托词，是因为托词是他们制造的！

不成功的人有一种共同的性格特征，他们知道失败的原因，并且有一套托词。

少数托词由事实证明是有道理的，但是托词不能当钱用！世界只希望知道一件事：你成功了没有？

一个性格分析家编了一份常用的托词单子，你在读这份单子时，请细心检讨自己，从而判定这些托词中有多少是你自己常用的。一旦知道了自己的虚伪与无能，你就必须毫不犹豫地抛弃它们，从而更加肯定自己的能力，向成功发起冲刺。

假如我年轻些……

假如我可以做自己想做的事……

假如我生来富有……

假如我能碰到“贵人”……

假如我具有别人的才能……

假如我没有家累……

假如我有足够的“势力”……

假如我有钱……

假如我受过良好教育……

假如我找得到工作……

假如我身体健康……

假如我有时间……

假如生能逢时……

假如人家了解我……

假如周遭情况不同……

假如能重活一遍……

假如我不在乎“他们”说的话……

假如过去让我有机会……

假如我现在有机会……

假如他人没有“怀恨我”……

假如没有任何事阻碍我……

假如我没有这么多烦恼……

假如我嫁（娶）对人……

假如人们不这么笨……

假如我的家人不这么奢侈……

假如我对自己有信心……

假如我不是时运不济……

假如我不是生来命运不佳……

假如“该是什么就会是什么”是不正确的……

假如我不用这么辛苦工作……

假如我没有损失我的财产……

假如我敢维护自己的权利……

假如我曾把握机会……

假如没有人刺激我……

假如我不用料理家务和照顾孩子……

假如我可以存点钱……

假如老板赏识我……

假如有人能帮助我……

假如我的家人了解我……

假如我住在大都市……

假如我能早一步……

假如我有空……

假如我有他人的个性……

假如我不这么胖……

假如人家知道我的才能……

假如我能有个“机会”……

假如我能偿清债务……

假如我没有失败……

假如我知道该怎么做……

假如没有人反对我……

朋友，你还要说什么呢？所有这些都只能证明你是弱者！还不行动，更待何时？如果人有勇气正视自我、看清自我，则完全可以发现错误，并加以改正。

制造托词来解释失败，这是我们惯常的做法。这种习惯与人类的历史一样古老，这是成功的致命伤！为何人们不放弃他们喜爱的托词？答案是明显的。人们之所以会保护他们的托词，是因为托词是他们制造的！

思路突破：莫让托词成习惯

制造借口是人类的习惯，这种习惯是难以打破的。柏拉图说过：“征服自己是最大的胜利，被自己所征服是最大的耻辱和邪恶。”

另一位哲学家也有相同的看法，他说：“当我发现别人最丑陋的一面正是我自己本性的反映时，我大为惊讶。”艾乐勃·赫巴德说：“我对自己一向是个谜，为何人们用这么多的时间制造借口以掩饰自己的弱点，并且故意愚弄自己？如果用在正确的用途上，这些时间足够矫正这些弱点，那时便不需要借口了。”

以往你也许有一种合理的借口，不去追求你的理想，但是这一借口现在应该抛弃了，因为你已经有了开启人生财富之门的万能钥匙。

这把万能钥匙是无形的，却是强大有力的！对你而言，它是所有欲望的金杖。如果你不使用它，则必须付出代价。这个代价就是失败；但如果你使用这把钥匙，就不会受到处罚，并将会获得极大的报酬。

这种报酬是值得你全力以赴的。你愿意从此开始，对吧？相信你自己！

你一定会成功的！

财富不和借口在一起

人在致富问题上总是哀叹：“我天生没有什么野心，不是发财的料。”这是一种典型的借口。“王侯将相，宁有种乎？”没有人天生注定要发大财，但人人都可以做发财梦，激发发财的野心。要知道，许多成功者之所以成功，是从形成谋财的“野心”开始的。

在现今的经济社会生活中，每个人都想发财，每个人都有一个发财的美梦。但是，很多人很快就放弃了自己的梦想，于是生活就失去了动力，以后的生活就是往下混了，人生也就失去了意义。这就是他们失败而默默无闻的原因。只要不放弃雄心，即使你一辈子都没有实现你的发财梦，你也会觉得没有虚度此生。更何况你只要行动，就会有收获。拿破仑·希尔把致富的过程总结为六大步骤：

第一，牢记你所渴望金钱的确切数目。

第二，决定一下，你要付出什么以求报偿。

第三，设定你想拥有所渴望金钱的确切日期。

第四，草拟实现渴望的确切计划，并且立即行动，不论你准备妥当与否，都要将计划付诸实施。

第五，简单明了地写下你想获得的金钱数目及获得这笔钱的时限。

第六，一天朗读两遍你写好的告白，早晨起床时念一遍，晚上睡觉前念一遍。

这六大步骤的核心就是要行动，任何伟大的财富追求只有在行动中才会变为现实。

由此，我们每个人都应该执着地坚持自己创富的信念，保持昂扬的斗志，让梦想激发惊人的力量，推动我们勇往直前，切莫让“没有发财的命”之类的想法演化成一种借口，从而成为制约你创造财富的枷锁。

思路突破：野心多少有一点

广东阳西县（深圳光明）鱼粉有限公司董事长陈广富当年就是一个渔民，后为鱼贩，常在广州洲头咀码头和一德路水产市场售卖鱼虾，经常血本无归。经过多少次的跌跌撞撞之后，陈广富开始认识到，要发展就要充分利用当地海边资源，通过招商引资走以商带家、以工促农、农工商齐发展之路。说干就干的陈广富，先是创办了儒洞海发水产贸易部，进行水产品加工贸易，然后投入500万元，与渔民合资、联营造船60艘共同发展渔业产业。后来，他又邀请深圳光明农场加盟建立阳西县（深圳光明）鱼粉有限公司，先后投入1500万元，把原来简单机械加工改为进口丹麦湿法鱼粉加工设备（3条流水线），这些设备和所采用的技术是当时国内最先进的。年产鱼粉1万多吨，鱼油1000多吨，产值5000多万元。随后又投入2300万元建成两条饲料生产线，年产各种饲料8万多吨，产值4000多万元。他一手创办的阳西县（深圳光明）鱼粉有限公司从而成为广东省首批20家农业龙头企业之一。

从陈广富身上我们可以看出，要致富，首先得敢致富。恰恰这一点是许多人缺乏的，也是被许多人所忽视的。只有敢于亮出致富的旗帜，敢于采取致富的行动，才有可能走上富裕的道路。

执行力在借口中搁浅

成功者总在做事，失败者总在许愿。一个人如果认真考虑过他所负担的责任，那么可以令人信服地说，他会立即采取行动。个人的行动是我们唯一有能力支配的东西，千万别让自己的执行力在借口中搁浅。

人生的时间是有限的，我们应该时刻为成功做准备。但有的人从小养成了拖沓的习惯，并常常用一些漂亮的言辞来掩盖，说什么“我正在分析”。可是数个月过去了，他们还在分析，而没有丝毫执行的迹象。他们没有意识到，他们正在受到某种被称为“分析麻痹症”病毒的侵蚀，这样只会使他们越陷越深，永远也不能实现自己的梦想。另外一种人爱以“我正在准备”做掩护，一个月过去了，他们仍然在准备，好多个月过去了，他们还没有准备充分。他们没有意识到这样一个严重的问题，他们正在受到某种被称为“借口”的缺点的侵蚀，他们不断为自己制造借口。

有一首著名的诗是这样写的：

他在月亮下睡觉，
他在太阳下取暖，
他总是说要去做什么，
但什么也没做就死了。

当我们还是一个小孩子的时候我们对自己说，当我成为一个大人的时候，我会做这做那，我会很快乐；等我们读完大学之后，我们又说，等我找到第一份工作的时候，我会做这做那，我会很快乐；当我们找到第一份工作之后，我们又会说，当我结婚的时候……然后我们又会说，当孩子们从学校毕业的时候，我会做这做那，并得到快乐；当我们退休的时候，真正步入了我们的晚年，我们看到了什么？我们看到了生活已经从我们的眼前走过去了！

什么时候了？我们在哪里？对这个问题的回答是：时间是现在，我们在这里，让我们充分利用此时此刻。这句话的意思并不是说我们不需要计划未来，相反，这正意味着我们需要计划未来。如果我们最大限度地利用此时此刻，立即行动，我们就是在播种未来的种子，难道不是吗？

生活中最可悲、最无用的话语莫过于“它本来可以这样的”“我本来应该”“我本来能够”“如果当时我……该多好啊”。生命不是开玩笑，从来就没有虚拟语气的说法。我们之所以会把问题搁置在一旁，最主要的原因就在于我们还没有学会对自己的人生负责任，这也是我们事后后悔时痛苦不堪的原因。

成功者总在做事，失败者总在许愿。一个人如果认真考虑过他所负担的责任，那么可以令人信服地说，他会立即采取行动。个人的行动是我们唯一有能力支配的东西，千万别让自己的执行力在借口中搁浅。

研究、准备是必要的，但总也走不出这种状态和过程则是不对的。许多机会稍纵即逝，时势也总在发生变化，生活不会静态地耐心等待着你准备得十全十美，完全到位。研究、准备下去，永远不去执行，到头来，除了一头白发之外我们将一无所获。

思路突破：执行，不找任何借口

在美国西点军校，军官向学员下达指令时，学员必须重复一遍军官的指令，然后军官问道："有什么问题吗？"学员通常的回答只能是："没有，长官。"学员的回答就是做出承诺，就是接受了军官赋予的责任和使命。就连站军姿、行军礼等千篇一律的训练，都无一不是在培养学员的意志力、责任心和自制力。在这样的训练中，西点军校的文化慢慢渗透到每一个学员的思想深处。它无时无刻不在激励着你，让你总是具有饱满的热情和旺盛的斗志。

喜欢足球的朋友都知道，德国国家足球队向来以作风顽强著称，因而在世界赛场上成绩斐然。德国足球成功的因素有很多，但有一点很重要，那就是德国队队员在贯彻教练的意图、完成自己所担负的任务方面执行得非常得力，即使在比分落后或全队困难时也一如既往，没有任何借口。你可以说他们死板、机械，也可以说他们没有创造力，不懂足球艺术。但成绩说明一切，至少在这一点上，作为足球运动员，他们是优秀的，因为他们身上流淌着执行力文化的特质。无论是足球队还是个人，如果没有完美的执行力，就算有再多的创造力也不可能有什么好的成绩。

巴顿将军在他的战争回忆录《我所知道的战争》中曾写到这样一个细节：

"我要提拔人时常常把所有的候选人排到一起，给他们提一个我想要他们解决的问题。我说：'伙计们，我要在仓库后面挖一条战壕，8 英尺长，3 英尺宽，6 英尺深。'我就告诉他们那么多。我有一个有窗户或有大节孔的仓库。候选人正在检查工具时，我走进仓库，通过窗户或节孔观察他们。我看到伙计们把锹和镐都放到仓库后面的地上。他们休息几分钟后开始议论我为什么要他们挖这么浅的战壕。他们有的说 6 英寸深还不够当火炮掩体。其他人争论说，这样的战壕太热或太冷。如果伙计们是军官，他们会抱怨他们不该干挖战壕这么普通的体力劳动。最后，有个伙计对别人下命令：'让我们把战壕挖好后离开这里吧。那个老畜生想用战壕干什么都没关系。'"

最后，巴顿写道："那个伙计得到了提拔。我必须挑选不找任何借口地完成任务的人。"

对我们而言，无论做什么事情，都要记住自己的使命，用行动来证明自己的能力。特别是梦想创造财富的年轻人，更应当注意，执行高于一切空谈，因为空谈只会让财富离你而去。朋友，记住，不要用任何借口来为自己开脱或搪塞，完美地执行是不需要任何借口的。

借钱的学问

西方生意经中有句名言：只有傻瓜才拿自己的钱去发财，聪明的人都善于借别人的钱去赚钱。现实中，很多人想创富，但又磨不开面子去跟别人借钱，导致财富无法拓展。即便是决定向别人借钱，也要罗列出一大堆借口，这对问题的解决实际毫无帮助，反而会阻碍了自己的发展。人心里应该明白，磨不开面子本身已是一种借口，重要的是如何突破自己。

向别人借钱，总觉得难以启齿。其实，向人借钱应当直截了当地提出来，不必啰里啰唆地向对方解释这解释那。对方愿意的话，你不用多说他也会借给你。反之，即使你有纵横家的口才也不能帮自己借到一分钱。你直接提出借钱，对方不答应，你只要说声"没关系"也就是了，谈不上什么尴尬下不了台。如果你先讲了一大堆借口，对方却依旧拒绝了，这样反而使双方都很尴尬。借钱给对方时，双方应先协商好还钱日期和利息等事项，这样就不至于让对方产生"受人施舍"的感觉，心理上的障碍就可以顺利地排除，朋友之间也不至于出现裂痕。

对我们大多数人来说，伸手向人借钱是一件十分难堪的事。这主要是因为我们"缺钱花是不体面的"这种心理在作怪。在这种心理作用下，向人借钱时，总是不好意思开口。在向人借钱之前，先做一番充分的思想准备，包括考虑怎样拉开话题，怎样过渡到借钱之事上来等。而当真正面对借钱对象时，却觉得最要紧的那句话犹若千钧重担压住了舌尖，难以吐出。结果，彼此都到了"再见"了，还是没提借钱之事！

有些人则有他们的“绝招”。向人借钱时，总要竭力掩饰缺钱花的真相，非要编出些“体面”的借口才行，诸如“××借了我的钱到了期仍未归还”“我银行里有钱，但取款不方便。先向你借一点，过几天薪水来了就给你”“这次出门钱带少了点”等，举不胜举。其实，这些借口都是毫无必要的。卡耐基曾这样对人们说：“你借钱的对象并不介意这些，他们十分明白你是在为自己找台阶下，以挽回些面子。他(她)若愿意帮助你，是不会追究你缺钱的原因的，也不会因为你向他(她)借钱就小看你。如果他(她)要蔑视你的话，你找借口，他(她)反倒在心里讥笑你。”因此，借钱时无须绕弯子，不妨开门见山地提出来。

思路突破：借别人的钱来适势

美国亿万富翁马克·哈罗德森说：“别人的钱是我成功的钥匙。把别人的钱和别人的努力结合起来，再加上你自己的梦想和一套奇特而行之有效的方案，然后，你再走上舞台，尽情地指挥你那奇妙的经济管弦乐队。其结果是，在你自己的眼里，会认为不过这是雕虫小技，或者说不过是借别人的鸡下了蛋。然而，世人却认为你出奇制胜，大获成功。因为，人们根本没有想到，竟能用别人的钱为自己做买卖赚钱。”

没有本钱怎样发大财呢？借贷是行之有效的手段。当然，借钱就得付出利息，但你不要害怕，你利用别人的钱来赚钱，你赢得的部分，可能远远超出了你所付的利息。

美国船王丹尼尔·洛维格的第一桶金，乃至他后来数十亿美元的资产，都是借鸡生的“金蛋”。可以说，他整个事业的发展是和银行分不开的。

当他第一次跨进银行的大门，人家看到他那磨破了的衬衫领子，又见他没有什么可做抵押的，自然拒绝了他的申请。

他又来到大通银行，千方百计总算见到了该银行的总裁。他对总裁说，他把货轮买到后，立即改装成油轮，他已把这艘尚未买下的船租给了一家石油公司。石油公司每月付给的租金，就用来分期还他要借的这笔贷款。他说他可以把租契交给银行，由银行去跟那家石油公司收租金，这样就等于在分期付款了。

许多银行听了洛维格的想法，都觉得荒唐可笑。大通银行的总裁却不那么认为。他想，洛维格一文不名，也许没有什么信用可言，但是那家石油公司的信用却是可靠的。拿着他的租契去石油公司按月收钱，这自然会十分稳妥。

洛维格终于贷到了第一笔款。他买下了他想要的旧货轮，把它改成油轮，租给了石油公司。然后又利用这艘船做抵押，借了另一笔款，从而又买了一艘船。

洛维格的成功与精明之处，就在于他利用那家石油公司的信用来增强自己的信用，从而成功地借到了钱。

这种情形持续了几年，每当一笔贷款付清时，他就成了这条船的主人，租金不会再被银行拿走，顺顺当当进了自己的腰包。

当洛维格的事业发展到一定阶段时，他嫌这样贷款赚钱的速度太慢了，于是又构思出了更加绝妙的借贷方式。

他设计一艘油轮或其他用途的船，在还没有开工建造，只处在图纸阶段时，他就找好一位主顾，与他签约，答应在船完工后把它租给他。然后洛维格才拿着船租契约，到银行去贷款造船。

他先租借别人的码头和船坞，继而借银行的钱造自己的船。不久后，他有了自己的造船公司。就这样，洛维格靠着银行的贷款，爬上了自己事业的巅峰。

财富源自积累

许多人不懂得资金的积累是创富的必备条件，他们挥霍无度。“人无横财不富，马无夜草不肥”“财富不是靠积累而是靠豪夺而得到的……”这些都是失败者的借口，要知道，大钱都是由小钱积累起来的。你平日忽视的每一块钱，都可能带有巨大的魔力。

有许多年轻人经常夸耀说，他们每月可以赚很多的钱，但拿到之后总是花个精光，他们从来不愿存一分钱。有了这种习惯的年轻人到了晚年，也剩不下几个钱，他们晚年的景象必定会十分凄凉！

许多年轻人往往把本来应该用于发展事业的资本，用到时髦的嗜好或娱乐方面。如果他们能把这些不必要的花费节省下来，积少成多，一定可以为将来事业的发展奠定一个坚实的基础。

年轻人之所以一踏入社会就花钱如流水，胡乱挥霍，是因为他们从不知道金钱对于事业的价值。他们胡乱花钱的目的只是想让别人觉得自己“阔气”。

即使是在隆冬季节，当他们与女友约会时，也非得买些价格昂贵的鲜花或各种糖果等小玩意儿。他们也许不曾想到，这样费尽心机、花费钱财追来的妻子，将来也绝不会帮他们积蓄钱财，而只会花钱如流水。一旦他们品尝了挥霍带来的恶果，便又开始埋怨当初的恶习，紧接着，不懂积蓄等又成为他们的现成借口，于是继续借着它们去掩饰一生不能成功的现实。

思路突破：一枚铜币的魔力

很久以前，有个年轻人，在大街上捉到一只老鼠。他把老鼠送到一家药铺，得到一枚铜币。他用这枚铜币买了一点糖浆，兑上水给花匠们喝后，花匠们每人送他一束鲜花。他卖掉这些鲜花，便积聚了 8 个铜币，又用这 8 个铜币买了一些糖果。

一天，风雨交加，御花园里满地都是被狂风吹落的枯枝败叶。年轻人对园丁说："如果这些断枝落叶全归我，我可以把花园打扫干净。"园丁们很乐意："先生，你都拿去吧！"年轻人走到一群玩耍的儿童中间，分给他们糖果，顷刻之间，他们帮他把所有的断枝败叶捡拾一空。皇家厨工到御花园门口看到这堆柴火，便买下运走，年轻人得到了 16 个铜币。

年轻人在离城不远的地方摆了一个水罐，供应 500 个割草工人饮水。不久他又结识了一个商人，商人告诉他："明天有个马贩子带 400 匹马进城。"听了商人的话，他对割草工人说："今天请你们每人给我一捆草，行吗？"工人们很感激年轻人为他们提供饮水，便都很慷慨地说："行！"马贩子来后，需要买饲料，只有年轻人这里草多，他便出 1000 个铜币买下了这个年轻人的 500 捆草。

几年后，年轻人成了远近闻名的富翁，他发家的本钱是用一只老鼠换来的一枚铜币。很多时候，富翁就诞生在我们身边，那些做小生意的人说不定哪天就成了大商人。

以上这个小故事生动地告诉我们积累资金的方式。即使是一枚看似平常的铜钱，也身具惊人的魔力，只要我们懂得利用它，就可以凭借微不足道的资金实现我们的创富计划。这对于那些大肆挥霍、不懂得积累的人们来说是一个警醒：当他们再一次埋怨没有创富的资本时，这本身已构不成一个理由！

苦等机遇降临

有一句美国谚语说："通往失败的路上，处处是错失了的机会。坐待幸运从前门进来的人，往往忽略了幸运也会从后窗进来。"只有敢于冲锋、主动进攻的人，才能抓住胜利的时机。机遇不会落在守株待兔者的头上。

机遇之神经常敲响大门，但人们可能不敢去开启，因为他们开始犹豫，害怕敲门的不是天使，而是魔鬼。但就是在犹豫的刹那间，机遇之神溜走了。然后人们又开始悔恨：为什么自己没有抓住机遇？这样的情况我们每天都会耳闻目睹。很多人在机会降临的时候犹豫不决，在机会转瞬即逝之后又开始悔恨。

一位探险家在森林中看见一个老农正坐在树桩上抽烟斗，于是他上前打招呼说："您好，您在这儿干什么呢？"

这个老农回答："有一次我正要砍树，但就在这时风雨大作，刮倒了许多参天大树，这省了我不少力气。"

"您真幸运！"

"您可说对了，还有一次，暴风雨中的闪电把我准备焚烧的干草给点着了。"

"真是奇迹！现在您准备做什么？"

"我正等待发生一场地震把土豆从地里翻出来。"

这个老农是坐等机会者。他这样坐等机会，也许偶尔会有机会光顾于他，但不会很多，所以他只能这样侥幸地苟且偷生。而探险家则是主动寻找机会者，机会出现，就会一鸣惊人，成为响当当的成功者。显然，青年人应该有探险家的精神。如果你失业，不要希望差事会自动上门，不要期待政府、工会会打电话请你去上班，或期待解聘你的公司会请你吃回头草，天下没有这么好的事情。

人们总是这样说："如果给我一个机会……"或者是："为什么我的机会那么少？"其实有这种想法都很可怜。只要世界还在变，机会就是无限的。朋友，抛开顾虑，创造你的机遇吧！跨出第一步，闯进机遇的网络之中，任由机遇把你带到遥远的地方去。不要怕，因为机遇往往在无畏的人面前出现。

思路突破：成功机会不会自动降临

有一位名叫西尔维亚的美国女孩，她的父亲是波士顿有名的外科整形医生，母亲在一家声誉很高的大学担任教授。她的家庭对她有很大的帮助，她完全有机会实现自己的理想。她从念中学的时候起，就一直梦寐以求要当上电视节目的主持人。她觉得自己具有这方面的才干，因为每当她和别人相处时，即便是生人也都愿意亲近她并和她长谈。她知道怎样从人家嘴里掏出心里话。她的朋友们称她是他们的“亲密的随身精神医生”。她自己常说：“只要有人愿给我一次上电视的机会，我相信我一定能成功。”

但是，她为达到这个理想而做了些什么呢？她什么也没做，而是等待奇迹出现，希望一下子就当上电视节目的主持人。

西尔维亚不切实际地期待着，结果什么奇迹也没有出现。

谁也不会请一个毫无经验的人去担任电视节目主持人。而且，节目的主管也没有兴趣跑到外面去搜寻人，相反都是别人去找他们。

另一个名叫辛迪的女孩却实现了这样的理想，成了著名的电视节目主持人。辛迪并不是坐等机会出现。她不像西尔维亚那样有可靠的经济来源，所以白天去打工，晚上在大学的舞台艺术系上夜校。毕业之后，她开始谋职，跑遍了洛杉矶的广播电台和电视台。但是，每一个地方的经理对她的答复都差不多：“不是已经有几年经验的人，我们是不会雇用的。”

但是，她不愿意退缩，也没有等待机会，而是走出去寻找机会。她一连几个月仔细阅读广播电视方面的杂志，最后终于看到一则招聘广告，北达科他州有一家很小的电视台正在招聘一名预报天气的女主持人。

辛迪是加州人，不喜欢北方。但是，有没有阳光、是不是下雪都没有关系，她只是希望找到一份和电视有关的职业，干什么都行！她抓住这个工作机会，动身到北达科他州。

辛迪在那里工作了2年，最后在洛杉矶的电视台找到了一份工作。又过了5年，她终于得到提升，成为她梦想已久的节目主持人。西尔维亚那种失败者的思路和辛迪成功者的观点正好背道而驰。她们的分歧点就在于，西尔维亚在10年当中，一直停留在幻想上，坐等机会，期望时来运转，然而时光却流逝了。而辛迪则是采取行动。首先，她充实了自己；然后，在北达科他州受到了训练；接着，在洛杉矶积累了比较多的经验；最后，终于实现了理想。

失败者谈起别人获得的成功总会愤愤不平地说："人家有好的运气。"他们不采取行动，总是等待着有一天他们会走运，他们把成功看作降临在"幸运儿"头上的偶然事情。而成功者都是勤奋的人，他们从来都不指望运气的降临，只是忙于解决问题，忙于把事情做好。

第五章
职场冷战，要争才能赢

不敢抗争

由于一些人长期以来养成了逆来顺受、任劳任怨、安分守己等“傻气”，使得自己在职场中连连吃亏。他们的这些特点如同一堵堵墙般紧紧将其包围，让他们处在“苟延残喘”的境地……

有的人总是逆来顺受、任劳任怨、安分守己、埋头苦干，对人、对事谨小慎微，从不会随便得罪别人，即使别人得罪了自己，也不会怀恨在心，更不会以牙还牙。对于别人的一点点恩惠，也牢记心中找机会给予报答。他是被欺压的绝好对象，最苦最累没人肯干的工作必定是这种人去干，最有油水可捞的事必定与他无缘。

这些人是理所当然的“受气包”。他们的一个最基本的特征就是埋头苦干，不争不夺，害怕受到伤害，害怕承担责任，不敢突破常规，不敢表现情绪……做什么事都瞻前顾后，畏首畏尾。

这些人总是一味地忍让、退缩，主张“和”为贵，强调“忍”为上，结果往往不能守住自己的底线，不战而降。

这些人总想当然地认为，只要遵守原则，就会自然而然地得到想要的结果，去争夺是对原则的一种违背，因而是不道德的也是不可取的。老实人以安分守己为美德，以争权夺利为丑恶，以不争为高尚。但是在现代社会，不敢争斗、不去争斗就不会有机会送上门来，更不会有免费的午餐供你享用。

然而任何的争夺都要冒一定的风险，任何的斗争都可能会有流血牺牲，一些人被这种可能的后果震慑，从此便变成了软弱者，处处吃亏，处处被人占便宜。

思路突破：要勇于抗争

一些人日夜苦干，可到头来，一切功劳却被“大尾巴狼”一口叼走，实在是可怜，这种情况在职场中最为突出。

如果你是初进公司，而又有比较突出的工作能力和较高的学历。心胸豁达的上司认为你是可用之才，也许会大力提拔你。小心眼的上司却会对工作突出的你耿耿于怀，怕你抢了他的风头，阻碍他的仕途。小心眼上司的最大特征就是将他人的业绩揽到自己头上，还时不时使个绊子。使绊子倒还不影响工作情绪，最可怕的是业绩被抢，完成工作的成就感刹那间灰飞烟灭，个人在公司里的价值似乎也荡然无存，除了心寒，还有什么？

小吾从毕业时进入的公司跳槽出来后，在一家刚成立的咨询公司做客户工作。3个多月做下来，小吾发现，自己做成的客户，汇报到老板那里却都变成了顶头上司的业绩。顶头上司原本是凭借骄人的工作经历被招进公司直接做客户总监的，仅比小吾早进公司两个多月。据说客户总监在小吾进公司前业绩平平，小吾进公司后，才有了点“高歌猛进”的意味（“高歌猛进”是老板在工作总结会上的表扬用词），而老板完全不知道这其中有很多是小吾的成绩。小吾与朋友们说起这些事，最常用的一个词是“郁闷”。如果不是就业形势不乐观，小吾可能已经开始寻找下一家公司了。可是现在，难道只有忍气吞声吗？

忍气吞声固然是职场中人棱角磨圆的表现，但胆识仍是职业成功不可或缺的要素。其实，最经济的办法就是不动声色地抗争，利用和老板直接对话的机会汇报自己的工作，多提对公司发展有价值的建议。这样你的业绩显而易见，更不会给那些小心眼的上司留下可乘之机。

再说，无论职位高低，所有的员工都是给老板打工的，所有的老板都希望员工忠于自己。只要在老板心目中确立良好的人格地位，你的“大尾巴狼”上司想抢你的业绩就难了。

为人本分，羞于争利

人们常常羞于争利，以为争取利益这件事本身不符合道德标准。这种传统的道德观已明显不符合现代社会的价值取向，使得这些人在职场中变得无所适从，利益也受到极大的损害。于是，我们的当务之急是要以新的利益观和道德观去衡量自己的所得，做好角色的转换。

有些人总是本本分分、规规矩矩，他们在工作上任劳任怨，在生活上洁身自好，各个方面都达到了社会规范的要求，在领导眼里往往也算是很听话的，在群众中形象也是公认的好。然而，他们却总是吃亏。也就是说，遵守规则的并没有得到奖励，而违背规则者却获利甚丰。这种现象看似不正常，但却很普遍地发生在我们身边，久而久之，反倒成为正常现象。为什么我们总是吃亏？这与我们羞于争取自己分内利益的心态有直接的关系。

有些人极端重视道德和规则，认为自己去争取利益这件事本身不符合以道德为核心的标准。

有些人总是认为“争”便是不道德，因为道德的行为是讲究无私奉献，只讲付出、不求索取的。但事实上，争取自己的分内利益是一个与道德无关的问题，按劳分配、等价交换乃是天经地义的公理。有些人看不到这一点，在他们眼里，争取利益是一件不具道德优势的事。

思路突破:“锱铢必较”不丢人

有些人不争利，不屑于抓住自己该得的每一分钱，也不知道该获取的利润绝不能放手的道理。关于这一点，这些人应该向有经济头脑的人学习。

有经济头脑的人在商场上，绝对容不得模棱两可、马马虎虎。特别是在商定价钱时，他们非常仔细，对于利润的一分一厘，他们都计算得极其清楚。

只要他们认为该赚钱的地方，他们一定会脸不红心不跳、不卑不亢地把它赚回来。在长期的商场磨炼中，有经济头脑的人练就了闪电般的迅速心算的能力。

某导游引导某有经济头脑的人参观一个半导体收音机工厂，该人问道：“女工每小时的工资是多少？”

导游一边盘算着一边说：

“女工们平均薪水为 25000 元，每月工作日为 25 天，一天 1000 元，每天工作 8 小时，那么 1000 用 8 除，每小时 125 元，换算成美元等于……”

花了两三分钟，那导游才计算出答案，可那位提问的人，听到月薪 25000

元后立即就想到“那么每小时35美金”。他早已根据女工人数与生产能力及原料等，算出生产每部电晶体收音机工厂能赚多少钱。

有经济头脑的人因为心算快，所以他们经常能做出迅速的判断，这使他们在谈判中能镇定自若，步步紧逼，直至大获全胜，在商场上游刃有余。

对于他们来说，精于计算，是为了锱铢必较。他们认为，该获取的利润绝不应放手。他们既能考虑周全，又能迅速地计算出结果。把两者结合起来，便是他们的聪明之处，也是他们善于做生意的诀窍之一。这一点我们应该好好地学习学习。

自我推销是人生难题

有些人不爱表现自己，使自己的优点得不到充分的展示。很多人不懂得什么叫“自我推销”，他们把自己严严实实地包裹起来，不让别人发现自己，其结果是在职场中默默无闻地度过一生。

一个人若想获得成功，必须善于推销自己。推销自己是一种才华、一种艺术。有了这种才华，你就不愁吃、不愁穿了，因为当你学会了推销自己，你就几乎已可推销任何值得拥有的东西了。有的人具备了这项才华，而有的人就不这么幸运了。

每天我们都在推销——不论我们对推销是否在行。

当我们推销自己的时候，我们必须对种种情况有所了解。

我们是什么人？我们必须提供的是什么？我们的优点在哪儿？缺点呢？别人对我们有什么反应？我们的目的又何在？

对这些探测性的问题，必须以我们所认识的最确切的方式来回答，因为它是设立一个推销计划的基础，不论政治界还是商业界都一样。每一个人都必须找出自己的答案、自己的特点、自己的风格。跟你亲近的人士，也许不好意思指出你的缺点——奇装异服、不良习惯等，因此当你考虑推销自己的最佳方案时，不得不诚实地对自己评价一番。

“你要推销的第一个对象，是你自己。”心理医生罗西诺夫说，“你愈练习好像对自己很有信心，就愈能造成一种你很行的气氛。你必须感觉到，你有权呼吸，占据一个空间，并感觉到很自在。”你的态度全部反映在你的举手投足之间。

一个感到自在的人，就会坐在整个椅面上，而不会只坐在边缘上。如果他是个高大的人，他就不会缩着脖子。“推销自己时可信程度的重要性，远超过任何你要推出的产品或观念。你必须有办法直直地盯住对方的眼睛，使他深信你是个可靠的人。”

例如，在找工作的时候，尽可能把你成功的例子呈现出来。对一位艺术家或作家来说，这种过程是传统性的；但对其他人来说，这同时可以很有效地表现出你如何解决一个特殊的问题。如果你曾帮忙创造了一项产品，你应该拿出照片来，加上一段简短的文字，说明该产品优于其他产品的特点。常常一种视觉上的印象，会比单是文字的说明更具有深刻而长久的效果，而且也会比你的自述强得多。

推销自己时你一定要看起来很有信心，绝不能表现出很害怕的样子，让人觉得你好像刚被人从一架飞机中推出来一样。

最重要的是，你要认为你有资格担任那项职务，如果你被雇用的话，你认为你会做得很好。

此外，当你推销自己的时候，别担心做错事。但一定要从错误中吸取教训。

推销是一种才华，就像是绘画的能力，这需要培养个人的风格；没有风格的话，你只是芸芸众生中的一个而已。推销自己是一种才能，也是一种艺术。有了这种才能，人们才可能安身立命，才能抓住机遇，使自己立于不败之地。能够将自己推销给别人的人才能推销世界上任何有价值的东西。而不懂得这些的人就不那么幸运了，他们把自己包在安于现状的套子里，不敢向自己提出挑战，亦不敢将自己的形象公之于众。这类人会时时碰壁，一无所成。其中的原因很简单：他们不善于推销自己。

思路突破：学会自我推销的技巧

推销自我对一个人的成功来说十分重要。推销自我一般有如下几种技巧：

要学会表现自己

青年人大多喜欢表现自己，但如果表现不好，就容易给人一种夸夸其谈、轻浮浅薄的印象。因此，最大限度地表现你的美德是最好的办法，这是你的行动而不是你的自夸。

靠别人发现，终归是被动的。靠自己积极地表现，才是主动的。成功者善于积极地表现自己最高的才能、德行，以及各种各样的处理问题的方式。这样不但表现了自己，也吸收了别人的经验，同时获得了谦虚的美誉。学会表现自己吧——在适当的场合、适当的时候，以适当的方式向你的领导及同事表现你的业绩，这是很有必要的。

1. 将期望值降低一点

人有百种，各有所好。假如你投其所好仍然没能被对方接受，你就应该重新考虑自己的选择。倘若期望值过高，目光盯着热门单位，就应该适时将期望值下降一点，换一个稍稍冷门的单位，或到一个与自己专业技术相关的行业去自荐。美国咨询专家奥尼尔说："如果你有修理飞机引擎的技术，你可以把它变成修理小汽车或大卡车的技术。"

2. 适当表现你的才智

一个人的才智是多方面的，假如你是想表现你的口语表达能力，你就要在谈话中注意语言的逻辑性、流畅性和风趣性；如果你想要表现你的专业能力，当上司问到你的专业学习情况时就要详细说明，你也可以主动介绍，或者问一些与你的专业相符的新工作单位的情况；如果你想要让上司知道你是一个多才多艺的人，那么当上司问到你的兴趣爱好时就要趁机发挥或主动介绍，以引出话题，如果上司本身就是一个爱好广泛的人，那么你可以主动拜师求艺。至于表现自己的忠诚与服从，除了在交谈上力求热情、亲切、谦虚之外，最常用的方式是采取附和的策略，但你尽量讲出你之所以附和的原因。上司最喜欢的是你能给他的意见和观点找出新的论据，这样既可以表现你的才智，又能为上司教育别人增加说理的新材料。

3. 推销自己应自然地流露而不是做作地表现

会表现的人都是自然地流露而不是做作地表现。成功者从不夸耀自己的功绩，而是让其自然地流露。在你向领导汇报工作时，不妨说："我做了某事……但不知做得怎么样，还望您多多指点，您的经验丰富。"这样，你好像是在听取领导的指点，而实际上你已经表现了自己，又充分体现了你谦虚的美德。如果你以请功的口气直接向你的领导说，我做了某事，这事很不简单，做起来真不容易，其具有怎么怎么高的价值。这样，你只会降低自己在领导心目中的价值。

唯唯诺诺，职场大病

唯唯诺诺，是退缩、软弱、依赖、懈怠的表现；唯唯诺诺，使你的才干被埋没，使领导对你的才干产生怀疑，使你难以创造出令领导满意的工作业绩，最终导致你只能待在被遗忘的角落……

什么是唯唯诺诺？它是下属没有自信、没有魄力，缺乏勇气的一种表现。唯唯诺诺者多遵守纪律，乐于服从，但在许多情况下，这种服从对领导者来说是一种没用的服从。因为这种人给人的感觉便是难当大任，不可能创造性地开展工作，也难独当一面地成为领导的“台柱子”。

所以，下属要想获得领导的重视，使自己成为一个对领导有用甚至是其无法离开的人，就要尽量避免唯唯诺诺这种软弱的表现。

正如曾在日本电力公司服务、被人称为“公司之鬼”的松永安左卫门曾经说的那样：“人要有气魄，只要有气魄，天下无难事。丧失气魄的人，就没救了。有气魄者，地位、金钱，均可纷至沓来。”

下属能够取信于领导，能够为领导所重视，最重要的是要有实力。下级应表现自己的才干和魄力，能够替领导解决问题，领导才不会忽视你。而唯唯诺诺者靠的则是领导的怜悯，一旦他不再需要你时，你便会变得一无是处，而且，你的软弱表现还会助长他的侵害性行为，他会随意地拿走你应得的奖赏。

唯唯诺诺，会使领导对你的才干产生怀疑；唯唯诺诺，是一种消极的行为方式，表现的是人的性格中不进取、不强大的一面。而许多工作的开展，则特别需要人的勇气、毅力、坚韧、果断、积极主动的态度和创造性精神。显然，唯唯诺诺者不会让领导感到放心，不敢把重担交付给你。一旦领导对你留下缺乏才干、没有气魄的印象，你将会失去很多宝贵的机遇。毕竟，每一个下级都不想一辈子碌碌无为，永远停留在被领导的位置上。

唯唯诺诺，会使你创造不出使领导满意的工作实绩。唯唯诺诺者有一个特征，就是喜欢依赖别人，不能够脱离开领导的直接指挥和明确指示而独立地开展工作，工作中也是谨小慎微，不敢有所创新。试想，领导要把一部分工作交给下属去做，是因为他觉得自己的下属能很好地完成它。如果你事事需要得到上级的确切命令才能行事，这就等于把他分配给你的工作又踢了回去，他一定不会高兴的。事实上，要做好任何一件事，都是离不开人的勇气和胆识的。而一个没有工作实绩，在领导眼中是无能之辈的下属，想获得领导的重用，这种可能性实在是太小了。

思路突破：做事要有主见

索菲娅·罗兰是意大利著名影星，自1950年从影以来，已拍过60多部影片。她的演技炉火纯青，曾获得1961年度奥斯卡最佳女演员奖。她16岁时来到罗马，要圆她的演员梦。但她从一开始就听到了许多不利的意见。用她自己的话说，就是她个子太高，臀部太宽，鼻子太长，嘴太大，下巴太小，根本不像一般的电影演员，更不像一个意大利式的演员。制片商卡洛看中了她，带她去试了许多次镜头，但摄影师们都抱怨无法把她拍得美艳动人，因为她的鼻子太长，臀部太“发达”。卡洛于是对索菲娅说，如果你真想干这一行，就得把鼻子和臀部“动一动”。索菲娅可不是个没主见的人，她断然拒绝了卡洛的要求。她说：“我为什么非要长得和别人一样呢？我知道，鼻子是脸庞的中心，它赋予脸庞以性格，我就喜欢我的鼻子和脸保持它的原状。至于我的臀部，那是我的一部分，我只想保持我现在的样子。”她决心不是靠外貌而是靠自己内在的气质和精湛的演技来取胜。她没有因为别人的议论而停下自己奋斗的脚步。她成功了，那些有关她“鼻子长，嘴巴大，臀部宽”等的议论都“自息”了，她这些特征后来反倒成了美女的标准。索菲娅在20世纪行将结束时，被评为这个世纪的“最美丽的女性”之一。

索菲娅·罗兰在她的自传《生活与爱情》中这样写道：“自我开始从影起，我就出于自然的本能，知道什么样的化妆、发型、衣服和保健最适合我。我谁也不模仿。我从不去奴隶似的跟着时尚走。我只要求看上去就像我自己，非我莫属……衣服方面的高级趣味反映了一个人的健全的自我洞察力，以及从新式样选出最符合个人特点的式样的能力……你唯一能依靠的真正实在的东西……就是你和你周围环境之间的关系，你对自己的估计，以及你愿意成为哪一类人的估计。”

索菲娅·罗兰谈的是化妆和穿衣一类的事，但她深刻地触到了做人的一个原则，就是凡事要有自己的主见，“不去奴隶似的”盲从别人。你要尊重自己的鉴别力，培养自己独立思考的能力，而不要像墙头草一样，哪边风大就往哪边倒。

小泽征尔是世界著名的交响音乐指挥家。在一次欧洲指挥大赛的决赛中，小泽征尔按照评委给他的乐谱指挥乐队演奏。指挥中，他发现有不和谐的地方。他以为是乐队演奏错了，就停下来重新指挥演奏。但还是不行，“是不是乐谱错了？”小泽征尔问评委们。在场的评委们口气坚定地说乐谱没问题，“不和谐”是他的错觉。小泽征尔思考了一会儿，突然大吼一声：“不，一定是乐谱错了！”话音刚落，评委们立刻报以热烈的掌声。原来，这是评委们精心设计的“圈套”。前两位参赛者虽然也发现了问题，但在遭到权威的否定后就不再坚持自己的判断，终遭淘汰。而小泽征尔不盲从权威，“认真”了，就不怕别人，哪怕是权威“非之”。他最终摘取了大赛的桂冠。

还有一个类似的故事：在一家医院，一位大夫给病人做完手术后，对在一旁第一次做助手的护士说：“我们一共在患者体内放了 11 块棉球，都取出来了吧？”年轻的护士回答：“大夫，是 12 块棉球，还有 1 块没有取出来。”大夫生气地说：“我记得很清楚，是 11 块，不会错的。”护士低头又仔细数了数手中盘子里的棉球，然后抬起头，说：“大夫，是 12 块，还少一块。”这时大夫笑了，他挪开了脚，让护士看——地上有一块棉球，刚才他故意藏在了脚下。

谁都知道竞争残酷

在有些人的字典里，没有“竞争”二字，失败者从来不参与竞争。他们的处世原则是与世无争，另外他们也认为自己没有竞争的能力，在心底把自己归为弱者一类。其实，谁都不是天生的强者，任何人的竞争意识都不是与生俱来的，而是在后天的奋斗中逐渐形成的。通过学习，谁都能有胆有识，敢于竞争。

人生所有美好的东西都是通过竞争获得的。名也罢，利也罢，地位也罢，都离不开一个“争”字。即便是爱情，不懂得竞争，也只能是“一厢情愿苦痴迷”。

毋庸讳言，人生所有的成功都是在竞争中产生的。战场上的争雄，职场上的晋升，官场上的高就，商场上的逐利……无论在哪一个行业、哪个领域里出人头地，都是以竞争开始并以竞争结束的——竞争之后方知成败。

所以，有人说，人生就是一个竞技场，“物竞天择，适者生存”，不管是什么人，要想活得顺利，活得滋润，活得舒适，活得幸福，就必须积极参与到同周围人“争名逐利”的竞争中去。

在有些人的字典里，没有“竞争”二字，他们从来不参与竞争。他们的处世原则是与世无争，另外他们也认为自己没有竞争的能力，在心底把自己归为弱者一类。

其实，谁都不是天生的强者，任何人的竞争意识都不是与生俱来的，而是在后天的奋斗中逐渐形成的。通过学习，谁都能有胆有识，敢于竞争。

不要因为弱小而不敢与人竞争，弱者有自己生存的方式，要相信弱者不败，要勇敢面对敌人。

自然界有一条定律，弱者自有弱者的空间。的确，无论是强者还是弱者都有一套适应自然法则的本领，只要你认真地生活着，只要你拥有自己游刃有余的空间，充分发挥自己的优势，你的优势会弥补你的不足，你定能获得别人苦苦求索也无法得到的东西。

另外，弱者在强大的竞争丛林中生存也是一种本领。自然界中有一类攀缘植物，在高大树木的夹缝中生存，从而给自己找到一个安全的空间。在人类社会中，弱者同样可以生存于夹缝之中。为什么呢？因为强者并非一人。几个强者之间激烈竞争过程中，往往会产生一个真空地带。这是强者送给他们的一个大好机会。

总之，在自然界与人类社会中并无绝对的强弱之分，如果你是弱者，你不妨聪明地保护自己，在强者的夹缝中寻找广阔的天地。

思路突破：积极竞争才能赢

竞争是文明的世界赖以诞生、存在和发展的内驱力，它也是对自我消极状态的一种尖锐挑战。

投入有益的竞争，就能激发自己的创造活力；参与有益的竞争，才会推动群雄竞技，造成百花齐放、百家争鸣、百业兴旺的局面。

在崇尚竞争、尊崇超越的知识经济社会，不论你是否愿意，你实际上都处于激烈的竞争之中。如缺乏竞争意识或不愿投入竞争，就会被无情的竞争大潮所吞没。

要有战胜高手、又不怕败给高手的心理。宁可100次败在高水平的人面前，也不去花费时间100次地战胜能力平平的人。

竞争是推动人们去重视人才、开发人才、培养人才的火车头。正当的竞争是促进人才成长和事业发展的重要因素。人才竞争是社会竞争的核心，竞争能刺激社会对人才的需求，这种社会需求，是人才辈出的强大驱动力。竞争也能使人们转变价值观念，将人才推到风口浪尖上展示才华。竞争中所产生的压力，能在奋斗者身上转化为进取的动力。竞争也是使人们提高目标期望、培养创新意识、激发创造力的熔炉，是推动人们拼搏不已的长鞭。

从宏观上看，竞争能优化人才资源的配置，能优化人才的结构和素质。同时，竞争也是发掘人才和选拔人才的良好途径。

既然竞争是人才成长的良好动因，那么，成才者就要努力营造竞争环境，并适应这种你追我赶、不甘落后、奋勇争先的气氛。在欧洲，曾流传着两句格言："当你走入失败者之群的时候，你会发现，他们之所以失败，都是因为他们从来不曾走进鼓励人前进的环境。""一个人要善于从迟疑、消极、烦闷中走出来，并进入激励奋发者的环境，因为这种环境是无价之宝。"在竞争环境中，要效法先行者，必须奋起直追，为了使自己不被淘汰，就要奋争不已。这样，才能激发并保持争先创优的强者心理。而一旦失去竞争的环境，就容易使人安于现状，不思进取，最终被社会所淘汰。

竞争使你无法平庸，无法松懈，无法抑制自己夺魁的欲望，除非你自甘销声匿迹。

积极"加盟"竞争，并在竞争中锻造才气和智慧，这才是我们的正确选择。

自身的分量取决于自己

一个人只有看重自己的分量，别人才会同样看得起你，所以一个人无论能力大小、地位高低、条件好坏，都应有充分的自信，而不应自感低人一等，这种平等观念是职场中人所应具备的。

名作家杏林子的《现代寓言》里有这样一个故事。说有一只兔子长了三只耳朵，因而备受同伴的嘲讽，大家都说它是怪物，不肯跟它玩。为此，三耳兔很是悲伤，时常暗自哭泣。

有一天，它终于下定决心，把那一只多出来的耳朵忍痛割掉了，于是，它就和大家一模一样了，也不再遭受排挤，它感到快乐极了。

时隔不久，它因为游玩而进入另一片森林。天啊！那里的兔子竟然全部都是三只耳朵，跟它以前一样！但由于它已少了一只耳朵，所以这里的兔子们嫌弃它，不理它，它只好怏怏地离开了。从此，它领悟到一个真理：不相信、不看重自己，只会让人看不起你，因为别人总是通过你的眼光来看你的。

这个寓言提醒了人们，要想别人尊重你，首先就要尊重自己，这是一个不变的准则。有些人在职场中生存，受到别人的欺负和挤兑，饱受冷落和打击，实属一个没有分量的小人物，这跟他们一贯看轻自己的行事风格是密不可分的。所以我们要学会不卑不亢，尽力去摆脱“人为刀俎，我为鱼肉”的局面。

思路突破：自重方能赢得他人尊重

现实生活中，人需要彼此尊重，在比自己强的人面前，不要畏缩；在比自己弱的人面前，不要骄纵。学问有深浅，地位有高低，但所有的人，人格都是平等的。

世界名著《简·爱》中的男主人公罗彻斯特身为庄园主，财大气粗，对女主人公说过：“我有权蔑视你！”他自以为在地位低下又其貌不扬的简·爱面前，有一种很自然的优越感。但有坚强个性又渴望平等的简·爱，坚决地维护了自己的尊严，寸步不让，反唇相讥：“你以为我穷、不好看就没有自尊吗？不！我们在精神上是平等的！正像你和我最终都将通过坟墓平等地站在上帝面前一样。”这番话强烈地震撼了罗彻斯特，使他对简·爱产生了由衷的敬佩。

心理学家的研究表明，希望自己受人尊重、爱好荣誉是每个人的高级心理需求，是无可厚非的。虽然想受人尊重要经过别人的权衡，但实际上却取决于每个人自尊的程度。

有一则寓言很有意思：

有一天，龙王与青蛙在海滨相遇，打过招呼后，青蛙问龙王：“大王，你的住处是什么样的？”龙王说：“珍珠砌筑的宫殿，贝壳筑成的阙楼；屋檐华丽而有气派，厅柱坚实而又漂亮。”龙王说完，问青蛙：“你呢？你的住处如何？”青蛙说："我的住处绿藓似毡，娇草如茵，清泉汩汩，白石映天。"说完，青蛙又向龙王提出了一个问题："大王，你高兴时如何？发怒时又怎样？"龙王说："我若高兴，就普降甘露，让大地滋润，使五谷丰登；若发怒，则先吹风暴，继而打闪放电，让千里以内寸草不留。那么，你呢？"青蛙说："我高兴时，就面对清风朗月，呱呱叫上一通；发怒时，先瞪眼睛，再鼓肚皮，最后气消肚瘪，万事了结。"

青蛙在龙王面前，充分表现了自信，龙宫固然美丽，可我青蛙的居所也别具一格，可谓不卑不亢。只有心灵健全的人，才能切实地做到这一点。

在现实生活中，有的人不惜出卖人格，不惜降低自己的尊严，去逢迎那些在某一点上比自己强的人，哪怕逢迎者对自己傲慢无礼。这种"卑己而尊人"的行为是不值得称道的。

第二篇

打好手中的坏牌

第一章
人成功不在于拿一副好牌，而在于把牌打好

风暴呼啸，你有几张“王牌”自救

一个人成功并不是因为自己手中拿了多少置别人于死地的牌，而在于如何将手中持有的牌打好。即使是满手看起来并不是很好的牌，也一定会有人将坏牌打得风生水起，一定会有人将对手打得一败涂地！

每一个人、每一个企业的发展都不会是一帆风顺的，都会遇到各种各样的困境。人们都会遇到生老病死，或面临就业的压力以及失业的痛苦，或面临爱情、婚姻上的失意等。而对于一个企业来说，很可能遭遇利润太低、资金短缺、人才储备不足、不具备核心竞争力等问题。这些问题让我们焦头烂额，甚至彻夜难眠。

2008 年全球金融危机所引发的一系列问题，让企业面临前所未有的困境，也让很多人真正感受到了重担在肩的压力。受次贷危机的影响，欧美一些大型银行相继破产，而随之受到重大损失的则是在这些银行存款的储户。随着次贷危机演变为全球金融危机，实体经济受到影响，全球出现企业倒闭潮。2008 年 10 月 15 日，全球最大的玩具商之一——合俊集团旗下两工厂的倒闭，成为中国在金融危机影响下第一个倒闭的实体经济企业。实际上，在半年之内，由于受困于高涨的成本和低附加值，劳动密集型企业的利润空间遭到严重挤压，珠江三角洲地区已经有数千家工厂陆续倒闭，涉及制鞋、纺织业、玩具、家具等行业。

企业在面临严重压力的同时，个人也因此受到了严重影响。市场不景气导致了企业内部资金的短缺，于是各大企业非“减”即“裁”的风波席卷全球。2008 年，戴尔的裁员引起了不小的风波，但随后，微软、惠普等公司也相继公布了裁员计划。而美的、海尔、谷歌、雅虎等知名企业也纷纷裁员，以应对金

融危机……企业为应对危机采取减薪或者裁员等措施，影响的不仅仅是最初级的劳动者，就连那些拿着高薪令人羡慕的白领也感到危机重重，随时面临被裁员的可能。

王强是某纺织厂的老板，因为受到金融危机的影响，企业的销量下降了一半，他的生活也发生了一些改变：原来他常开的是奔驰，如今已经将车子闲置于家而改骑电动车，以节省燃油费用。相对于以往的情形来说，他最明显的感觉就是订单的大幅度减少，往年同一时期接到的订单超过两万件，要加班加点地工作，但现在是能不生产就不生产，以减少开支。他裁掉了一部分工人，用以减少企业的开支。如果生意依旧如此，他也可能会退出这个行业，另寻出路。

处于如此困境的人又岂止王强一个？面对这样的环境，每一位员工的心也都提到了嗓子眼，因为下一个被裁的人可能就是自己，于是办公室里空气异常紧张，大家不知道明天是否还有可能坐到现在的这个位置上。而对于面临毕业的大学生来说，他们也是苦不堪言，面对企业裁员、招聘新人的数量骤减，他们只能是硬着头皮往上撞了，撞上了也要面临种种考验，也不一定能稳坐其位，于是各种烦恼、压力接踵而来，接着是失眠、焦虑……

如果有一天，狼真的来了，我们难道只能束手就擒？我们该怎么办？

其实，每个人、每个企业几乎都会面临这样的困境。当面临困境的时候，为什么一部分企业能够从中走出来，一部分人能够在这种困境中脱颖而出，这是一个值得思考的问题。面临困境的时候，我们应该有怎样的头脑，你是积极主动地摆脱困境还是消极被动地接受困境，我们要花费多大的心力去突破困境的重重包围，也是我们应该思考的问题。

如果说人生是一场牌局，那成功者并不一定就是拿了好牌的人。如果运用的策略得当，满手坏牌的人也有可能成功。所以说，成败的关键不是你手里牌的好坏，而是你会不会打。在当前的大环境下，如何打好手中的牌，是我们每个人、每个企业都应该思考的问题。

珍视自我与羡慕别人的较量

有些人总是羡慕别人手中的牌好，但别人的牌再好都是他们掌握的，你能掌握的只是你手里的牌。与其羡慕别人的牌，不如想想怎样打好自己手中的牌。

对于我们每个人自身来说，在珍视自我与羡慕别人之间也在不断地斗争、较量。我们知道要爱惜自己，但总是会对别人的生活羡慕不已，例如：看到别人有车有房，你就自惭形秽；看到别人有一份收入不菲的好工作，你的心理也极不平衡；看到别人工作轻闲，经常外出休假，你就异常羡慕……或多或少，人们都会有这样的想法。其实，每个人有每个人的活法，每个人有每个人的世界，你不用羡慕别人的生活。有车有房的人，也许正在为还银行贷款而发愁；收入不菲的人，可能他活得特别累；外出休假的人，可能是为了躲避债务……你羡慕他，可能他们同时也在羡慕你，人生就是这样。珍惜你现在的生活才是最重要的。

有两只老虎，一只生活在笼子里，另一只生活在野地里。在笼子里的老虎三餐无忧，在外面的老虎自由自在。两只老虎经常进行亲切的交谈。笼子里的老虎总是羡慕外面的老虎自由，外面的老虎却羡慕笼子里的老虎安逸。一日，一只老虎对另一只老虎说："咱们换一换吧。"另一只老虎同意了。于是，笼子里的老虎走进了大自然，外面的老虎走进了笼子。从笼子里走出来的老虎十分高兴，在旷野里拼命地奔跑；走进笼子的老虎也十分快乐，因为它再也不用为食物发愁了。

但不久，两只老虎竟都死了，一只是饥饿而死，一只是忧郁而死。从笼子中走出来的老虎获得了自由，却没有捕食的本领；走进笼子的老虎获得了安逸，却没有在狭小空间生活的心境。

如果你正在羡慕别人的生活，不如好好体味一下上面这个故事。合适的才是最好的。许多时候，人们往往对自己拥有的幸福熟视无睹，而觉得别人的幸福却很耀眼。仔细想想，也许别人的幸福对自己不适合，别人的幸福也许正是自己的坟墓。

这个世界多姿多彩，每个人都有属于自己的生活方式，何必去羡慕别人？安心享受自己的生活和幸福才是快乐之道。你不可能什么都得到，什么都适合去做。珍惜自己手中的牌，好好经营自己，才能拥有一个最真实、最圆满的人生。有人说过："人生若要不留下许多空白，唯一的办法是珍惜曾经拥有的，追求你所没有的。"

人的一生中值得珍惜的东西有很多，最重要的不外三点，那就是时间、机会和珍视自我。

人们常说年轻人都是富有的，那是因为他们拥有这个世界上最宝贵的财富——时间。时间就是生命，但我们却常常用有限的时间去羡慕别人，而不是珍视自己，那岂不是本末倒置？

西方有一位哲学家说，在许多事情上，我们应少用心去创造机会，而应该更好地抓住现有的机会。与其羡慕别人，还不如好好抓住机会，让别人羡慕自己。羡慕别人是因为自己的缺少或者失去。但是失去了一次并不意味着永远失去，只要有机会就得牢牢地抓住，才能使我们不至于掉入总是羡慕别人的深渊。

当我们花费大量的时间羡慕别人，并为此而感到自卑的时候，别人或许花了更多的时间做了一些值得做的事情。所以，不如将羡慕别人的时间花在努力赶超别人上。其实每个人都有优点，你只是看到了别人最光彩的一面。拿自己不出色的一面与别人最出色的一面进行比较，当然会失落。人有时候总是不能公平地看待自己，有人高看了自己，而不少人则高看了别人。

人没有必要羡慕别人，而应该将时间花在珍视自我上，看到自身的优势，充满自信地去应对生活，努力为自己的前途奋斗。

人生就像打牌一样，很多人总是羡慕别人手中的牌，而对自己手中的牌从来都不认真对待。其实，即使你非常羡慕别人，又有什么用呢？最后你还是得老老实实地打你自己的牌。

你就是自己最大的“王牌”

很少有人会天生得到一副好牌。如果不幸摊上一副糟到不能再糟的坏牌，我们也要尽可能找出一两张还算不赖的牌，用它作为王牌，使结局变得相对好一点。

每个人手里其实都有自己的“王牌”，那便是潜能，这张王牌就是每个人翻身的机会。

有这样一个故事：

马祖大师问慧海说：“你风尘仆仆从哪里来？”

“从越州大云寺来。”慧海回答。

“来这里干什么？”

“来求佛法。”

马祖大师哈哈大笑，说：“我这里什么也没有。”

见慧海一时愣着不说话，于是马祖大师说：“我是说你自有宝藏，干吗还来我这里觅宝？”

“什么是我的宝藏？”慧海莫名其妙。

“佛就在你身上，一切俱足，更无欠少，你都不知道，让我怎么给你？”马祖大师摇头说道。

有个农夫拥有一块土地，生活过得很不错。但是不久，他听说只要有一块钻石就可以很富有。于是，农夫把自己的地卖了，离家出走，四处寻找可以发现钻石的地方。农夫来到遥远的异国他乡，然而却未能发现钻石。最后，他囊空如洗。一天晚上，他在一个海滩自杀了。

真是无巧不成书！那个买下农夫土地的人在地边散步时，无意中发现了一块异样的石头，他拾起来一看，只见它晶光闪闪，反射出光芒。那人仔细察看，发现这是一块钻石。这样，就在农夫卖掉的这块土地上，新主人发现了从未被人发现的巨大的钻石宝藏。

这两个故事是发人深省的，它告诉我们：财富属于那些懂得去挖掘的人，只属于相信自己能力的人。这两个故事还告诉了我们：每个人身上都拥有“钻石宝藏”！你身上的“钻石宝藏”就是你的王牌，它们就是你的潜能。你身上的这些“钻石”足以使你的理想变成现实。你必须做的只是找到你的王牌，为实现自己的理想付出辛劳。只要你不懈地运用自己的潜能，就能够做好你想做的一切，从而成为自己生活的主宰。

在现实生活中，有的人常常感到实际中的“我”离理想中的“我”太遥远了。他们一方面在为自己设想一条成功之路，另一方面又悲叹自己无力去实现。卡耐基说：“人人都是一座金矿，每一个人都有自身的潜能。”为什么有的人在自己平凡的工作中能干出不平凡的业绩，而有的人终生都一事无成呢？问题不在于一个人的天赋有多高，正如不在于你的手里有多少好牌一样，而在于你常常看不清自己，难以认清自己所拥有的一切。不深入挖掘自身的潜能，就找不到属于自己的那张最大的王牌。

不管环境怎样差，条件多么有限，都没有什么问题，因为在每个人的身体里面，都潜藏着巨大的力量。这些力量，只要你能够发现并加以利用，便可以帮你成就你所向往的一切，甚至能让你做出种种神奇的事情来。比如，当有人遇到某种意外事件或灾祸时，一般人都会奋不顾身地去救他。实际上，每个人都具有潜在的英雄品格，而意外事件和灾祸不过是催化剂，使人有了显露这种品格的机会，所以，我们常常看到一个人在灾难临头时会做出惊人的事情。

卡耐基常说，因为人体存在着巨大的内在力量，所以人人都能做成不朽的事业。而一切真实、友爱、公道与正义，也都存在于这内在的力量中。这种力量一旦被唤醒，即便在最卑微的生命中，也能像酵母一样，对身心起发酵、净化的作用，使人增加力量。

有些时候，人有机会发现自己的潜能，比如在某种突如其来的事件或压力下，发现了自己从未发现过的能力；有时读了一本富有感染力的书，或者由于朋友们的真挚鼓励，也能发现自己的内在力量。但无论用何种方法，通过何种途径，一旦激起内在力量后，你所做出的成绩一定会不同于以前。

所以我们说，每个人手里都有一张王牌，这张王牌决定着你的牌运和未来，只要你能发现自己的潜能，就等于找到了自己的王牌，找到了决胜千里的底气和实力。

“王牌”只有一两张

很多人手里一般都会有一两张王牌，所以，当手拿满副牌的时候，我们就要思考，究竟哪两张才是自己的王牌，找准王牌，才能在关键时刻出奇制胜。

要找到自己的“王牌”，想创造成功、美好的人生，我们必须对自我有一个清醒的认识，只有在认识自我的基础上，才能去发掘与完善自我，从而为成功奠定稳固的基础。

通常人们以为外部世界虽然不易认清，但对自己却是了如指掌的。其实不然，别看你很爱自己，但很可能你一辈子都没有真正认识自己。正所谓“不识庐山真面目，只缘身在此山中”。一个人若想有一番成就，最好是及早正确地认识自己。

有一天，上帝来到尘世，对地球上的居民进行了一番智慧调查。

上帝问大象："你是谁？"

大象回答说："我是学识渊博的学者。"

上帝问袋鼠："你是谁？"

袋鼠说："我是全球闻名的拳王。"

上帝又问鱼："你是谁？"

鱼摇摆着灵巧的身躯回答说："我是天地间的精灵。"

上帝又问鸟："你是谁？"

鸟回答道："我是风。"

上帝最后问人："你是谁？"

人回答道："我是谁？这个问题我还真没想过呢！"

上帝终于叹了口气，说道："唉！天地间，最难认识的是自己啊！"

而对于自己是谁这个问题，有位老先生常常这样教导他的学生："人贵有自知之明，做人就要做一个自知的人。唯有自知，方能知人。"有个学生反问道："请问先生，您是否了解您自己呢？""是呀，我了解我自己吗？"先生想，"嗯，我回去后一定要好好观察、思考、了解一下我自己的个性、心灵。"

回到家里，老先生首先拿来一面镜子，仔细观察自己的容貌、表情，然后通过容貌、表情再来分析自己的个性。他看到了自己亮闪闪的秃顶，噢，不错，莎士比亚就有个亮闪闪的秃顶。他想。他看到了自己的鹰钩鼻，噢，英国大侦探福尔摩斯——世界级的聪明大师就有一个漂亮的鹰钩鼻。他发现自己个子矮小，哈哈！拿破仑也和我一样矮小。他看到自己的大撇蹩脚，呀，卓别林就有一双大撇蹩脚！他想：我嗜酒如狂，正与李白同好；我嗜烟如命，正与诸多哲学家相同；我上课侃侃而谈，超过孔夫子的四方游说；我善于知人知己，胜过诸葛亮的神机妙算……

经过这样一番分析，老先生终于有了"自知"之明。第二天，他对他的学生说："古今中外名人、伟人、聪明人的特点都集于我一身，我是一个不同凡响的人，我将前途无量。"

很多时候人总是自以为对自己很了解，但就像这位教书先生一样，虽然教育自己的学生要做一个自知的人，可他连自己都认不清。

一个人之所以不容易建立正确的自我观，往往是因为许多方面不能直接衡量，而间接得来的资料又不十分可靠。但即使如此，我们也应当尽力去认识自我，在此基础上，才可以了解自己的优势与劣势、长处与短处，从而取长补短，发挥自己的最大潜能，并进一步完善自我。

古希腊哲学家苏格拉底有句名言："认识你自己。"这句古老的名言将人的眼光从自然、宇宙拉回人类自身，可谓具有划时代的意义。今天，这句名言的现实意义是：重新审视自己，发现自己的能力和不足，给自己准确定位。

著名的英国戏剧家王尔德说："那些自称了解自己的人都是肤浅的人。"这的确是无可争辩的事实，因为对每个人来说，要想完全认识自己，并不是一件容易的事情。在很多时候，我们甚至还会对自我产生一定程度的认知偏差。人的一些复杂的品质，是目前还没有办法可以准确衡量的，于是人们就得经常利用间接的方式来获得一些对自己的认识。

首先，凭借自身实际的工作成果来寻找到自己的王牌——自己身上最突出的地方。由于这种方法有比较客观的事实作为依据，所以通常由此而建立的自我印象也是比较准确的。由于每个人所具有的才能各不相同，如果只是看他们在某些方面的成就，往往不能全面地衡量一个人的能力与作用。许多时候，一部分人的某些才能或许会因为没有施展的机会而被湮没。

其次，想要找出自己的王牌，与别人相比较是一种简便、有效的方法。运用这个方法，我们除了要不时和周围的人相比较外，还应经常与某些理想的标准相比较。把他人作为比较的对象，以自己能否达到跟他人同样的标准作为成功或失败的衡量尺度。

最后，人际反馈法。既然我们无法准确地衡量自己的人格品质和行为，那就得利用别人对我们的态度和反应来获得些自我认识。比如某人若是被父母所钟爱，被师长所重视，被朋友所喜爱，大家都乐于和他交往，愿意和他一起工作和游戏，那就表明他一定具备某些令人喜欢的品质。不过有时也难免被歪曲或夸张，如果能多用几面"镜子"，就基本可以看清自己了。同样，有成见的人毕竟是少的，如果我们能较多地与人交往，看看多数人对自己的反应，一般情况下，应该是有助于自我认识的。

以上几个认识自我的方法虽然均有一定的局限性，但如果综合起来，对较为全面地进行自我认识还是很有帮助的。尽管要完全彻底地认识自我是一件较为困难的事情，但我们仍然应当尽力去了解真实的自己，找到自己的王牌。

所以，“发牌”时我们就要思考，究竟哪几张才是自己的王牌，只有找到我们的王牌，才能在危急时刻扭转乾坤，反败为胜。

别人的牌可能更坏

人有时候看到自己手中的牌不怎么样，于是便会想别人的牌一定会很好，怪自己的手气差。而事实上，别人手里的牌可能更糟糕，如果他能赢牌，那只是出牌人会打而已。

有时候我们心情沮丧，就是因为觉得自己拿了一手的“坏牌”。

有一个国王，他常为自己过去的错误而悔恨，为将来的前途而担忧，整日郁郁寡欢，于是他派大臣四处寻找一个快乐的人，并要把这个快乐的人带回王宫。

这位大臣四处寻找了好几年，终于有一天，当他走进一个贫穷的村落时，听到一个快乐的人在放声歌唱。循着歌声，他找到了正在田间犁地的农夫。

大臣问农夫：“你快乐吗？”农夫回答：“我没有一天不快乐。”

大臣喜出望外地把自己的使命和意图告诉了农夫。农夫不禁大笑起来，他又说道：“我曾因为没有鞋子而沮丧，直到有一天我在街上遇到了一个没有脚的人。”

生活中，有人为低工资而烦恼，但猛然发现邻居大嫂已经下岗失业，于是又暗暗庆幸自己还有一份工作可以做，虽然工资低一些，但起码没有下岗失业，心情转眼就好了起来。很多人总是看重自己的痛苦，而对别人的痛苦忽略不计。当自己痛苦不堪的时候，要是能够换一个角度来思考，痛苦的程度就会大大减弱。当自己兴高采烈的时候，应多向上比，会越比越进步；当自己苦恼、郁闷的时候，应多向下比，会越比越开心。

所以，很多时候，我们要多看自己的优点，看到自己所拥有的，而不是抓住自己的缺点或不曾拥有的东西不放。

从前有一个流浪汉，不知进取，每天只知道拿着一个碗向人乞讨度日。终于有一天，人们发现他饿死了。他死后，只剩下了那个他天天向人要饭时用的碗。有人看到了这个碗，觉得有些特别，就带回家，仔细研究后发现，原来流浪汉用来向人乞讨的碗竟是价值连城的古董。

有这样一个故事：

有个穷人探访一位有钱、有地位的富翁。富翁同情他，故热诚款待，结果穷人酒醉不醒。恰好这时官方通知富翁有要事需要他处理，富翁想推醒穷人，向他告别，但穷人没醒，富翁只好悄悄地把一些珠宝塞进他的破衣服中。

穷人醒后，浑然不知，依然如同往常一样四处流浪。过了一些时日，两个人偶遇，富翁告诉他衣服中藏宝的真相，穷人方才如梦初醒。

原来这么多日子以来，自己连身上有“小宝藏”都不知道！

其实，自己的身上就具有很大的潜能，只是大多数人都毫无察觉。

20世纪90年代，由于受亚洲金融风暴的影响，香港经济萧条，各行各业传来裁员的消息，社会上一下子出现了很多的“穷人”。有些人怨天怨地、自暴自弃；有些人担惊受怕、惶惶不可终日。人们都指望老天爷搭救，幻想买六合彩、赌马、打麻将能发财。这时一位学者站出来呼吁说：“大家为什么不冷静地反省、思索，面对经济不景气，自己还有哪些潜藏的本事、才能没有发挥出来？凭自己的实力、条件，还有哪些事业、工作可以去拼搏？”

网上有这么一幅比较流行的漫画：

一个漂亮的女孩子觉得自己过得很不幸，终于有一天她决定跳楼自杀。身体慢慢往下坠，她看到了十楼以恩爱著称的夫妇正在互殴，九楼平常坚强的Peter正在偷偷哭泣，八楼的阿妹发现未婚夫另有新欢，七楼的丹丹在吃她的抗忧郁症药，六楼失业的阿喜还是每天买7份报纸找工作，五楼受人尊敬的王先生正被妻子罚跪搓板，四楼的Rose又要和男友闹分手，三楼的阿伯每天盼望有人拜访他，二楼的莉莉还在看她那结婚半年就失踪的老公的照片。在她跳下之前，她以为自己是世界上最倒霉的人，而现在她才知道，每个人都有不为人知的烦恼。看完他们之后她觉得其实自己过得还不错……可是已经晚了。当她掉在楼下的地上时，楼上所有不幸的人同时感慨：原来自己的生活还是美好的，还有人比自己更不幸的人。

这幅漫画很贴切地展现了生活中许多人的想法，我们总是羡慕别人的生活是如何美好，总觉得自己是最不幸的那一个，而事实并非如此。每个人都有各自的烦恼，就像这个美丽的女子在跳楼时所看到的那样，谁都不是生活中的宠儿，只是每个人对待生活的态度不同而已。坚强的人最终尝到了生活的美味，意志薄弱的人最终被生活所淘汰。

所以，我们不要总把眼光局限在自身的坏牌上，实际上，别人手中的牌也并非都是好牌。这样去想，你才不至于太自卑、太绝望，才能保持必胜的信心，坚定地走下去。

丑女也无敌，坏牌自有可取之处

你手里可能拿的是一把看起来糟透了的牌，但千万不要小瞧了这把坏牌，它可能会在重要的时候成为让你翻身的王牌。要知道，坏牌对成功也有着重要的意义。

热播的电视剧《丑女无敌》，让很多人看到一个相貌欠佳的女人依然可以很成功。同样，当我们自身存在很多不足的时候，我们也可能会获得成功。

美国钢铁大王安德鲁·卡内基曾说："不要轻视那些从普通的学校里走出来，一头扎进工作中的年轻人，也不要轻视在办公室里干诸如端茶、扫地一类最低等活的年轻人，他很可能就是一匹黑马，你最好还是密切注意他，终有一天他会向你挑战的。"

日本汽车巨头本田宗一郎也说过："苦难也是好事，人没有刺激就不会进步。当一个人身处逆境、走投无路时，智慧就显得尤为可贵。成功的最好条件是吃苦耐劳，是亲身体会痛苦。经受的痛苦与获得的荣誉往往成正比。如果说有了荣誉就没有痛苦，这是绝对不可能的。失败也是好事。招聘时，如果有一个没有经历过失败，一帆风顺就把问题解决了的人，和一个经受过10次失败才获得成功的人，他们如果是同龄人，让我选择的话，我就选经历过失败的那一个。同一年龄，经受过失败的人能吃苦耐劳，因为这些痛苦的经历可以成为一股力量，成为人生飞跃的基础。"

人的一生绝不可能是一帆风顺的，有成功的喜悦，也有无尽的烦恼；有波澜不惊的坦途，更有布满荆棘的坎坷与险阻。当苦难的浪潮向我们涌来时，我们唯有与命运进行不懈的抗争，才有希望看见成功女神高擎着的橄榄枝。

古人云："天将降大任于斯人也，必先苦其心志，劳其筋骨，饿其体肤，空乏其身，行拂乱其所为，所以动心忍性，曾益其所不能。"苦难是锻炼人意志的最好的学校。与苦难搏击，它会激发你身上无穷的潜力，锻炼你的胆识，磨炼你的意志。也许，身处苦难之时你会倍感痛苦与无奈，但当你走过之后，你会更加深刻地明白：正是那份苦难给了你人格上的成熟和伟岸，给了你面对一切时无所畏惧的勇气。

苦难，在不屈的人们面前会变成一份礼物，这份珍贵的礼物会成为真正滋润他生命的甘泉，让他在人生的任何时刻都不会轻易被击倒！

一位父亲带儿子去参观凡·高故居。在看过那张小木床及裂了口的皮鞋之后，儿子问父亲："凡·高不是一位百万富翁吗？"父亲答："凡·高是位连妻子都没娶上的穷人。"

第二年，这位父亲带儿子去丹麦。在安徒生的故居前，儿子又困惑地问："爸爸，安徒生不是生活在皇宫里吗？"父亲答："安徒生是位鞋匠的儿子，他就生活在这栋阁楼里。"

这位父亲是一个水手，他每年往来于大西洋的各个港口。他的儿子叫伊尔·布拉格，是美国历史上第一位获普利策奖的黑人记者。

20年后，在回忆童年时，布拉格说："那时我们家很穷，父母都靠卖苦力为生。有很长一段时间，我一直认为像我们这样地位卑微的黑人是不可能有什么出息的，好在父亲让我认识了凡·高和安徒生，这两个人告诉我，上帝没有这个意思。"

从这个故事中我们可以发现这样一个事实：上天有时会把它的宠儿放在穷人中间，让他们从事卑微的职业，使他们远离金钱、权力和荣誉，却在某个有意义、有价值的领域中让他们脱颖而出。

霍兰德说："在最黑的土地上生长着最娇艳的花朵，那些最伟岸挺拔的树木总是在最陡峭的岩石中扎根，昂首向天。"而高普更是一语道破天机，他说："并非每一次不幸都是灾难，早年的逆境通常是一种幸运。与困难做斗争不仅磨炼了我们的人生，也为日后更为激烈的竞争准备了丰富的经验。"

古希腊神话传说中有这样一个故事：

天神西绪弗因为犯了法，受到宇宙之神宙斯的惩罚，降到人世间来受苦。宙斯对他的惩罚是推一块石头上山。每天，西绪弗费了很大的劲儿把那块石头推到山顶，但他想回家休息时，石头又会自动地滚下来，于是，西绪弗又要把那块石头往山上推。这样，西绪弗不得不在永无止境的失败命运中受苦受难。

西绪弗每次推石头上山时，其他天神都打击他，告诉他不可能成功。但西绪弗不肯认命，一心想着推石头上山是他的责任，只要把石头推上山顶，责任就尽到了，至于石头是否会滚下来，那不是他的事。所以，当西绪弗努力地推石头上山的时候，他显得非常平静，因为他一直安慰自己：明天还有希望。宙斯对西绪弗无可奈何，最后只好解除了对他的惩罚。

把困难当作机遇，把命运的折磨当作人生的考验，忍受今天的苦痛，寄希望于明天的甘甜，这样的人，即便是上帝也对他无能为力。

不少人面对困难时一味地抱怨、苦恼，长期沉溺其中不能自拔，而抱怨又有何用？只能徒增自己的痛苦罢了！

为什么不换个角度想问题，化阻力为动力呢？

人生的不幸向人们昭示的不纯粹是灾难，或许它正是一个转折点，让你更加努力奋斗，使你的人生更加辉煌。其实就像丑女照样可以无敌一样，坏牌自有它的可取之处。

烂牌也要拼

一个人拿到了一手坏牌，那是不是就注定了这个人必输的结局呢？其实未必。一个人无论拿到什么样的牌，都要有敢赢的欲望，要有一颗敢赢的心。

现代社会什么事情都讲究一个“拼”字，过年回家“拼车”，出去旅游“拼游”。而当我们手拿坏牌的时候，就更要讲究“拼”，这里的“拼”则是指勇气。不论是对于企业还是我们个人，都要有拼的精神。

很多时候，苦难会造就一个人、一个企业的成功。正是因为苦难的磨炼，人和企业才变得更加坚强，能够在苦难中不断成长，最终取得胜利。而人们要想获得成功，最起码的条件就是要有敢向苦难挑战的勇气，敢赢的勇气。

有这样一个故事：

有个年轻人向智者苏格拉底询问成功的秘诀，苏格拉底就把他带到一条小河边。年轻人觉得很奇怪。接着，更奇怪的事情发生了，苏格拉底“扑通”一下就跳到河里去了。年轻人想：“难道大师要教我游泳？”这时，苏格拉底向年轻人招了招手，示意他下来。年轻人满腹狐疑地也跳下了水。

刚一下水，苏格拉底就把他的头摁到了水里，年轻人本能地挣扎出了水面，但苏格拉底又一次把他的头摁到了水里，这次用的力气更大，年轻人拼命地挣扎，刚一露出水面，又被苏格拉底再一次死死地摁到了水里。这一次，年轻人死命地挣扎，出了水面后，年轻人急忙往岸上跑。跑上岸后，他浑身哆嗦着对苏格拉底说："大……大……大师，您要干什么？"

苏格拉底理也不理这位年轻人就上了岸。当他转身远去的时候，年轻人感觉好像有些事情还没有明白，于是，他就追上去对苏格拉底说："大师，恕我愚昧，刚才您对我做的那件事我还没悟出来，能否指点一二？"

苏格拉底于是问年轻人："你在水里时最想要什么？"

年轻人回答："空气。"

苏格拉底终于说出了那句饱含哲理的名言："如果你对成功有像刚才你需要空气那样强烈的愿望，你就一定能成功。这就是成功的全部秘密！"

所有的人都希望自己将来的生活能比现在过得好些、更好些；而对于所有的企业来讲，它们也都希望自己不断能做强、做大。改变现状是许多人拼搏奋斗的动力。只要你拥有成功的欲望，遇事敢拼，你就能获得成功。

1921 年 8 月，一位正值壮年的美国人突然患了小儿麻痹症，双腿僵直，肌肉萎缩，臀部以下全麻木了。这个沉重的打击发生在他作为民主党的副总统候选人参加竞选而败北以后，他的亲属、挚友都陷入极度失望之中，医生也预言他能保住性命就是万幸。但他不屈服于命运的坚强意志使他无论如何也"不相信这种娃娃病能整倒一个堂堂男子汉"。

为了活动四肢，他经常练习爬行；为了激励自己，他把家里的人都叫来看他与刚学会走路的儿子进行比赛，一次次爬得气喘吁吁、汗如雨下……目睹那场面时谁又能想到，10 多年以后，他奇迹般地当选为美国第 32 届总统，坐着轮椅进入白宫。他，就是美国历史上唯一一位连任 4 届的总统——罗斯福。

欲望的力量是惊人的，只要你用强大的欲望之力去推动你成功的车轮，不管你的起点有多低，命运发给你的牌有多不好，你都可以攀上成功之峰，改变生活的一切。生活中我们常看到这样一种现象，即越是处于艰苦环境中的人越容易成功。

湖南某地一农民为了躲债，就带 300 元离家出走了。他先在 A 市火车站靠帮旅客提行李包挣几个血汗钱，后来又靠收破烂维持生活。由于不熟悉城市生活，收破烂也受到同行排挤。

在走投无路的情况下，他认识了一位玻璃商，他就帮玻璃商用自行车运送玻璃。开始一天有 4 元钱的收入，由于肯出力、工作认真，收入由 4 元涨到 8 元。他生活节俭，每天除吃喝外，还有 6 元钱的节余。经过一年的工作，他积累了近 2000 元。他用这笔小额资金买了两辆板车，又雇了一个穷哥们儿帮他一起为玻璃商运送玻璃。第二年，他有了 5000 元的净收入。收入多了，心里也想得多了。别人能开玻璃店，我为什么就不能开呢？于是他在一家商店旁边租了一间民房，经过一番装修，也开起了玻璃商店，经营玻璃生意。由于他肯干、勤快、待客热情，人们都喜欢在他的小店买货。

经过 5 年的不懈努力，他盈利数十万元。资本有了大额积累，小店变成了大店，现在盈利已达百万元，成了远近闻名的百万富翁。

成功源于强烈的企盼，孕育于痛苦的挣扎，是寻找自我、超越自我的结果。人要成功，就要有一种矢志不渝的拼搏精神。你必须将欲望之火燃烧到白炽状态，你必须为自己立下誓言：我要改变自己。

只要你想赢，敢拼，你就会发现：坏牌也有赢的可能。

牌不在好坏，而在于想赢的信念

一副好牌不见得会赢，一副烂牌也不见得会输，可见赢的关键不在于手中的牌有多好，而在于自己有多想赢。如果不想赢，再好的牌也会输。

一个人若想取得成功，关键还在于他有没有成功的信念，心想才能事成。有时候，信念的作用是强大的，如果没有成功的信念，即使你拥有优越的条件也不会取得成功。

成功的人都拥有相同的特质，即他们都拥有坚定的信念。信念，会让人克服重重困难，获得成功。

生活中的很多人也有成功的愿望，但愿望和信念不一样。愿望只是静态的，“我希望成功，希望富有，希望很有成就……”而信念则是动态的，“我要获得成功，要创造财富，要获得成就……”一个拥有信念的人，坚信成功不久就会到来，所以一直努力坚持，尽自己最大的努力向成功迈进。

原籍中国广东的泰国华侨、泰国盘谷银行董事长陈弼臣，其父亲只是泰国曼谷某商业机构的一名普通秘书。陈弼臣儿时被父亲送回中国接受教育，17岁那年因家境贫困被迫辍学。返回曼谷后，陈弼臣做过搬运夫、售货小贩以及厨师，同时还做过两家木材公司的会计，日子就在他精打细算的盘算中度过。4年之后，陈弼臣终于从一家建筑公司职位低微的秘书晋升为部门经理。后来，在几位朋友的赞助下，他集资创办了一家五金木材行，自任经理。经过不懈的努力，在积攒了一些钱后，陈弼臣又接连开了3家公司，致力于木材、五金、药物、罐头食品以及大米的外销业务。当时，泰国被日本占领，陈弼臣生意的难做程度可想而知。但是，陈弼臣一边参与抗日一边做生意，业务在他的努力下渐渐兴隆起来。

1944年底，陈弼臣与其他10个泰国商人集资20万美元创立了盘谷银行，职员仅仅23人。银行正式营业后，陈弼臣经常与那些受尽了列强凌辱、被外国大银行拒之门外的华裔小商人来往。尽管那些贫穷的小商人时常不礼貌地突然闯进陈弼臣的家中，但他们仍然受到陈弼臣的礼遇。

关于这一点，陈弼臣后来说："开银行是做生意，不是只做金融业务。当我判断一笔生意是否可做时，只要观察这个顾客本人以及他的过去和他的家庭状况就可以了。"

陈弼臣最初负责银行的出口贸易，因此与亚洲各地的华人商业团体建立了广泛的联系，并且积累了丰富的业务知识和经验，大大推进了盘谷银行的出口业务。在他出任盘谷银行的总裁后，一直是这家银行的中流砥柱。

经过多年的艰苦奋斗，陈弼臣跨进了亚洲的大富翁之列。

陈弼臣的成功史，其实是一部白手起家的创业史。他没有继承祖业，也没有飞来横财。他经过苦苦寻觅，一直不甘落后，渴望成功，后来终于找到了属于自己的那一片蓝天，这一切都是他不甘受命运摆布的结果。

历史上的许多成功人士都是因为心中怀着成功的信念，才能够留名史册。元朝的时候，一名女子自小出身贫苦，并且是别人的童养媳，她凭借着坚强的意志逃到了海南岛，并在那里与当地的人们一起生活了几十年，而后就是她发明了纺织机，这个人就是黄道婆。

一个看不到屋外的阳光、听不到大自然声音的女孩赢得了世界上无数人的尊重，她就是海伦·凯勒。她以自己坚强的意志力，以"热爱生命、刻苦学习"

的信念不向命运屈服，最终获得了成功。

马克思凭借对人类社会改良的信念，在众多的批判声中依然坚持自己的意见，终于完成《资本论》这部著作，并成为科学共产主义思想的奠基人和创始人之一。

一个人怀抱成功的信念不一定成功，但是如果没有奔向成功的信念，那么这个人是一定不会成功的。一个人能否成功，关键还在于他是否具有坚定不移的信念，能否踏过人生的重重阻挠，为自己的明天而努力!

第二章
选择不了好的起点，但可以赢一个漂亮的终点

挑战极限，和“不可能”过招

不要对还没有打的牌局说“不可能”，一切皆有可能，只有想不到，没有做不到。

在自然界中，有一种十分有趣的动物，叫作大黄蜂，曾经有许多生物学家、物理学家、社会行为学家联合起来研究这种生物。

根据生物学的观点，所有会飞的生物必然是体态轻盈、翅膀十分宽大的，而大黄蜂这种生物的状况却正好跟这个理论相反。大黄蜂的身躯十分笨重，而翅膀却出奇的短小。依照生物学的理论来说，大黄蜂是绝对飞不起来的。而物理学家的论调则是，大黄蜂的身体与翅膀的比例，根据流体力学的观点，同样是绝对没有飞行的可能的。

可是，在大自然中，只要是正常的大黄蜂，却没有一只是不能飞的，甚至它飞行的速度并不比其他能飞的动物慢。这种现象，仿佛是大自然和科学家开的一个很大的玩笑。最后，社会行为学家找到了这个问题的答案。很简单，那就是——大黄蜂根本不懂生物学与流体力学，每一只大黄蜂在它长大之后就很清楚地知道，它一定要飞起来去觅食，否则必定会活活饿死！这正是大黄蜂之所以能够飞得那么好的奥秘。

由此可见，这世上没有绝对的“不可能”，只要敢于拼搏，一切皆有可能。

说到“不可能”这个词，我们来看一看著名成功学大师卡耐基年轻时用过的一个奇特的方法。

年轻的时候，卡耐基想成为一名作家。要达到这个目的，他知道自己必须精于遣词造句，字典将是他的工具。但由于他小的时候家里很穷，接受的教育

并不完整，因此“善意的朋友”就告诉他，说他的雄心是“不可能”实现的。

年轻的卡耐基存钱买了一本最好的、最完全的、最漂亮的字典，他所需要的字都在这本字典里，而他对自己的要求是要完全了解和掌握这些字。他做了一件奇特的事，他找到“impossible”(不可能)这个词，用小剪刀把它剪下来，然后丢掉，于是他有了一本没有“不可能”的字典。以后，他把整个事业建立在这个前提下。对一个要成长，而且要超过别人的人来说，没有任何事情是不可能的。

当然，讲这个例子并不是建议你从你的字典中把“不可能”这个词剪掉，而是建议你要从你的脑海中把这个观念铲除掉。谈话中不提它，想法中排除它，态度中去掉它、抛弃它，不再为它提供理由，不再为它寻找借口。把这个字和这个观念永远抛开，而用“可能”来代替它。

翻一翻你的人生字典，里面还有“不可能”吗？可能很多时候，当我们鼓起雄心壮志准备大干一场时，有人会好心地告诉我们：“算了吧，你想的未免也太天真、太不可思议了，那是不可能的事情。”接着我们也开始怀疑自己：我的想法是不是太不符合实际了？那是根本不可能达到的目标。

假如回到500年前，有人对你说，你坐上一个银灰色的东西就可以飞上天；你拿出一个“小盒子”就能够跟远在千里之外的朋友说话；打开一个“方盒子”就能看到世界各地发生的事情……你也同样会告诉他“不可能”。但是今天，飞机、手机、电视，甚至宇宙飞船都已经变成现实了。正如那句老话所说的，“没有做不到，只有想不到”，奇迹在任何时候都可能发生。

纵观历史上成就伟业的人，往往并非是那些幸运之神的宠儿，而是那些将“不可能”和“我做不到”这样的字眼从他们的字典以及脑海中连根拔去的人。富尔顿仅有一个简单的桨轮，但他发明了蒸汽轮船；在一家药店的阁楼上，法拉第只有一堆破烂的瓶瓶罐罐，但他发现了电磁感应现象；在美国南方的一个地下室中，惠特尼只有几件工具，但他发明了锯齿轧花机；伊莱亚斯·豪只有简陋的针与梭，但他发明了缝纫机；贫穷的贝尔教授用最简单的仪器进行实验，但他发明了电话。

美国著名钢铁大王安德鲁·卡内基在描述他心目中的优秀员工时说：“我们所急需的人才，不是那些有着多么高贵的血统或者多么高学历的人，而是那些有着钢铁般的坚定意志，勇于向工作中的‘不可能’挑战的人。”

人生如打牌，有些人总是还没有开始打，就因为别人说或自己认为“不可能”赢就放弃了，他连在牌局上展示的机会都没有。要知道，只要你敢于挑战，坚定信心，你就能超越极限，将不可能变为可能。

掌控情绪“转换器”，生气不如争气

满手坏牌的时候，有人会觉得自己倒霉透顶，于是，嘴里骂着、心里恨着打完了这场牌。其实生气是无谓的，改变不了牌不好的现状，倒不如想着如何变不利为有利，打好牌。

生活中，我们感受周围的事物，形成一种观念，做出我们的判断，无一不是由我们的心灵来进行的。然而，不好的情绪常常折磨我们的心灵，使我们做事出现种种偏差。因此，那些能取得成就的人往往是能驾驭情绪的人，而经常败得一塌糊涂的人通常是被情绪驾驭的人。

一名初踏歌坛的歌手，满怀信心地把自己的录音带寄给某位知名制作人，然后，他就日夜守候在电话机旁等候回音。

第一天，他因为满怀期望，所以情绪极好，逢人就大谈抱负；第十七天，他因为情况不明，所以情绪起伏，烦躁不安；第三十七天，他觉得前程未卜，所以情绪低落，闷不吭声；第五十七天，他因为期望落空，所以情绪坏透，电话铃响后拿起电话就骂人，没想到电话正是那位名制作打来的，他因此而自毁前程。

很多时候，我们就像这位青年一样，在生气发怒时丧失了很多机会。人生本来就不是一帆风顺的，在生气的时候我们应该强迫自己控制好情绪，不要让它影响我们的正常生活和工作。

实际上，我们自己不生气就什么事情都没有了，生气都是自我的。在生气的时候，我们要适当地进行情绪转换，掌控好自己的情绪。

被称为“世界剧坛女王”的拉莎·贝纳尔，在一次横渡大西洋途中突遇风暴，不幸在甲板上滚落，足部受了重伤。当她被推进手术室，面临锯腿的厄运时，她突然念起了自己所演过的剧中的一段台词。记者们以为她是为了缓解一下自己的紧张情绪，可她说：“不是的！是为了给医生和护士们打气。你瞧，他们不是太正儿八经了吗？"

威廉·詹姆斯说："完全接受已经发生的事，这是改变不幸命运的第一步。"接受无法抗拒的事实，既然是第一步，那么有没有第二步？有。拉莎手术圆满成功后，她虽然不能再演戏了，但她还能演讲。她的演讲，使她的戏迷再次为她而鼓掌。

拉莎·贝纳尔在面对无法抗拒的灾难时，跳出焦虑、悲伤的圈子，她转换了自己的情绪，又踏上一个新的里程，并继续努力，依然得到了别人的肯定。

任何人遇到灾难情绪都会受到影响，这时一定要操纵好情绪的"转换器"。面对无法改变的不幸或无能为力的事，抬起头来，对天大喊："这没有什么了不起，它不可能打败我！"或者耸耸肩，默默地告诉自己："忘掉它吧，这一切都会过去！"

情绪是可以调适的，只要你操纵好情绪的"转换器"，随时提醒自己、鼓励自己，将生气转化为动力，才能改变境遇，闯出一片新的天地。

当你心情烦躁的时候，可以散散步或听听音乐，把不满的情绪发泄出来或转移，尽量使自己的心境平和，在平和的心境下，情绪就会慢慢缓和；或者用繁忙的工作或通过参加有兴趣的活动去补充、转换情绪。

在人生的牌局中，当满手坏牌的时候，与其埋怨自己命不好，狠狠地诅咒、骂人，倒不如转换情绪，让自己平静下来好好想想，如何将不利变为有利，打好手中的坏牌。如果这样做，你就还有赢的希望；如果你只是沉浸在消极的情绪中，那输牌的肯定是你。

人生苦旅，等闲视之

谁的一生都可能有一手坏牌的时候，强者会把坏牌当作一个小小的障碍，等闲视之；而弱者却把坏牌看成永远翻不过去的大山，听从命运的安排。

人生难免会有失意的时候，事业上的、情感上的、家庭上的。面对失意，强者以一颗自强不息的心不断进取；弱者就是面对一张薄纸，也不愿伸手去戳破，去达到自己的目的。一个人拿到一手坏牌时，一定要保持自立自强的姿态，奋力前行。

一位作家在他的一部作品中描绘了一只新生的长颈鹿如何学习它的第一课。

把一只长颈鹿带到世上来是一个艰难的过程。小长颈鹿从母亲的子宫里掉出来，落到大约距离 3 米高的地面上，通常后背着地。几秒钟内，它翻过身来，把四肢蜷在身体下，并甩掉眼睛和耳朵里残存的一点羊水。依靠这个姿势，它第一次得以审视这个世界。然后，长颈鹿妈妈便用粗暴的方式把它的孩子带到现实生活中。

长颈鹿妈妈尽力低下头，以看清小长颈鹿的位置，确保自己在小长颈鹿的正上方，等待了大约一分钟，然后做出最不合常理的事——抬起长长的腿，踢向小长颈鹿，让它翻了一个跟头后，四肢摊开。

如果小长颈鹿不能站起身，这个粗暴的动作就会被长颈鹿妈妈不断地重复。为了能够站起来，小长颈鹿拼命努力。因为疲倦，小长颈鹿有时会停止努力。长颈鹿妈妈看到，就会再次踢向它，迫使它继续努力。最后，小长颈鹿终于第一次用它颤抖的双腿站了起来。

这时，长颈鹿妈妈会做出更不合常理的举动：再次把小长颈鹿踢倒。为什么？长颈鹿妈妈想让它记住自己是怎么站起来的。在荒野中，小长颈鹿必须能够以最快的速度站起来，以免使自己与鹿群脱离，只有在鹿群里它才是安全的。狮子、狼等野兽都喜欢猎食小长颈鹿，如果长颈鹿妈妈不教会它的孩子尽快站起来，与大部队保持一致，那么它很快就会成为这些野兽的猎物。

长颈鹿妈妈的行为看上去十分粗暴、不近情理，但那是为了让孩子更快、更好地适应自然界恶劣的生存环境。物竞天择，只有强者才能在竞争激烈的自然界中生存下去。

人生的路是漫长的，任何人都不可能永远陪在你身边和你一起面对外面的风雨。在失意的时候，一个人千万不要失去斗志，只要自强不息，再坏的牌也难不倒你。

有一个农民，只上了几年学家里就没钱继续供他上学了，于是他辍学回家，帮父亲耕种二亩薄田。在他 18 岁时，父亲去世了，家庭的重担全部压在了他的肩上。他要照顾身体不好的母亲和瘫痪在床的祖母。

改革开放后，农田承包到户。他把一块水田挖成池塘，想养鱼。但村里的干部告诉他，水田不能养鱼，只能种庄稼，他只好又把水塘填平。这件事成了一个笑话，在别人看来，他是一个想发财但又非常愚蠢的人。

听说养鸡能赚钱，他向亲戚借了300元钱，养起了鸡。但是一场大雨后，鸡得了鸡瘟，几天内全部死光了。300元对别人来说可能不算什么，但对一个只靠二亩薄田生活的家庭而言，真可谓是天文数字。他的母亲受不了这个打击，郁郁而终。

他后来酿过酒、捕过鱼，甚至还在石矿的悬崖上帮人打过炮眼……可都没有赚到钱。

36岁的时候他还没娶到媳妇，即使是离异的、有孩子的女人也看不上他，因为他只有一间土屋，还随时有可能在一场大雨后倒塌。娶不上老婆的男人，在农村是没有人看得起的。

但他还是没有放弃，不久他就四处借钱买了一辆手扶拖拉机。不料上路不到半个月，这辆拖拉机就载着他冲入一条河里。他断了一条腿，成了瘸子。而那拖拉机，被人捞起来时已经支离破碎，他只能拆开它，当废铁卖。

几乎所有的人都说他这辈子完了。

但多年后他还是成了一家公司的老总，手中有近亿元的资产。现在，许多人都知道了他苦难的过去和富有传奇色彩的创业经历。许多媒体采访过他，许多报告文学描述过他。曾经有记者这样问他："在苦难的日子里，你凭借什么一次又一次毫不退缩？"

他坐在宽大豪华的老板台后面，喝完了手里的一杯水。然后，他把玻璃杯子握在手里，反问记者："如果我松手，这只杯子会怎样？"

记者说："摔在地上，碎了。"

"那我们试试看。"他说。

他手一松，杯子掉到地上，发出清脆的声音，但并没有破碎，而是完好无损。他说："即使有10个人在场，他们都会认为这只杯子必碎无疑。但是，这只杯子不是普通的玻璃杯，而是用玻璃钢制作的。"

是啊！这样的人，即使只有一口气，他也会努力去拉住成功的手，除非上苍剥夺了他的生命……

这位成功者手中的牌不但很坏，甚至可以说糟透了，但他硬是将手中的坏牌打出了好的结局。他依靠的是什么？就是在失意时，他从来不放弃，自强、自立使他一路风雨兼程，最终获得了成功。

面对挫折，只有自强者才能战胜困难、超越自我。如果一味地想等待别人来帮忙，只能落得失败的下场。凭着自己的努力可以解决任何问题，永远可以依赖的人只有自己！

借别人的棉袄过冬

榜样的力量是无穷的。牌局中，当你冥思苦想着如何破局但总没有答案时，可以借鉴别人成功的经验，学习他们解决问题的方法，这样更有利于自己获得成功。

在走向成功的路上，人人都在不断探索、追求，人人都在探索一条捷径，希望少走弯路。如果仅靠自己一个人慢慢摸索，那取得成功的时间肯定会长得多；如果能借鉴别人成功的方法，再与自己的实际相结合，会更容易获得成功。

有一个法国人，42岁了仍一事无成，他也认为自己简直倒霉透了：离婚、破产、失业……他找不到自己生存的价值和人生的意义。他对自己非常不满，因此变得古怪、易怒，同时又十分脆弱。

有一天，一个吉卜赛人在巴黎街头算命，他随意一试。吉卜赛人看过他的手相之后说："您是一个伟人，您很了不起！"

"什么？"他大吃一惊，"你说我是个伟人，你不是在开玩笑吧？"

吉卜赛人平静地说："您知道您是谁吗？"

我是谁？他暗想，是个倒霉鬼，是个穷光蛋，是个被生活抛弃的人！但他仍然故作镇静地问："我是谁呢？"

"您是伟人，"吉卜赛人说，"您知道吗，您是拿破仑转世！您身上流的血、您的勇气和智慧，都是拿破仑的啊！先生，难道您真的没有发觉，您的面貌也很像拿破仑吗？"

"不会吧……"他迟疑地说，"我离婚了……我破产了……我失业了……我几乎无家可归……"

"但是，那是您的过去，"吉卜赛人说，"您的未来可不得了！如果先生您不相信，就不用给钱好了。不过，5年后，您将是法国最成功的人啊！因为您就是拿破仑的化身！"

这个法国人表面装作极不相信地离开了，心里却有了一种从未有过的伟大感觉。他对拿破仑产生了浓厚的兴趣。回家后，就想方设法找与拿破仑有关的一切书籍、著述来学习。

渐渐地，他发现周围的环境开始改变了，朋友、家人、同事、老板，都换了另一种眼光、另一种表情对他。事情开始顺利起来。

后来他才领悟到，其实一切都没有变，是他自己变了：他的胆魄、思维方式都在模仿拿破仑，就连走路、说话都像。

13 年以后，也就是在他 55 岁的时候，他成了亿万富翁，成为法国赫赫有名的成功人士。

榜样的力量是无穷的。凡是在某个领域出类拔萃的人，其所思与所为都不同于该领域中的一般人。他们成功的秘诀，是师人之长，取人之精，为己所用。

马太效应告诉我们，任何个体、群体或地区，一旦在某一方面获得成功和进步，就会产生一种积累优势，就有更多的机会取得更大的成功和进步。而通过观察、比较、学习和沟通，征求成功者的意见，便是成功的关键所在。

不管我们是做哪个行业，选一位成功者当自己的引导者，别害怕求助于他。其实，一个有成就的人，很希望与那些能将他的才华完全发挥出来的人分享他的学问、智慧和经验。所以，成功的人都是乐于借鉴他人的经验，学习他人的长处，而站在前人的肩膀上成就事业、创造人生的。

那么，我们究竟要向那些成功人士学习什么，又该如何学习呢?

首先，我们要学习他们遇到问题时的心态。当遇到棘手的问题时，我们可以向成功人士请教：他们遇到问题的反应是什么，以怎样的心态去面对困难……其实很多时候，决定成败的并不是能力的大小，而是心态的好坏。另外，我们还可以通过自己的认真观察，总结成功人士获得成功的心态。

其次，学习成功人士在遇到难题时处理问题的能力。成功人士之所以成功，并不一定是因为他们本身的智商比常人高，而是因为他们解决问题的能力比较强，所以我们就要学习成功人士在遇到问题的时候如何面对问题、分析问题，在方案出现变动的时候如何因计划而改变方案，以及在最艰难的时候如何做到化险为夷。

最后，学习成功人士在平时如何积累知识、经验。一个人或者一个企业的成功，不是一朝一夕的，而是在长期的积累过程中逐渐形成的，所以我们需要学习的是成功人士或者成功的企业是如何一步步壮大的，他们在这个过程中都做了些什么。我们要虚心地向成功人士请教他们积累的经验，自己更要仔细地去观察他们是如何进行积累的。将学到的他们的方式在自己平时的生活中加以利用，这样使自己更容易取得成功。

在人生的牌局中，我们要善于借用那些高手赢牌的技巧，使自己的路越走越宽，离成功越来越近。

成功没有霸王条款，勇于挑战就能跨越起点

生活对每个人来说都是公平的，一个不善于挑战的人会将一手其实还不错的牌打输，而一个善于挑战的人会将一手很烂的牌打成一副好牌。

生活是由一连串的问题组成的。一个善于向困难挑战的人，尤其是善于向那些最难、挡住大部分人的问题挑战的人，他会跨过一个个问题，最终赢得胜利。可以说，在成功的道路上没有霸王条款，只要你勇于去挑战成功，你就能跨越起点，逼近成功。

美国五大湖区的运输大王考尔比刚参加工作时非常贫穷，他最初从纽约一步一步走到克利夫兰，后来在湖滨南密歇根铁路公司总经理那里谋了一个书记的职务。

但是他工作了一段时间后，就觉得这个职位的视野过于狭小——除了忠实地、机械地干活以外，没有任何发展前途可言，这已不能满足其远大的志向了。他也意识到，梯子底部不一定就安全，上面随时都可能掉下东西砸到自己，这样还不如爬到梯子的上部，并一心朝上爬。

于是，他辞掉了这份工作，在海·约翰大使的手下谋得了一个职位。大使后来成为国务卿、美国驻英国大使，而在此之前，考尔比就已经明白，与前者在一起不会有发展，与后者共事则会有很大的成就。

工作应从什么样的高度开始？不少刚开始找工作的毕业生会认为从哪里开始都一样，先落了脚再说，并雄心勃勃地表示不会待多久。但遗憾的是，他们中的大多数进到那个层次后便很难再出来了。对于这个问题，著名的成功学家拿破仑·希尔有过很经典的论述，他说："这种从基层干起，慢慢往上爬的观念，表面上看来也许十分正确，但问题是，很多从基层干起的人，从来不曾设

法抬起头，以便让机会之神看到他们。所以，他们只好永远留在底层。我们必须记住，从底层看到的景象并不是很光明或令人鼓舞的，有时反而会增加一个人的惰性。”

因此，一级也好，两级也好，总之，在职位上努力向上攀登十分重要，对一个人的长远发展来说也是一件意义深远的事情。

因此，成功人士建议，如果有可能的话，尽量从基层的上一步或上两步开始，这样你就会免受最底层的单调生活的折磨，避免形成狭隘的思想和悲观的论调，尤其是可以避开低层次的斗争。事实也确实如此，在一个较低的层次上，由于资源和机会有限，人员素质参差不齐，斗争与内耗往往十分激烈而且是赤裸裸的。许多人在到达上一层之前，也许已经元气大伤、锐气全无了，因为他们把太多的热血流在了污泥里。

有一位30多岁在读MBA的人袒露，他这岁数还来读MBA，只是为了越过一些层级。他原来的单位是个很保守的地方，论资排辈，他工作了几年仍然是个小跟班，参与不了任何重要的事情，也得不到真正的锻炼，而自己比较适合的中高级管理人员的位置又是那样遥不可及。他的许多同龄人都逐渐变得懈怠和颓废起来，但他选择了离去，选择了越过一些也许是永远都难以“胜任”的层级，直奔“主题”。虽然MBA的课程读起来很辛苦，但他乐在其中，因为他知道山的后面是什么。

后来，他做了一家大公司的高级主管，年薪超过50万元，而他原来的年薪不足2万元。

更重要的是，他坐在了最适合他的位子上，自己舒服，别人也舒服。

很多时候，是我们不敢向自我挑战，总觉得那些事情那么难，自己怎么可能实现呢？于是失掉了一次次的机会。而那些成功的人、成功的企业，并不是因为他们本身就有三头六臂，而是他们有挑战自我的勇气，相信自己，并不断努力，在超越一个个目标后，他们会选择更高的目标来征服。为什么有着同样的经历、同样的出身，但是有些人会成为成功人士，而有些人仍然在底层挣扎？就是因为失败的人没有这份挑战困难、挑战生活、挑战自我的勇气。

在生活的洪流中，人应当有逆流而上的勇气，不断努力，再苦再难也要坚持，只要熬过了，什么样的困难都难不住你。成功没有霸王条款，只要学会挑战自我，你就会跨越起点。

要敢于决断

很多时候，在牌局的关键时刻，我们总会举棋不定，不知道该出哪一张牌，害怕这个，害怕那个，到头来失去了出牌的机会。

哲学家苏格拉底说："当许多人在一条路上徘徊不前时，他们不得不让路，让那些珍惜时间的人赶到他们的前面去。"当有人问亚历山大是如何征服他的敌人时，他回答说，他只是毫不迟疑地去做这件事。

那些总是摇摆不定、犹豫不决的人肯定是个性软弱、没有生气的人，他们不敢决定任何一件事情，不敢担负起应负的责任；他们常常对自己的决断产生怀疑，不敢相信他们自己能解决重大的问题；他们对自己缺乏信心，往往推迟重大的决定，有时甚至无动于衷。

优柔寡断会破坏一个人的自信心和判断力，并大大浪费个人的精力。试图面面俱到、万事平衡的人做出的无益而琐碎的分析，是抓不住事物本质的。决策最好是决定性的、不可更改的，一旦做出之后就要用所有的力量去执行。

人生充满了选择。不管是读书、创业或婚姻，我们总要在几个可供选择的方案中做一个"赌注式"的决断。对于我们所选择的结果究竟是好是坏，也往往没有明确的答案。机会难得，想再回头重新来过是绝不可能的。因此，我们可以说：决断是各种考验的交集。

其实，上天并未特别照顾那些抓住机会之神的幸运者，只不过是他们一再对问题苦思对策，并毫不犹豫地去做了，因而获得了机会之神的青睐。

拿破仑在紧急情况下总是立即抓住自己认为最明智的做法，而牺牲了其他所有可能的计划和目标，因为他从不允许其他的计划和目标来不断地扰乱自己的思维和行动。这是一种有效的方法，充分体现了勇敢决断的力量。换句话说，也就是要立即选择最明智的做法和计划，而放弃其他所有可能的行动方案。

决断并非一意孤行的"盲断"，也非逞一时之快的"妄断"，更非一手遮天的"专断"。决断除了要有客观的事实根据、出众的预见性眼光外，同时更要有决心与魄力。

莎士比亚说："我记得，当恺撒说'做这个'时，就意味着事情已经做了。"

英国著名女作家乔治·艾略特则这样判断一个人："等到事情有了确定的结果才肯做事的人，永远都不可能做成大事。"

曾经有这样一个人，他毕业于名牌大学，毕业时，有人建议他去炒股，他曾很积极地想去办股东卡，但是后来他想：这是一件很有风险的事情，还是等一阵再说吧。之后又有人建议他去夜校兼职当老师，他高兴了半天，但是又一想，一节课才挣那么点钱，没有什么意思，就又放弃了。他是一个很有天赋的人，却一直碌碌无为。

很多时候，我们缺乏的就是想到了就立即去做的勇气。

快速的决策和异常的胆略使许多成功人士渡过了危机和难关，而关键时刻的优柔寡断只能带来灾难性的后果。对于想成功的人来说，犹豫不决、优柔寡断是他们的敌人。它可能在其他伤害他、阻挠他、限制他的情况之前，就已使他处于无法自拔的境地中。

不要再等待、再犹豫，绝不要等到明天，今天就应该开始。要逼迫自己训练一种遇事果断坚定、迅速决策的能力，对于任何事情切不要犹豫不决。

一个企业或者一个人的决断，其实只有很少部分需要反复推敲，进行全方位的权衡和考虑。而对于大部分事情，在做决定的时候都要做到：一旦打定主意，就绝不更改，不再留给自己回头考虑、准备后退的余地。只有这样做，才能养成坚决果断的习惯。这样做既可以增强人的自信，同时也能得到他人的信赖。决策果断的人，在做决定时难免会发生错误，但是他因为自信，再加上以后经验、阅历的增加，会弥补一些错误决策可能带来的损失。他们要比那些简直不敢开始工作，做事处处犹豫、时时小心的人强得多。

我们在人生的牌局上出牌的时候，要尽量避免犹犹豫豫的习惯，要果断一些，这样才有赢牌的可能。

愚者赚今朝，智者赚明天

出牌的时候，如果只是瞅着眼前这一步，虽然目前牌路看起来不错，但很可能因为没有预见而断了自己的后路。

戴高乐说："眼睛所到之处，是成功到达的地方。唯有伟大的人才能成就伟大的事，他们之所以伟大，是因为决心要做出伟大的事。”

一个人要想成就一番大事业，没有远见是不行的。站得高才能看得远。一个人只有拥有深邃的思想和广阔的视野，按照既定的目标坚持不懈，才会获得成功。在现实生活中，拥有远见卓识将给你的生活和工作带来极大的好处。

百度 CEO 李彦宏在母校的一次发言中这样说道：“百度在 2000 年成立时，并不直接为网民提供搜索服务，我们只为门户网站输出搜索引擎技术，因为当时只有门户网站需要搜索服务。2001 年夏天，我做了这样一个决定，从一个藏在门户网站后面的技术服务商，转型做一个拥有自己品牌的独立搜索引擎。这是百度发展历程中唯一的一次转型，但会得罪几乎所有的客户，所以当时遭到很多投资者的反对。但当我把视线投向若干年以后时，我不得不坚持自己的观点。大家知道，后来我说服了投资者，所以才有了大家今天看到的百度。百度从后台走向了前台，加上我们的专注与努力，今天运营着东半球最大的网站。

“而事实上，从创立百度的第一天，我的理想就是‘让人们最便捷地获取信息’。这个理想不局限于中文、不局限于互联网。作为一名北大信息管理系的学生，我很幸运地在前互联网时代、在大学时就理解了信息与人类的关系和重要性。所以，百度从第一天起，就胸怀远大理想：我们希望为所有中国人，以至亚洲，以至全世界的人类，寻求人与信息之间最短的距离，寻求人与信息的相亲相爱。所以说：视野有多远，世界就有多大。”

正是因为有这样的远见，李彦宏才能够成就今天的百度。

凯瑟琳·罗甘说：“远见告诉我们可能会得到什么东西，远见召唤我们去行动。心中有了一幅宏图，我们就能把身边的物质条件作为跳板，跳向更高、更好的境界，从一个成就走向另一个成就。这样，我们就拥有了无可衡量的永恒价值。”

远见会给一个企业带来巨大的利润，为一个企业打开机会之门。远见可以增强一个人的发展潜力，一个人越有远见，他就越有潜能。远见会使你的工作与生活轻松愉快。它赋予你成就感，赋予你乐趣。当那些小小的成绩为更大的目标服务时，每一项任务都成了一幅更大的图画的重要组成部分。

远见会为你的工作增添价值。同样，当我们的工作是实现远见的一部分时，每一项任务都具有价值，哪怕是最单调的任务也会给你满足感，因为你看到更大的目标正在实现。

如果你有远见，那么你实现目标的机会就会大大增加。美国商界有句名言："愚者赚今朝，智者赚明天。"着眼于明天，不失时机地发掘或改进产品或服务，满足消费者新的需求，会独占鳌头，形成"风景这边独好"的佳境。打牌的时候也是这样，走当前的一步，要考虑下几步可能出现的情况，对自己出牌的思路做出相应的调整，这样才可能笑到最后。

19 世纪 80 年代，约翰·洛克菲勒已经以他独有的魄力和手段控制了美国的石油资源，这一成就主要受益于他那从创业中锻炼出来的预见能力和冒险胆略。1859 年，当美国出现第一口油井时，洛克菲勒就从当时的石油热潮中看到了这项风险事业是有利可图的。他在与对手争购安德鲁斯－克拉克公司的股权中表现出了非凡的冒险精神。拍卖从 500 美元开始，洛克菲勒每次都比对手出价高，当达到 5 万美元时，双方都知道，标价已经大大超出石油公司的实际价值，但洛克菲勒满怀信心，决意要买下这家公司。当对方最后出价 72 万美元时，洛克菲勒毫不迟疑地出价 72.5 万美元，最终战胜了对手。

当他所经营的标准石油公司在激烈的市场竞争中占据了美国市场上炼制石油的 90%的市场份额时，他并没有停止冒险行为。19 世纪 80 年代，利马发现了一个大油田，因为含碳量高，人们称之为"酸油"。当时没有人能找到一种有效的办法提炼它，因此一桶只卖 15 美分。洛克菲勒预见到这种石油总有一天能找到提炼方法，坚信它的潜在价值是巨大的，所以执意要买下这个油田。当时他的这个建议遭到董事会多数人的坚决反对。洛克菲勒说："我将冒个人风险，自己拿出钱去购买这个油田，如果有必要，拿出 200 万、300 万美元也在所不惜。"洛克菲勒的决心终于迫使董事们同意了他的决策。结果，不到两年时间，洛克菲勒就找到了炼制这种"酸油"的方法，油价由每桶 15 美分涨到 1 美元，标准石油公司在那里建造了当时世界上最大的炼油厂，盈利猛增到几亿美元。

远见就是在人类的巨大画卷中洞察到未来的情景。只有看到别人看不见的事物的人，才能做到别人做不到的事情。这就如打牌一样，在出这一张牌后，就要预见到后几张牌会怎么出，这样才能成为最后的赢家。

远见是成功者必备的素质之一，每一个渴望成功的人都要有意识地培养自己的远见。不管遇到什么问题和障碍，只要长期不懈地努力，就能实现自己的梦想。

“破冰之船”如何行万里

当牌出到一半的时候，你可能开始犹豫是否还要坚持打下去，因为局势看起来明显没有打下去的必要了。但此时若放手，你可能就大错特错了，因为此时可能对方手里还有一张非常坏的牌，只要坚持下去，你就胜利了。

成功在于不断努力。不要因为途中遇到种种阻挠就丧失信心，其实“破冰之船”也能行万里。当破冰船上强大的机器开动时，能把自己的船首移到冰面上去，它的船首的水下部分就是因为这个缘故所以造得非常斜。船首出现在冰面上的时候，就恢复了自己的全部重量，而这个极大的重量就能把冰压碎。遇到更厚的冰块时，就要用船的撞击力来制服它。这时候破冰船就得向后退，然后用自己的全部重量向冰块猛撞。若是几米高的冰山，破冰船就得用它坚固的船首猛烈撞击几次才能将它们撞碎。

其实人也可以像破冰之船一样，只要有坚持破冰的毅力，照样可以行万里。

你可能常常埋怨自己技不如人，但你想过其中的原因吗？静下心，回顾一下你学习和工作的历程，你是不是有这样的缺点：不能把某件事情漂亮地干完，做事常常半途而废。这是成功的大忌。伏尔泰说：“要在这个世界上获得成功，就必须坚持到底；剑到死都不能离手。”请记住：只有坚持才能获得成功。其实有时候，你所从事的事业并不是十分困难，成功需要的多半是你的恒心。

日本有个电视剧叫作《第一百〇一次求婚》，男主角不论是在外形上还是在工作上都让许多女性望而却步，在99次相亲失败后，他感到自卑、失望，但是他还是没有放弃。在第一百次的相亲中，他遇到了漂亮的大提琴手，对她一见钟情。这么优秀、漂亮的女孩又怎么会对他产生感情呢？但是最后她还是在男主角的真情和坚持不懈中答应了他的求婚。在举行婚礼前，女主角遇到了一个跟她死去的男朋友外形、气质特别相似的男人，并被他吸引。男主角为此伤心不已，但是他在一段时间之后振作起来，为律师考试奋斗。最终，女主角想起男主角的种种关心，加上后来遇到的这个男人根本就不是她的男朋友，只是她的幻觉。她被男主角的一片真心所感动，在一个夜里，她穿着洁白的婚纱，去工地上找到了男主角，并捡起地上的螺丝钉作为戒指……

虽然这是电视剧，可是与现实联系得很紧密。如果说开始时男主角因为自卑就放弃了，或者在不断被拒绝的时候就放弃了，他就不会赢得她的爱。但是在坚持中，他成功了。所以在生活中，还没有走到最后一步，谁也不要说自己输了，只要坚持，完全有可能赢。

有一次，有人问小提琴大师弗里兹·克莱斯勒：“您怎么演奏得这么棒，是不是运气好？”他回答道：“是练习的结果。如果我一个月没有练习，观众能听出差别；如果我一周没有练习，我的妻子能听出差别；如果我一天没有练习，我自己能听出差别。”

坚持不懈便意味着有决心。当我们精疲力竭时，放弃看起来更好，但成功者忍住了。如果问一问取得成功的运动员，他们一定忍受了痛苦并完成了他们所开始的事情。很多失败者都有一个很好的开端，却没有产生任何结果。不过面对失败，只要继续坚持、继续努力，你就会成功。

如果你失败了，不妨扪心自问：在遇到各种困难的时候我坚持了吗？打牌时，你看到手里的几张牌，再看看牌到中途，觉得打下去也不可能赢，你就要主动放弃。如果你真这样做了，那你离赢可能只差一步之遥，因为对方手里可能还有一张特别坏的牌。

第三章
决定输赢的不是牌的好坏，而是你的心态

心向着太阳，就能“开花”

牌局中的输赢、成败往往是因为一部分人的心态造成的。一个有着积极向上心态的人总会看到成功的希望，也一定会等到赢牌的时刻。

心理学家认为，一个人具有什么样的心态，他就会成为什么样的人，也就会拥有一个什么样的人生。事情往往是这样，你相信会有什么结果，就可能会有什么结果。这说明一个人可以通过改变自己的心境来改变自己的生活。如果人的心是向着太阳的，那么就一定会“开花”。

伟大的心理学家阿德勒穷其一生都在研究人类及其潜能，他曾经宣称他发现了人类最不可思议的一种特性——“人具有一种反败为胜的力量”。戴尔·卡耐基讲述了汤姆森太太的故事，正好印证了这一点。

第二次世界大战时，汤姆森太太的丈夫到一个位于沙漠中心的陆军基地去驻防。为了能经常与他相聚，她也搬到附近去住，离陆军基地不远。那实在是个可憎的地方，她简直没见过比那儿更糟糕的地方。她丈夫出外参加演习时，她就只好一个人待在那间小房子里。那里热得要命——仙人掌树荫下的温度也高达 50 摄氏度，没有一个可以谈话的人；风沙很大，到处都充满了沙子。

汤姆森太太觉得自己倒霉到了极点，觉得自己好可怜，于是她写信给她的父母，告诉他们她放弃了，准备回家，她一分钟也不能再忍受了，她宁愿去坐牢也不想待在这个鬼地方。她父亲的回信只有 3 句话，这 3 句话常常萦绕在她的心中，并改变了汤姆森太太的一生：“有两个人从铁窗朝外望去，一个人看到的是满地的泥泞，另一个人却看到满天的繁星。”

于是，她决定找出自己目前处境的有利之处。她开始和当地的居民交朋友。

他们都非常热心，当汤姆森太太对他们的编织和陶艺表现出极大的兴趣时，他们会把拒绝卖给游客的心爱之物送给她。她开始研究各种各样的仙人掌及当地的其他植物，试着认识土拨鼠，观赏沙漠的黄昏，寻找300万年前的贝壳化石。

是什么给汤姆森太太带来了如此惊人的变化呢？沙漠没有改变，改变的只是她自己，因为她的心态变了。正是这种改变使她有了一段精彩的人生经历，她发现的新天地令她既兴奋又觉得刺激，于是她开始着手写一部小说，讲述她是怎样逃出了自筑的牢狱，找到了美丽的星辰故事。

汤姆森太太的故事说明了这样一个朴素的道理：人可以通过改变自己的心境来改变自己的人生。这充分证明了心态的重要性，调整心态的能力对于每个人来说都是不可或缺的。

环境没有改变，改变的是一个人的心态；同样的环境，可能造就两个完全不同的人。改变一个人的心态，很可能就会改变这个人的世界。有这样一个故事：

英国有一个乐观的流浪汉，从不拜上帝，这令上帝很不开心，上帝觉得他的权威受到了挑战。

流浪汉死后，为了惩罚他，上帝便把他关在很热的房间里。7天后，上帝去看这位乐观的流浪汉，看见他非常开心，上帝便问："身处如此闷热的房间7天，难道你一点儿也不觉得辛苦？"乐观的流浪汉说："待在这间房子里，我便想起在公园里晒太阳，当然十分开心啦！"（英国一年难得有好天气，一旦晴天，人们都喜欢去公园晒太阳。）

上帝很不开心，便又把这个快乐的流浪汉关在一间寒冷的房间里。7天过去了，上帝看到这个流浪汉依然很开心，便问："这次你为什么开心呢？"流浪汉回答说："待在这寒冷的房间，便让我联想起圣诞节快到了，这就可以收到很多圣诞礼物了，能不开心吗？"

上帝又不开心，便把他关在一间既阴暗又潮湿的房间里。7天又过去了，流浪汉仍然很高兴，这时上帝有点困惑不解，便说："这次你能说出一个让我信服的理由，我便不再为难你。"这个快乐的人说："我是一个足球迷，可是我喜欢的足球队很少有机会赢。但有一次赢了，当时就是这样的天气，所以每次遇到这样的天气，我都会很高兴，因为这会让我联想起我喜欢的足球队赢了。"上帝无话可说，只好给了这个流浪汉自由。

在不同的环境中，这个快乐的流浪汉总能找到快乐的事，即使他面临的是困境，也不会把注意力放到严苛的现实，而是转移到与之相关的快乐方面。

美国著名心理学家威廉·詹姆斯说："我们这一代人最重大的发现就是，人能通过改变心态从而改变自己的一生。"的确，如果人生是场牌局，那最终的结果往往是因为人的心态造成的，你觉得自己是什么样的结果，最终便会是什么结果。

抓牌靠的是运气，打牌靠的是心气

有一手好牌靠的是运气，这样的运气也只是极少数人才有，大部分人手中的牌实际上都差不多。但是一个拥有良好心态的人却对什么牌都泰然处之，他最终会取得胜利。

很多人常常会这样给自己找借口：

"我从来就未曾真正有过一个奔向美好前程的机会。你知道，我的家庭环境很糟。"

"我是在农村长大的，你绝对体会不到那种生活。"

"我只受过小学教育，我们家很穷。"

"我机遇不好。"

……

他们所给出的理由无一例外都是些关于自己失败的客观原因和悲剧性的故事。实际上，他们是想说：世界给了他们不公平的待遇。他们是在责备他们身处的世界和境况，责备他们的遗传和身世。其实，很少有人一生下来就是幸运的，只是有的人在后天的成长中似乎变得幸运了。幸运的人之所以幸运是因为他们不相信命运，或者他们始终相信命运之神总有一天会眷顾自己，在失意的时候不放弃。不幸的人之所以不幸是因为他们自暴自弃，在艰难险阻面前低下了头。

困难、挫折、失败和胜利、喜悦、幸福是轮换的，人生总是这样顺逆交替，有如黑夜、白天或四季的变更。但是在现实生活中，能看清这一点的人其实并不多，这是因为并不是所有的人都能调整好自己的心态。只有那些能调整好心态的人才能跨越困境。

大文豪巴尔扎克说:“世界上的事情永远不是绝对的，结果完全因人而异。苦难对于天才而言是一块垫脚石，对于能干的人来说是一笔财富，对弱者来说则是一个万丈深渊。”

在美国，有一个穷困潦倒的年轻人，在即使把身上全部的钱加起来都不够买一件像样的西服的时候，他仍全心全意地坚持着自己心中的梦想，他想做演员、拍电影、当明星。当时，好莱坞共有500家电影公司，他逐一数过，并且不止一遍。后来，他又根据自己认真拟定的路线和排列好的名单顺序，带着为自己量身定做的剧本前去拜访。但一趟下来，500家电影公司没有一家愿意聘用他。

面对百分之百的拒绝，这个年轻人没有灰心，从最后一家被拒绝的电影公司出来之后，他又从第一家开始，继续他的第二轮拜访与自我推荐。在第二轮的拜访中，500家电影公司依然全部拒绝了他。

第三轮的拜访结果仍与第二轮相同，这个年轻人又开始他的第四轮拜访。当拜访完第349家后，第350家电影公司的老板破天荒地答应让他留下剧本先看一看。

几天后，这个年轻人得到通知，请他前去详细商谈。就在这次商谈中，这家公司决定投资开拍这部电影，并请这个年轻人担任自己所写剧本中的男主角。这部电影名叫《洛奇》。这个年轻人名叫西尔维斯特·史泰龙。现在翻开电影史，这部叫《洛奇》的电影与这个日后红遍全世界的巨星皆榜上有名。

类似的成功之士不胜枚举，他们之所以能从绝望中腾飞，从贫苦中奋起，都是因为少了一份自暴自弃，多了一点执着和坚毅，并对自己的能力深信不疑。也唯有拥有这样良好的心态，他们才得以成功。

科学史上的名人富兰克林也曾有过同史泰龙类似的遭遇。

他当年的电学论文曾被科学权威不屑一顾，皇家学会刊物也拒绝刊登，第二篇论文又引来皇家学会的一阵嘲笑。他的论文被朋友们设法出版后，因论点与皇家学院院长的理论针锋相对，富兰克林遭到这位院长的人身攻击。但富兰克林没有被挫折吓倒，没有放弃自己的科学信念，而是更积极地投入实验，以实践来证实自己的理论。他冒着巨大的生命危险进行了有名的风筝引电实验，终于获得了成功。于是，他的著作被译成德文、拉丁文、意大利文，得到了全欧洲的认可。

困境时常来临，人们给予它们的颜色或为黑或为灰，然而如果没有它们的锤炼，哪来五彩斑斓的人生？面对困境，我们或许是因为懒惰，不愿意从困境中走出来。当一个人的心被懒惰与麻木占据时，他就会处于绝望与消极的状态，尽管他能意识到自己必须改变，但是他却没有行动起来。这其实也是缺少良好的心态去应对困难的表现，所以就很难有动力去做好它。

成功源自良好的心态，拥有良好的心态，即使你的能力稍差，你也可以通过勤奋和敬业弥补。只要你能持之以恒，你的能力就会得到很大提高，成功离你也就不会太远了。

我们无法选择命运给我们的安排，或贫穷或富贵，或聪慧过人或愚钝难教化，但我们可以选择对待和接受命运的态度。

遭遇逆境并不等于给我们的命运宣判“死刑”，真正的法官永远是我们自己。只有我们自己才有资格对神圣的生命做出判决，而调整心态的能力将影响你手中的判笔。

在牌场上，握有一手好牌的人毕竟只是少数，在大部分人的牌差不多的情况下，心态好的人才能成为赢家。

欲望如同吃自助：扶墙进，扶墙出

四人打牌，有人可能会抱怨自己的牌烂，但对于那些在只能旁边观看的人来说，有牌打总比没牌打好多了。

人很多时候是很贪心的，就像很多人形容的那样：吃自助的最高境界是扶墙进，扶墙出。进去扶墙是因为饿得发昏，四肢无力，而扶墙出则是因为撑得路都走不了了。人愿意活受罪是因为怕吃亏。而有些时候，人总是对自己不满，还是因为太贪心，什么都想得到。

很多人常常觉得自己的生活不够完美：觉得自己的个子不够高，身材不够好，自己的房子不够大，自己的工资不够高，自己的老婆不够漂亮，自己在公司工作好几年了却始终没有升职……总之，对于自己拥有的一切都感到不满，觉得自己不幸福。真正不快乐的原因是：不知足。一个不知足的人，即使有金山银山摆在面前也不会快乐；一个知足的人，即使住在茅草屋中也会快乐的。

剑桥大学教授安德鲁·克罗斯比常说："真正的快乐是内心充满喜悦，是一种发自内心地对生命的热爱。"不管外界的环境和遭遇如何变化，都能保持快乐的心情，这就需要一种知足的心态。

知足者常乐。因为对生活知足，所以他会感激上天的赠予，用一颗感恩的心去感谢生活，而不是总抱怨生活不够照顾自己。

有一个村庄，里面住着一个独眼的瞎爷。

瞎爷9岁那年一场高烧后，左眼就看不见东西了。他的爹娘顿时泪流满面，独生儿子瞎了一只眼睛可怎么办呀？不料他却说，自己左眼瞎了，右眼还能看得见呢！总比两只眼都瞎了要好！比起世界上的那些双目失明的人，不是要强多了吗？儿子的一番话，让爹娘停止了流泪。

他的家境不好，爹娘无力供他读书，只好让他去私塾里旁听。他的爹娘为此十分伤心，瞎爷劝道："我如今也已识了些字，虽然不多，但总比那些一天书没念、一个字不识的孩子强多了吧？"爹娘一听也觉得安然了许多。

瞎爷娶了个嘴巴很大的媳妇。爹娘又觉得对不住儿子，瞎爷却说，和世界上的许多光棍汉比起来，自己是好到天上去了！这个媳妇勤快、能干，可脾气不好，常把婆婆气得心口疼。瞎爷劝道：天底下比她差得多的媳妇还有不少，我媳妇脾气虽是暴躁了些，不过很勤快，又不骂人。爹娘一听真有些道理，怄的气也少了。

瞎爷的孩子都是闺女，于是这个媳妇总觉得对不起他们家。瞎爷说，世界上有好多结了婚的女人，压根儿就没有孩子，等日后老了，5个女儿、女婿一起孝敬他们多好！比起那些虽有儿子几个，却妯娌不和、婆媳之间争得不得安宁要强得多！

可是，瞎爷家确实贫寒得很，妻子实在熬不下去了，便不断抱怨。瞎爷说，比起那些拖儿带女四处讨饭的人家，饱一顿饥一顿，还要睡在别人的屋檐下，弄不好还会被狗咬一口，就会觉得日子还真是不赖。虽然没有馍吃，可是还有稀饭可以喝；虽然买不起新衣服，可总还有旧的衣裳穿；房子虽然有些漏雨的地方，可总还是住在屋子里边。和那些讨饭维持生活的人相比，可算是很好了。

瞎爷老了，想在合眼前把棺材做好，然后安安心心地走。可做的棺材属于非常寒酸的那一种，妻子愧疚不已。瞎爷却说，这棺材比起富豪大家们的上等柏木是差远了，可是比起那些穷得连棺材都买不起，尸体用草席卷的人，不是要强多了吗？

瞎爷活到72岁，无疾而终。在他临死之前，对哭泣的老伴说："有啥好哭的，我已经活到72岁了，与那些活到八九十岁的人比不算高寿，可是比起那些四五十岁就死了的人，我不是好多了吗？"

瞎爷死的时候，神态安详，脸上还留有笑容……

瞎爷的人生观，正是一种乐天知足的人生观，永远不和那些比自己强的人攀比，用自己的拥有与那些没有拥有的人进行比较，并以此找到了快乐的人生哲学。

很多时候，我们就缺少瞎爷的这种心境，当我们抱怨自己的衣服都不是名牌的时候，是否想到还有很多人连一套像样的衣服都没有；当我们抱怨自己的孩子没有拿第一的时候，是否想到那些根本上不起学的孩子；当我们抱怨工作太累的时候，可否想到那些在街上摆小摊的小贩们，他们每天起早贪黑，根本没有工夫去抱怨……其实，我们已经过得很好了，我们能够在偌大的城市拥有自己的房子，哪怕只是租的；我们不用为吃饭发愁；我们拥有体贴疼爱自己的妻子；我们有可爱的孩子；有对自己牵肠挂肚的父母……实际上我们已经拥有得够多了，还有什么不满意的呢？快乐也是在知足中获得。

生活就好比打牌，即使你手中的牌再烂，你总是有牌可打，相对于那些只能在旁边看的人来说，你比他们好多了。人生因知足而趣味无穷，珍惜拥有的一切，让人生没有遗憾！

输赢那些事儿

打牌当有一颗平常心，无论是输牌还是赢牌，都当努力地做好眼前的事情。输赢成败是常有的事情，笑看输赢成败，宠辱不惊才能打好后面的牌。

面对人生的输赢成败，我们的情绪往往会随之起伏，或者大悲，或者大喜，心中总难平静。其实人生就是由一连串的悲喜组成的，就像牌局，有赢有输。只有平常心才能真正把握牌局。

从前，有一个老童生考秀才，已经考得胡子都白了，仍没考中。有一年，他与儿子同科应考。到了放榜的那一天，他正在屋里洗澡，儿子看榜回来，高兴地大声报喜："父亲，我已经考取了。"

老童生在屋里一听，便大声呵斥："考取一个秀才算得了什么？这样沉不住气！"儿子一听，吓得不敢再大叫，便轻轻地说："父亲，你也考取了。"老童生一听，忘了自己正光着身子，连衣服还没穿上，就忙打开房门，大声呵斥："你怎么不先说！"

这个故事不禁让人哑然失笑，老童生训斥儿子不能以一颗平常心面对输赢成败，沉不住气，可他自己更不能平静地面对人生的得失。

生活中有很多人都如同这个老童生一样，面对人生的起伏不能自已，成功了便开始扬扬得意，甚至自以为是，失败了便垂头丧气，一蹶不振，对生活的其他方面都失去了兴趣。逢人夸就觉得自己很了不起，遇到别人批评就觉得处处不如人，这便是生活中的某些人，他们在得意时忘形，在失意时忘了自身的价值。

人生如同一叶扁舟，每个人都是自己的掌舵者，小舟在前进的过程中会有晴天，风和日丽，让你神清气爽，但是也难免会遇到雨天，遇到风浪。不管是晴天还是雨天，掌舵人需要做的就是努力地掌好自己的舵，在风和日丽的时候不忘记也可能随时会遇到危险，在风浪大的时候更是要努力让自己的小舟在风雨之中能够立足。假若在风和日丽的时候太得意忘形，或者在风雨交加的时候惧怕前行，那么人生的小舟随时都可能被大海无情地吞没。人生当以一颗平常心去面对，无论是晴天还是风雨，都当努力地做好眼前的事情。输赢成败乃是人生的常态，笑看输赢成败，宠辱不惊才能走好生活的路。

一个笑看输赢成败的人是一个沉稳的人。他能够在牌局中不断努力，踏踏实实走好每一步，不受外界环境干扰。赢的时候再接再厉，不会因为某次赢牌就得意扬扬，从此止步；也不会在输牌的时候怀疑自己的能力，而是平静地寻找输牌的原因，于是更加努力，不怨天尤人、垂头丧气，通过努力将输牌变成赢牌。

世上有许多事情的确是难以预料的，人的一生，有如簇簇繁花，既有红火耀眼之时，也有暗淡萧条之日。面对成功或荣誉，不要狂喜，也不要盛气凌人，把功名利禄看轻些、看淡些，这样，面对挫折或失败，就不会再像《儒林外史》里的范进一样，乐极生悲。

在岁月的磨砺中，什么事情都可能遇到，而对于企业、对于每个人来说，能够做的就是以一颗平常心去看待成败。人们常说“胜不骄，败不馁”，百折不挠，相信总有一天会成功的。不论是磨难还是幸福，都是生活的一部分，输得起才能赢得起，所以人当看淡输赢成败，只要努力了，就没有什么可遗憾的了！

莫要陷入“抱怨门”

当手持一副坏牌或者输牌的时候，有人抱怨上天的不公，为什么总让自己拿坏牌，可往往因为这样的抱怨会使下一场的牌输得更惨。

人生路上，当遇到逆境的时候，我们往往会听到很多抱怨的声音：“我的出身不好”“我家里没有钱”“我上的学校不好”“我没有一个有权有势的爸爸”“我的男人比较穷”“我的女人丑”“我的工作条件不好，工资少，没有一个能赏识我的老板”……总觉得自己的生活不如意，天天抱怨。而我们也常常会发现，那些抱怨的人生活似乎一直都不怎么好。有时候抱怨会产生连锁反应，越抱怨，倒霉的事情越是接二连三地来，所以，我们千万不要陷入自己设置的“抱怨门”。

有这样一个故事：

孔雀向王后朱诺抱怨。它说：“王后陛下，我不是来无理取闹的，但您知道吗？您赐给我的歌喉，没有任何人喜欢听。可您看那黄莺小精灵，唱出来的歌婉转动听，它独占春光，出尽风头了。”

朱诺听到如此言语，严厉地批评道：“你赶紧住嘴，嫉妒的鸟儿，你看你脖子四周，如一条七彩丝带；当你行走时，舒展的华丽羽毛，就好像色彩斑斓的珠宝。你是如此美丽，这世界上没有任何一种鸟能像你这样受到人们的喜爱。一种动物不可能具备世界上所有动物的优点。我赐给大家不同的天赋，是要大家彼此相融，各司其职。所以我奉劝你不要抱怨，不然的话，作为惩罚，你将失去你美丽的羽毛。”

孔雀羡慕黄莺清脆的嗓子，所以抱怨自己为什么没有拥有和黄莺一样婉转、美妙的歌喉，却不知道自己的美本来就让其他动物羡慕。由此看来，实际上抱怨者不是本身拥有的条件不够好，而是自己不知足。很多时候，当你不断地抱怨自己拥有的条件和资源少、不能取得成功时，后面的不成功就会排着长队等着你，接连不断地到来。

当你把大量的精力都用在了抱怨别人或者上天的不公时，用于努力改变局面的时间就少了。大量的抱怨会让你在自己的抱怨声中不断地肯定自己的不幸，在无形之中会在大脑里形成自己成功的道路为什么这样艰难以及上天对自己不公的想法，所以在下一次困难来临时，又开始抱怨，而如何去战胜困难，如何能够摆脱这种局面的方法早已被抛之脑后。所以爱抱怨的人更容易失败，而且失败是一个接着一个。

喜欢抱怨的人不断向别人抱怨着自己的不幸，起初可能还会有人同情，但是久而久之，人们会讨厌爱抱怨的人。人们喜欢和那些乐观的人在一起，而不愿意和整天发牢骚的人在一起。这样，喜欢抱怨的人不仅自己在事业上不断落后，在人际关系上也会越来越糟，会导致你更加沮丧，会觉得上天真的对你太不公了。实际上这一切都是你自己无形中造成的。

面对生活，永远不要忧虑，不要发牢骚。如果我们一直向上看，生活积极乐观，工作勤奋努力，就一定会得到幸福。地底下的种子从不抱怨成长的过程中碰到的顽固的石头和沙砾，而是不断地把自己柔嫩的绿芽一点一点向上顶出，绕过石头和沙砾，坚韧勇敢地生长着，直到露出地面，长出枝叶并开花结果。

生活中，当我们个人或者企业遇到困难的时候，首先不要怨天尤人，而是应该努力寻找解决困难的方法，这样才能让企业走出困境，让人走出困难的沼泽，向成功迈进。

当手持一副坏牌或者输牌的时候，有人会抱怨连连，他不去想怎样尽量打好牌，而只是沉浸在沮丧等情绪中，这样，最后的输家一定是他。所以，少一分抱怨，多一分思考和努力，无论手中持什么牌，你最终都会是赢家。

打好牌：勿忘"屏蔽"浮躁

在牌局中，能打赢的往往不是那些心浮气躁、想在开局的前两轮就赢牌的人，而是那些有耐心、冷静地对待得失成败、认真地一步步走过来的人。

“浮躁”在字典里解释为：“急躁，不沉稳。”浮躁常常表现为：心浮气躁，心神不宁；自寻烦恼，喜怒无常；见异思迁，盲动冒险；患得患失，不安分守己；这山望着那山高，既要鱼也要熊掌；静不下心来，耐不住寂寞，稍不如意就轻易放弃，从来不肯为一件事倾尽全力。

随着经济的发展，这种浮躁的气息在社会中蔓延，几乎触及了参与其中的每一个人：某些官员急功近利，大搞不切实际的形象工程；演员不苦练基本功，却借助绯闻来炒作自己；商人不一心一意经营自己的产业，却去炒股、炒房；学生不专心念书，却妄想通过不相干的社会活动增加综合测评分数或通过考试作弊拿到高分。还有的人做事具有更强的目的性，交朋友具有更强的功利性，处世具有更强的功利性。很多人都想成功，却总是被成功拒之门外。

有一个人叫小付，人们发现，小付无论学什么都是半途而废。小付从未获得过什么学位，他所受过的教育也始终没有用武之地，但他的祖辈为他留下了一些本钱。他拿出 10 万元投资办一家煤气厂，可造煤气所需的煤炭价钱昂贵，这使他大为亏本。于是，他以 9 万元的售价把煤气厂转让出去，开办起煤矿来。可又不走运，因为采矿机械的耗资大得吓人，因此，小付把在矿里拥有的股份变卖成 8 万元，转入了煤矿机器制造业。

从那以后，他便像一个滑冰者，在有关的各种工业部门中滑进滑出，没完没了。

正如小付困惑的那样，为什么自己付出那么多，却终究一事无成呢？答案很简单，小付总是这山望着那山高，急于追求更高的目标，而不是在一个既定的目标上下功夫。要知道，摩天大厦也是从打地基开始的。小付这种浮躁的心态只能导致他最后落个两手空空。

很多人在做事情的时候不能静下心来扎扎实实地从基础开始，总是觉得踏踏实实做事情的方法很笨，于是做什么事情都求快，想以最小的付出获得最大的利益。浮躁的心态让人不会专注地做一件事情，所以也就很难成功。在人生的牌局中，要想赢牌，浮躁就是最大的敌人。

在电视剧《士兵突击》中，许三多显然是一个“异类”，他不明白做人做事为什么要如此复杂，一切投机取巧、偷奸耍滑的世故做法他都做不来，或者根本就没有想过。他有的只是本性的憨厚与刻入骨中的执着。他做每一件小事都像抓住一根救命稻草一样，投入自己所有的能量和智慧，把事情做到最好。他这样做并不是为了得到旁人的赞赏与关注，只是因为这是有意义的。他面对困难从来不说“放弃”，而是默默地承受、慢慢地解决，毫无抱怨，绝不气馁。当一个又一个问题被他以执着的劲头解决之后，他俨然成长为一个巨人。他不会面对诱惑放弃忠诚，当老 A 部队的队长向他发出邀请时，许三多用一句“我是钢七连的第四千九百五十六个兵”做出了态度鲜明的回答。

“许三多”已成为家喻户晓的人物形象，他被定格为一种沉稳、踏实的文化符号，成为“浮躁”的反义词。很多人开始做事情时会满腔热血，但慢慢地这种热情会消退，最后就会放弃。是什么原因让那么多人半途而废呢？是急于求成、不愿直面困难的浮躁心理。很多人好高骛远，总是急于看到事情的结果，而不能忍受事情完成的过程，当他们觉得这些事情没有意义时，于是选择了放弃。

在当今市场经济的大背景下，很少有人能按捺住自己一颗浮躁的心，因而变得越发盲目和急功近利。浮躁是一种情绪、一种并不可取的生活态度。人浮躁了，会终日处在又忙又烦的应急状态中，脾气会暴躁，神经会紧绷，长久下来，会被生活的急流所裹挟。凡成事者，要心存高远，更要脚踏实地，这个道理并不难懂。

踏实、沉稳，心平气和、不急不躁，抛开浮躁的心态，从身边的小事做起，脚踏实地地坚持，坚忍不拔地努力，我们才有可能达成人生的目标，走到成功的那一步。

正如在牌局中，那些心浮气躁，总想着在开局的前两轮就把对方打个落花流水的人肯定赢不了。只有那些踏实、认真、冷静的人才能笑到最后。

“晒晒”自己的优点

每个人都有手握烂牌的时候，都会遇到牌局中的逆境，此时，自暴自弃是赢牌的大敌；而能够看到自身优势，自己给自己掌声的人才有可能创造奇迹。

很多人对自己的评价往往是这样的：“我不行，我没有 ×× 的才干，我没有 ×× 貌美，我没有 ×× 有人缘，我是这几个人中最差的一个，我……”总之对自己是一堆消极的评价，这样的评价看起来没什么，实际上会对一个人的发展产生巨大的影响。

一个对自己具有消极评价的人在生活中做事情时总会缩手缩脚，不敢放开去做，所以自身的能力总得不到最大化的发挥。可想而知，一个发挥不出自己能力的人和一个将自己的能力得到极大发挥的人相比较，孰强孰弱，一目了然。

有时候即使有好的机会来临，对自己评价消极的人也会让机会白白溜走，因为他对自己没有信心，所以就不敢去抓住机会。人实际上应当多给自己一些积极的评价，这样更有助于自己的成长。人应当适时“晒晒”自己的优点。

一个喜欢棒球的小男孩生日时得到一副新的球棒。他激动万分地冲出屋子，大喊道：“我是世界上最好的棒球手！”他把球高高地扔向天空，举棒击球，结果没中。他毫不犹豫地第二次拿起了球，挑战似的喊道：“我是世界上最好的棒球手！”这次他打得更带劲，但又没击中，反而跌了一跤，腿擦破了皮。男孩第三次站了起来，再次击球。这一次准头更差，连球也丢了。他望了望球棒道：“嘿，你知道吗，我是世界上最伟大的击球手！”

后来，这个男孩果然成了棒球史上罕见的神击手。

是自我激励给了他力量，是自我激励成就了小男孩的梦想。也许有一天，我们也能像那个小男孩一样登上成功的顶峰，那时再回首，我们会看见通往成功的道路上，除了脚印、汗水、泪水外，还有一个个驿站，那便是自己给自己的一个个积极的评价。

每个人都需要给自己一个积极的评价，特别是当你身处逆境的时候，赞美自己可以使你更加自信。尼采说：“每个人距自己是最远的。”这句话的意思是说，人类最不了解的是自己，最容易疏忽的也是自己。

有人说，演员必须有人赞美，如果好长时间没人赞美，他就应自己赞美自己，这样才能使自己经常保持演出激情。员工需要老板的褒奖，学生需要老师的表扬，孩子需要父母的肯定，都是一个道理。人们的心灵是脆弱的，需要经常得到激励与抚慰，常常自我激励、自我表扬，会使自己的心灵快乐无比，时常保持自信的感觉。

一个人只有时刻保持自信和快乐的感觉，才会在不顺心的生活中更加热爱生命，热爱生活。只有快乐、愉悦的心情，才能激发人的创造力和人生动力；

只有不断给自己创造快乐，才能远离痛苦与烦恼，才能拥有快乐的人生。

自我赞美，会成为创造奇迹的动力。当年拿破仑在奥辛威茨不得不面临与数倍于自己的强敌决战时，拿破仑对即将投入战斗的将士们说："我的兄弟们，请你们记住：我们法兰西的战士，是世界上最优秀的战士，是永远都不可战胜的英雄！当你们冲向敌人的时候，我希望你们能高喊着'我是最优秀的战士，我是不可战胜的英雄'！"战斗中，法国将士高喊着"我是最优秀的战士，我是不可战胜的英雄"的口号，以一当十，大败奥、俄等国联军。

给自己一个积极的评价，适时地赞美自己，你可以从中获得不可战胜的力量；可用自信的阳光融化心中的胆怯和懦弱；可以唤醒自己生命里沉睡的智慧和能力，从而推动事业的发展。赞美自己，你的灵魂从此将不再迷失在绝望的黑暗里……

人生是场牌局，当你手拿一副坏牌时，自暴自弃肯定会让你成为最后的输家。如果你能换一种眼光去看，找到这副牌的最佳出牌方法，自己给自己鼓励，你就可能成为最后的王者。

对于每个人、每个企业来说，渴望得到别人的赞美不容易，此时要懂得自己赞美自己，赞美会让人自信，会催促自己奋进！

第四章
没有绝对的好牌，只有相对的转机

不炒自己鱿鱼，保留赢牌的机会

打牌的时候，如果我们遇到一次又一次的挫败，沮丧之情肯定会油然而生，不过越是这个时候越不能放弃，只要你不放弃赢牌的机会，赢牌的机会也就不会放弃你。

很多人在生活上、事业中屡屡受挫，经过多次打击后，会逐渐丧失信心，变得自暴自弃，在成功的机会到来之前，就提前把自己给淘汰了。事实上，在成功的路上没有人去限制你，除了你自己，而我们常常会在别人没有炒自己鱿鱼的时候，自己把自己给炒了。人生的机遇有千千万，能把握住机遇的人才能够在人生的道路上越走越远。

美国前总统罗纳德·里根曾讲述过这样一段亲身经历：

每当里根失意时，他的母亲就这样说："最好的总会到来，如果你坚持下去，总有一天你会交上好运。并且你会认识到，要是没有从前的失望，那是不会发生的。"

他母亲说得很正确，当里根于1932年大学毕业后，也明白了这个道理。当时里根计划在电台找份工作，然后再设法去做一名体育播音员。于是，里根就搭便车去了芝加哥，敲开了每一家电台的门，但每次都碰一鼻子灰。在一间播音室里，一位很和气的女士告诉他，大电台是不会冒险雇用一名毫无经验的新手的，并且劝告里根去试试找家小电台，那里可能会有机会。

里根又搭便车回到了伊利诺伊州的迪克逊。虽然迪克逊没有电台，但里根的父亲说，蒙哥马利·沃德公司开了一家商店，需要一名当地的运动员去经营它的体育专柜。由于里根在迪克逊中学打过橄榄球，于是就提出了申请。那工作听起来正合适，却未能如愿。里根非常失望，母亲提醒他说："最好的总会到来。"父亲借车给他，于是里根驾车来到了特莱城。

里根试了试爱荷华州达文波特的 WOC 电台。节目部主任是位很不错的苏格兰人，名叫彼得·麦克阿瑟，他告诉里根说他已经雇用了一名播音员。当里根离开他的办公室时，受挫的郁闷心情一下子发作了，里根一边走一边大声地喊道："要是不能在电台工作，又怎么能当上一名体育播音员呢？"之后，里根突然听到了麦克阿瑟的叫声："你刚才说体育什么来着？你懂橄榄球吗？"接着他让里根站在一架麦克风前，叫里根凭想象播一场比赛。结果，里根被录用了。

里根正是因为有着这种坚持不懈的精神，相信总有一天会成功，他牢牢地抓住身边的每一次机会，才会最终让机会抓住了他。事实上每个人都有这样那样的机会，只是有的人抓住了机会，有的人没有耐性，放弃了机会。

历史上许多伟大的成功者，都是靠持久心而有所成就的，他们都在默默地等待着机会的来临。发明家在埋头研究的时候是何等的艰苦，一旦成功，又是何等的愉快。世界上一切伟大的事业，都在坚忍勇毅者的掌握之中，当别人开始放弃无法再做时，他们却仍然坚定地去做。他们都紧紧地抓住机会，努力展现自我，最终，机会也没有辜负他们。

很多人之所以放弃，不是他们追求不到成功，而是因为他们在心里默认了一个"心理高度"。这个高度常常暗示他们：我是不可能做到的，这个是没有办法做到的。于是，他们一次次地降低自己的标准，将本可胜任的成功机会拱手相让。其实，很多困难远没有你想象得那样恐怖，更不是牢不可破的。只要你摒弃固有的想法，尝试着重新开始，你就能摆脱以前的忧虑和消极心理，将机会牢牢地把握在自己的手中。

所以，我们应当及时摆脱自身"心理高度"的限制，打开制约成功的"盖子"，那么我们的发展空间和成功概率将会大大增加。现实中，一些有实力的职业者在职业发展过程中，特别是求职时，由于受到"心理高度"的限制，常常对一些比较好的工作机会（如合适的用人单位、升职机会、发展机会等）望而却步，结果痛失良机，甚至导致经常性的职场挫败感。

"心理高度"决定着我们的人生高度，一个人若想跳出人生的困局，有所作为，就要拨开心理阴霾，不能因为过去的挫败或眼前的困境而降低自己的人生标准，为自己的人生过早地盖上一个"盖子"。

面对人生各种境遇，要相信一切总会好的。抓住身边的每一次机会，说不准哪一次不经意的尝试，就会成为你人生的转折。只要你不放弃机会，机会也就会随时等着你的到来！

机遇没有彩排，只有直播

牌局中常常会出现非常好的赢牌机会，那些懂得取胜的人会紧紧地抓住这来之不易的机会，而那些输牌的人则对机遇视而不见。

许多人坐等机会，希望好运从天而降，这些人往往难成大事。而成功者则往往是积极准备，一旦机会降临，便能牢牢地把握住。机遇对于每个人来说，没有彩排，只有直播。

有个年轻人，想发财想得发疯。一天，他听说附近深山里有位白发老人，若有缘与他相见，则有求必应，肯定不会空手而归。于是，那个年轻人便连夜收拾行李，赶到深山去。他在那儿苦等了5天，终于见到了那个传说中的老人。他求老人给他好运。老人告诉他说："每天清晨，太阳未东升时，你到海边的沙滩上寻找一粒'心愿石'。其他的石头是冷的，而那颗'心愿石'却与众不同，握在手里，你会感到很温暖，而且会发光。一旦你寻找到那颗'心愿石'后，你所祈愿的东西就可以实现了！"

于是，每天清晨，那个年轻人便在海滩上捡石头，发觉不温暖又不发光的，他便丢下海去。日复一日，月复一月，那个年轻人在沙滩上寻找了大半年，却始终也没找到温暖发光的"心愿石"。

有一天，他如往常一样，在沙滩开始捡石头。一发觉不是"心愿石"，他便丢下海去，一粒、二粒、三粒……

突然，年轻人大哭起来，因为他突然意识到：刚才他习惯性地扔出去的那块石头是温暖的……

当机遇到来时，如果你没有提前为机会做好准备，就会和这个年轻人一样将它习惯性地丢掉，与它失之交臂。生活中不是机遇少，只是我们对机遇视而不见。

这就和许多发明创造一样，看起来是偶然，其实那些发现和发明并非偶然得来的，更不是什么灵机一动或运气极佳。事实上，在大多数情形下，这些在常人看来纯属偶然的事件，不过是从事该项研究的人长期冥思苦想的结果。

人们常常引用苹果砸在了牛顿的脑袋上，导致他发现万有引力定律这一例子，来说明所谓纯粹偶然事件在发现中的巨大作用。但人们却忽视了多年来牛顿一直在为重力问题苦苦思索、研究这一现象的艰辛过程。苹果落地这一常见的日常生活现象之所以为常人所不在意，而能激起牛顿对重力问题的理解，能激起他灵感的火花并进一步做出异常深刻的解释，这是因为牛顿对重力问题有深刻的理解。生活中，成千上万个苹果从树上掉下来，却很少有人能像牛顿那样得出深刻的定律来。

同样，从普通烟斗里冒出来的五光十色像肥皂泡一样的小泡泡，这在常人眼里就跟空气一样普通，但正是这一现象使杨格博士创立了著名的光干扰的原理，并由此发现了光衍射现象。

人们总认为伟大的发明家总是论及一些十分伟大的事件或奥秘，其实像牛顿和杨格以及其他许多科学家，他们都是在研究一些极普通的现象。他们的过人之处在于能从这些人所共见的普遍现象中揭示其内在的、本质的联系，而这些都是凭着他们的全力以赴钻研得来的。只有这样为机遇做好了充分的准备，才能发现机遇，进而更好地抓住机遇。

所罗门说过："智者的眼睛长在头上，而愚者的眼睛是长在脊背上的。"心灵比眼睛看到的东西更多。有些人走上成功之路，不乏源于偶然的机遇。然而就他们本身来说，他们确实具备了获得成功机遇的才能。

好运气更偏爱那些努力工作的人。没有充分的准备和大量的汗水，机会就会眼睁睁地从身边溜走。对于机遇，它意味着需要你忍受无法忍受的艰苦和穷困，以及献身工作的漫漫长夜。只有为所从事的工作有充分的准备时，机会才会来临。

拿破仑·希尔说，任何人只要能够定下一个明确的目标，并坚守这个目标，时时刻刻把这个目标记在心中，那么，必然会获得意想不到的结果。

在日常生活中，常常会发生各种各样的事，有些事使人大吃一惊，有些事却毫无惊人之处。一般而言，使人大吃一惊的事会使人倍加关注，而平淡无奇的事往往不被人所注意，但它却可能包含着重要的意义。一个有敏锐洞察力的人，他会独具慧眼，留心周围小事的重要意义。人们也不能把目光完全局限于

“小事”上，而是要“小中见大”“见微知著”。只有这样，才能有更多发现机遇的机会。牌局中也一样，要善于发现牌局中微妙的变化，抓住有利时机赢牌。

我们应当随时为机遇做好热身，努力向着自己的目标奋斗，为目标做好准备，才能够在机遇来临的时候大显身手。

主动发牌，莫对机会欲说还“羞”

在牌局中，如果你总是等着出牌的最佳时机光顾你，那么你就错了，机会需要主动争取，而不是被动接受。

索福克勒斯这样说过：“机会要靠自己争取，机会是一切努力之中最杰出的船长。”而比尔·盖茨曾教导微软的员工：“只要你善于观察，你的周围到处都存在着机会；只要你善于倾听，你总会听到那些渴求帮助的人越来越弱的呼声；只要你有一颗仁爱之心，你就不会仅仅为了私人利益而工作；只要你肯伸出自己的手，永远都会有高尚的事业等待你去开创。”比尔·盖茨之所以能开创辉煌的事业，是因为他总是能够全力以赴，并以他独特的眼光发现身边转瞬即逝的机会。

生活中的许多人常常会舍近求远，到远处去寻找自己身边就有的东西。而机遇往往就在你的脚下。

有这样一个故事。

一位船长讲述道：“天正渐渐地黑下来。海上风很大，海浪是一浪比一浪高。那晚上我们碰到了不幸的‘中美洲’号，我给那艘破旧的汽船发了个信号打招呼，问他们需不需要帮忙。

“‘情况正变得越来越糟糕。’‘中美洲’号的亨顿船长朝着我喊道。‘那你要不要把所有的乘客先转移到我船上来呢？’我大声地问他。‘现在不要紧，你明天早上再来帮我好不好？’他回答道。‘好吧，我尽力而为，试一试吧。可是你现在先把乘客转到我船上不更好吗？’我问他。‘你还是明天早上再来帮我吧。’他依旧坚持道。

“我曾经试图向他靠近，但是，你知道，那时是在晚上，夜又黑，浪又大，我怎么也无法固定自己的位置。后来我就再也没有见到过‘中美洲’号。就在他与我结束对话的一个半小时后，他的船连同船上那些鲜活的生命就永远地沉入了海底。船长和他的船员以及大部分的乘客在海洋的深处为自己找到了最安静的坟墓。”

亨顿船长曾经离这个船长近在咫尺，但亨顿船长却没有抓住这个机会，在亨顿船长面对死神的最后时刻，他肯定深深地自责，但又有什么用？他的盲目乐观与优柔寡断使得许多乘客成为牺牲品！

其实，在我们的生活当中，有很多像亨顿船长这样的人，他们只有在失去之后才会幡然悔悟，认同了那句古老的格言“机不可失，时不再来”。然而，这时一切已经太迟了。

善于利用机会就如同给成功埋下了一粒种子，终有一天，这些种子会生根、发芽、结果，这会给他们自己或是别人带来更多的机会。每个一步一个脚印、踏踏实实工作的人其实正在离机会与幸福越来越近，可以选择的道路也会越来越宽、越来越平坦。牌局中，只有运用自己的主动性不断向机会靠近，才能赢得机会，所以面对赢牌的机会，千万不要对它欲说还“羞”，要抓住它才有成功的可能。

机会的大门是向所有的人敞开的，无论是头脑冷静、温文尔雅的科学家，还是活力四射的学生；无论是谨慎细致的公务员，还是兢兢业业的公司职员，机会的存在形式都是一样的。成功的机会是无限的，在每一个行业中都有无数的机会，但是，每个机会都是稍纵即逝的，除非有人抓住它并善加利用。

每当面对困难时，不妨停下来问问自己：“这个困难之中是不是藏有什么机会呢？”当你发现了机会，你就已经超越你的对手了。常常有人终其一生都在等待一个完美的机会自动送上门，直到他们了解，每一个机会都属于那些主动寻找的人，才后悔不该坐等机会的到来！

如果你对你的未来有具体的计划，不要犹豫了！别蹉跎空候，也别期望成功会自然到来。只有你确定自己所要的是什么，全力以赴地去争取，你才有成功的希望。只有不负责任的人才总是抱怨自己没有机会，没有时间；而那些永远在孜孜不倦地工作着、努力着的人却能够从琐碎的小事中找到机会，并紧紧抓住细小的机会去利用它们完成自己的计划。

每个人的体内都包含了诚实的品质、热切的愿望和坚忍的品格，这些都让人们有成就自己的可能；前方还有无数伟人的足迹在引导着、激励着人们不断前行；而且，每一个新的时刻都给人们带来许多未知的机遇。一个聪明的人，只要把握住这些“未知的机遇”，就能够为人生目标进行拼搏，赢得人生。

那些成功者不会等待机会的到来，而是寻找并抓住机会、把握机会、征服机会，让机会成为服务于他的奴仆。任何机会都可能是他们手中的“金钥匙”。

没有机会降临，就需自己铺路

人生如打牌，不会有过多赢牌的机会降临，许多机会是要靠自己去创造的，人要灵活地为自己赢牌铺路。

现实生活中很多人会抱怨命运对自己不公平：别人为什么会有这样或那样的机遇，而为什么自己就没有呢？有些人总是等着机遇降临来大干一番，比如，获得老板的赏识，对自己委以重任，自己就能够展示最大的才能，但得到老板的赏识哪有这么容易呢？我们也许会梦想着某一天有自己的公司，这家公司拥有良好的设备、优秀努力的员工，自己虽不是商业巨头，但也是那种走到哪里都有人投来赞许目光的人……可是，现实是我们只是现在的自己，而不是这些人。

不过仔细想想，难道那些真正成功的人他们拥有的就都是很好的机遇吗？不是。其实没那么简单，没有哪个机会是很轻易地就降临在某个人的身上，这些人是靠自己的努力，为自己的人生不断创造机遇，最终获得了成功。

我们每个人都有自己的理想和目标，但人生的第一步是必须学会醒目地亮出自己，为自己创造机会。说到底，这是一种观念：是主动出击还是被动选择？这决定着你能不能改变目前的不利现状。

华隆集团的创办人卢俊雄，10 岁时便瞒着家人，带着 10 元钱独闯武汉去寻求机遇，发掘“财源”。

1980 年，父亲给了卢俊雄三本邮票，卢俊雄凭着这些邮票，参加了 1980 年在广州文化公园举行的全国首届邮票展销会。他用卖报卖书的几十块钱，在市青少年宫、火车站、邮票公司等处卖起了邮票，迈出了创业的第一步。

读初二时，他成立了广州第一个自发性的中学生社团——省实集邮社。他帮爱集邮的学生代买各种邮票，从中提取劳务费。上高二时，他组织了中学生集邮冬令营。他将自己对集邮的感受写成文章，寄给香港《邮票世界》杂志，竟获刊登。一些海外邮票商竟纷纷来函寄钱，托他购买邮票。从此，卢俊雄开始进入了“国际市场”，从中赚取差额。

念大学二年级的时候，卢俊雄做了另一次跋涉——给深圳大学一勤工俭学者从广州批发贺卡。他将广州最便宜的批发商的积压品卖出了高价。在开始的时候，他 10 天不到就赚了 3000 多元。

卢俊雄通过《集邮杂志》和邮票公司收集了全国 2000 多个集邮爱好者的姓名、地址，用卖贺卡赚的 3000 多元钱办了份双面 8 开铅印的《南华邮报》，免费寄给这些人。到 1989 年，《南华邮报》已发行 5 万份，拥有 5 万个客户。1991 年 2 ~ 8 月间，由于股市整顿，邮票市场非常兴旺，邮票价格涨了 5 倍，卢俊雄大获其利。

搞了两年的邮票生意，卢俊雄又开始在市中心旧房子上打主意。当时房地产业刚刚兴起，卢俊雄抓住了这个历史性的机遇。在当时房地产市场尚未启动的形势下，他却生意兴隆，财源广进。他再一次使用了自己创造的机会取得了成功。

在不断前进探索的过程中，卢俊雄一步步迈向了成功，难道说从 10 岁那年开始卢俊雄就有别人给予的机会吗？难道说一路上走来，卢俊雄都是有着很现成的机遇吗？没有，这也都是靠他自己的努力才获得成功的。

生活中，失败者等候机会，而成功者寻求机遇。失败者总是不断地抱怨着机会为什么总是那么少，希望机遇能够突然从天而降，自己从今往后就开始“大红大紫”。而机遇都不是凭空而降的，它与一个人不断努力寻求是分不开的。有很多经商的人用心去观察市场，去探求市场的真空，市场中缺什么？重要的商机是什么？未被发掘的商机是什么？他们经过自己努力调查研究，发现这些机遇。为什么这些人总能赚大钱？是因为他们总是早别人一步发现商机。他们不断为自己创造着各种机遇，而不是静静地等待机遇到来，或者跟风看什么挣钱就做什么。

机遇不是空穴来风，它需要我们每个人不断努力寻找。当没有好运气的时候，我们就要努力为自己创造机会，这样才能让机会纷至沓来，才能牢牢地抓住这些来之不易的机遇，为自己开创一片天地！

职场锦囊：让信息为你服务

牌局中，信息的作用相当重要，如对手玩牌的习惯做法、记住打出去的都有什么牌、推测对手手中的牌，等等，这些信息对于打牌时的决策起着至关重要的作用。

信息，是这个时代的重要标志，也是在这个社会的发展过程中起着极为重要作用的资源。一个企业可能会因为一个信息而在发展的过程中受益，一个人可能会因为获得某项信息而成为企业的领军人物；在国与国之间的交战中，不论是经济上还是军事方面的，一个有效的信息就可能让事态化险为夷，或者令对方面临十分危险的局面。信息无论是对于一个国家、一个企业，还是个人，都具有至关重要的作用。对于个人而言，更应该在迈向成功的路上牢牢地把握住信息这道关口，利用好各种信息资源，之后，找准时机，一鸣惊人。

有一个油漆制造公司的会计告诉人们，他有一项非常成功的投机生意。当然，他这个想法也是从别人那里得来的。

“我对于房地产向来没有兴趣，”他说，“我已经当了好多年会计，一直守着自己的工作岗位，不想改行。忽然有一天，有一个经营房地产的朋友约我参加房地产俱乐部主办的午餐会。

“当天的演说人是本地一位德高望重的老先生。他谈到20年后的一些问题，预料本市的繁华区还会继续繁华，并逐渐向四周的农地发展。他同时又预测‘精致农场’的需求会快速增长。这些农场虽然只有2～5亩的面积，但有游泳池、花园以及满足其他业余爱好所需要的空间。

“他的话使人吃了一惊，因为他说的正是我想要的。后来我一连问了好几个朋友，他们也非常同意这一观点。于是我开始研究如何根据这个想法赚钱。有一天我上班时突然想到为什么不买大卖小呢？我已算出，零卖的价格比整块土地的价格高出许多。

“我在离市中心30里的地方找到一块荒地，面积是50亩，只卖9000美元而已，我立刻买了下来。然后，我在地里种了好多松树，因为有一个做房地产的朋友告诉我，现在大家都喜欢树木，而且越多越好。我要顾客都知道这块土地几年以后会长蛮漂亮的松树。

“后来，我又请了一个测量员把 50 亩土地分成 10 块。这时我就可以开始销售了。我收集到几份本市经理人员的名单，开始直接销售。我在信中指出，只要 3000 美元，即相当于一栋小公寓的价钱就可以买到这块地，并且同时指出它在娱乐和健康方面的好处。

“虽然我只在晚上和周末有时间推销，但不到 6 个礼拜，这 10 块土地就统统卖出去了，销售额为 3 万美元。然而全部费用，包括土地、广告、测量费以及别的开支，总共才花了 1.04 万美元而已，我一下子就赚了 1.96 万美元。因为常常接近有识之士，聆听他们的各种创见，我才能大赚一笔。如果当初我这个外行人没有去参加房地产俱乐部的午餐会，就永远也想不出这个计划。”

由于这名会计拥有接近“有识之士”的机会，他很快就赚了一大笔钱。由此可见，一个善于利用信息的人，想取得成功并不难。

一个善于收集信息的人，有着敏锐地发现力，就如同一名记者一样，在得知发生什么事件的时候就能够立刻判断出这则新闻是否具有新闻价值，是否值得去报道，报道之后会有什么样的反响，会产生什么样的效果。

在生活中、工作中，我们就得具备这样的头脑，能够在得知社会信息的时候立刻判断出是否是有用信息，是否能被利用。这种快速判断信息的能力需要我们在生活中不断积累，也源于我们对于生活的留心观察。

成功对于我们来说并不是遥不可及的事情，生活在于多动脑筋、多思考。比如，发现市场中某个项目有待开发，在一个新建的住宅区可以发展饮食、娱乐，甚至开幼儿园等都是一个好主意。利用这些信息，权衡利弊，进行深入的调查分析，作出判断，把握好市场的行情，看是否有利于发展等，简单地说就是在合适的时间做合适的事情。

生活中不是没有机会，只是缺少发现机会的眼睛。我们留心生活，为自己的生活添加一些新的元素，及时收集信息，就会为自己的发展创造机会。在合适的时机出牌，才能成为赢家！

有“心机”才能发现转机

对善于利用机会的人来说，每个牌局都有出路，都能找到翻盘的机会。我们完全可以依靠自己的能力享受美好人生。

在每个人的生活中都会遇到这样或者那样的困难，当面临困境的时候，有的人能够在困境中突围，从而得到更好的发展，而有的人却在困境中被拖垮。之所以出现两种截然不同的结果，是因为：从困境中突围的人认真观察生活的细节，思考转败为胜的良机，并在关键时刻抓住机会，奋力一战，取得成功；而失败者没有动脑筋发现生活的转机，以致耽误了突围的最佳时机而以失败告终。

保罗·迪克刚刚从祖父手中继承了美丽的“森林庄园”，庄园就被一场雷电引发的山火化为灰烬。面对焦黑的树桩，保罗欲哭无泪。但年轻的他不甘心百年基业毁于一旦，决心倾其所有也要修复庄园，于是他向银行提交了贷款申请，但银行却无情地拒绝了他。接下来，他四处求亲告友，依然是一无所获。

所有可能的办法全都试过了，保罗始终找不到一条出路，他的心在无尽的黑暗中挣扎。他想，自己以后再也看不到那郁郁葱葱的树林了。为此，他闭门不出、茶饭不思，眼睛熬出了血丝。

一个多月过去了，年逾古稀的外祖母获悉此事，意味深长地对保罗说：“小伙子，庄园成了废墟并不可怕，可怕的是你的眼睛失去了光泽，一天天地老去。一双老去的眼睛怎么可能看得见希望呢？”

保罗在外祖母的劝说下，一个人走出了庄园，走上了深秋的街道，他漫无目的地闲逛着。在一条街道的拐角处，他看见一家店铺的门前人头攒动，他下意识地走了过去，原来是一些家庭妇女正在排队购买木炭。那一块块躺在纸箱里的木炭忽然让保罗眼睛一亮，他看到了一线希望。

在接下来的两个多星期里，保罗雇了几名烧炭工，将庄园里烧焦的树加工成优质的木炭，分装成箱，送到集市上的木炭经销店。结果，木炭被一抢而空，他因此得到了一笔不菲的收入。不久，他用这笔收入购买了一大批新树苗，一个新的庄园又初具规模了。几年以后，“森林庄园”再度绿意盎然。

保罗虽然在开始痛失庄园，但是一次无意间的发现让他看到事情的新转机，之后经过努力，最终获得成功。

生活中遇到的事情看起来很糟糕，有心人会通过自己的细心发现其中的转机，抓住转机就能获得巨大的成功；对于无心的人来说，这些糟糕的事情就像压在心中的石头一样，一直压着自己，让自己一直不能翻身。

“年轻人的机遇不复存在了！”一位学法律的学生对丹尼尔·韦伯斯特抱怨说。“你说错了，”这位伟大的政治家和法学家答道，“最顶层总有空缺。”

对于善于利用机会的人来说，世界上到处都是门路，到处都有机会。我们能依靠自己的能力尽享美好人生，这种能力既给了强者，也给了弱者。弱者与强者相比较而言，缺少的就是强者的心机和对于生活中的机遇的判断力。

把一块固体浸入装满水的容器，人人都会注意到水溢了出来，但从未有人想到固体的体积等同于溢出来的同体积的水这一道理，只有阿基米德拥有足够的“心机”，注意到这一现象，并发现了一种计算不规则物体体积的简易方法。

生活中的我们可能很贫穷，可能没有别人拥有的资源丰富，但是那些拥有大成功的人也不都是各方面条件都很优越的，他们之所以能成功，是因为这些人有心机。用心发现生活中的每一个转机，一个小小的发现可能会造就一生的成功。在遇到困境的时候，不要一味地沉浸在悲伤的氛围或者一味地抱怨之中，而是要走出来，多看看、多思考外面的世界，或许突然之间的一个发现会让你灵感顿生，一个新的解决困境的方法就由此诞生。而伤心和抱怨是无论如何也不能解决当前的困境的，只会徒添烦恼。对于一个不善于观察生活的人来说，是永远也看不见生活的转机的。

只有擦亮双眼，用心思考，才能发现隐藏在我们生活中一些细小事情上的机会，抓住机会在绝境中逢生，不断前进。

失败也是一次机会

输了牌，能够继续努力才可能取得成功。正确地面对失败，失败就会成为一次机会，成为从输牌到赢牌的转折点。

在决定一件事情的时候，人们总是害怕会失败。比如，我们想尝试进行一次投资，但又怕血本无归；我们想向某个女孩子表白，又害怕被拒绝；在第一次网上购物的时候，我们怕自己上当受骗等。生活中有太多的惧怕就是因为担心失败，所以人们常常会裹足不前。而事实上，失败很可能也是一次机会，但如果不去尝试，那么连成功的可能都不会有。

失败其实并不是很可怕的事情，失败了又如何？只要人在，又有何惧？人常言："留得青山在，不怕没柴烧。"如果你能正确面对失败，不被这次的失败所牵绊，认真总结经验，那这次的失败有可能会成为一次机会。

这是一个人的经历：

22 岁：生意失败；23 岁：竞选州议员失败；24 岁：生意再次失败；25 岁：当选州议员；26 岁：情人去世；27 岁：精神崩溃；29 岁：竞选州长失败；34 岁：竞选国会议员失败；37 岁：当选国会议员；39 岁：国会议员连任失败；45 岁：竞选参议员失败；47 岁：竞选副总统失败；49 岁：竞选参议员再次失败；51 岁：当选美国总统。

这个人就是林肯。许多人认为他是美国历史上最伟大的总统。但是很少有人知道，他的成功是建立在一连串的失败之上的。"失败"是个消极的字眼，但是不可避免，我们每个人在人生的道路上，都会或多或少地遇到它。美国作家爱默生曾说过："一心向着自己目标前进的人，整个世界都给他让路。"我们之所以害怕失败，就是因为我们从来就没有想过自己也可以成功，也可以站在万人瞩目的成功舞台上。

当你一路走来，突然之间的失败可能让你感到措手不及，没有任何防备，你会沮丧，会感到以前从没有过的挫败感。但是，或许正是因为这一次的失败才使得你开始思考自己以前的种种生活情形，不断地反思、总结，从而改变生活，改变以前的不当做法，在失败中吸取经验教训，使得以后的路走得更加踏实、认真。那这样的失败实际上是人生的一大好事，它给人提供了一个改变自我、反省自我的机会，为今后的成功打下了坚实的基础。

美国亚特兰大有一个业余药剂师潘伯顿，他想研制一种令人兴奋的药，他用桉树叶作为材料，做了很多努力，药效却不好。一天，一个患头痛的病人前来就医。潘伯顿让店员给患者配制药，可是，店员在配药时，不是冲入了清水，而是误将苏打水冲进了药瓶。病人饮后，才发觉配方错了，所有人都大惊失色。但奇怪的是，病人的头痛症减轻了，而且没有发生不良反应。过了几天，潘伯顿受到了启发，他把头痛药和苏打水进行冲兑，发现这些液体芳香可口，益气提神。结果，经过他的改良，这种药品变成了饮料，那就是可口可乐，风靡全世界。

可口可乐的发明正是因为一次偶然的机会，而这个机会也是因为那次不经意的失败使得潘伯顿产生灵感，之后可口可乐就诞生了。谁能说失败不是一次机会呢?

所以，在生活中，我们应敢于尝试，不要惧怕失败，失败了大不了重新再来，也很可能你因为这一次的失败就会突然发现另一个走向成功的秘诀。

“我们浪费了太多的精力和时间，”一位助手对爱迪生说，“我们已经试了两万次，可仍然没找到可以做白炽灯丝的物质！”

“不！我们已经知道有两万种不能当白炽灯丝的东西。”

这种精神使得爱迪生终于找到了钨丝，发明了电灯。

不过，假若一个人没有在失败中不断地总结，吸取以前的教训，那失败也只能是毁灭，而不是一次机会。不总结自己失败的原因，下一次还会在原来的地方跌倒。

错误和失败是迈向成功的阶梯，每一次失败都是通向成功不得不跨越的台阶。有志气、有作为的人，并不是因为他们掌握了什么走向成功的秘诀，而是因为他们在失败面前不唉声叹气、不悲观失望，将失败看作人生的一次机会，并为之努力奋斗，所以他们取得了令人羡慕的成功!

第五章
总有一种优势可以扭转牌局

总有一张拿得出手的好牌

不论处于什么样的困境，每一个人都要相信，自己身上永远有着一张拿得出手的牌。在生活中不断地发掘自身的潜力，认识自我，就可以在关键的时候打出这张牌并最终获胜。

上帝对每一个人都是公平的，世界上没有一个人是十全十美的，有的人拥有财富但没有健康，有的人没有美貌却拥有智慧，有的人没有好的身材但有着很好的音色……每个人的身上都有自己独特的地方，假如我们能够充分了解自己较之于别人比较出色的地方，并在这方面发展，就更有希望取得突出的成就。

我们时常不明白自己身上最突出的是什么，存在于自己身上的财富是什么，所以时常迷茫困惑。许多毕业生在找工作的时候不明白自己要找什么样的工作，不明白自己想干什么，甚至连能干什么都是很模糊的，所以很长时间都是碌碌无为。

为什么有的人在平凡的工作中却干出了不平凡的业绩，而有的人终生都一事无成？问题在于人们常常看不清自己，没有认清自己所拥有的一切。不论是你的外貌、你的才能、你的身高、你的人脉等，都是你的资本。只是你有时不能很好地利用这些资源，导致很多机会的错失。

罗琳太太是一家大公司的清洁工，她手脚不是很勤快，但嘴巴总是闲不住，经常与人搭讪，身边的手机也是天天响个不停，好像比公司的经理还要忙。

一天，公司的员工们聚在一起聊天，汤姆突然感叹道："我们连罗琳太太都不如啊！"见别人诧异，他又说："你猜她每个月能赚多少钱？"

一个清洁工，薪水再高能高哪儿去？有人说500美元，有人说800美元，汤姆摇摇头，伸出了4个指头，于是有人就“大胆”地预测：“不会是4000美元吧？挺厉害的呀。”

“什么4000美元？是4万美元！她每个月至少可以赚4万美元！”

“不会吧？”大家惊讶得眼珠子都差点掉下来。

“是她自己跟我说的。”汤姆笑着说，“罗琳太太还说，做清洁工只是一个平台。我觉得她完全可以做一个CEO了！”

原来，罗琳太太凭借在公司做清洁工，打听公司里谁需要找钟点工，谁需要租房子，然后就当起了中介，收取中介费。罗琳太太还买了一套房子，并以1万美元的月租把这套房子租给了一个大公司的总裁。

罗琳太太借清洁工这个平台延伸出的另一项业务是卖保险。公司里面有不少员工都已经向罗琳太太买了几万美元的保险。

罗琳太太善于运用自己所拥有的东西，利用善于和人打交道的特长寻找适当的客户，选择合理的沟通方法，并适时地转变经营项目。

在日常生活中，当两个企业之间进行竞争的时候，如果其中一个企业能够充分发挥自身企业优于对手的地方，认识到对方的弱项，并对自己的强项进行深入发掘、发展，那么就很有可能在竞争中取胜。

一个人的身上总有闪光的地方，就像电视剧《士兵突击》中的许三多一样。他虽然不是很聪明，但是他身上表现出来的是人最本质、最纯真的东西。我们每个人都可以做出惊人的成绩，如果将自身拥有的最突出的、不同于别人的优秀本能发掘出来，那我们就会离成功越来越近。

成功攻略：兔子学跑步，鸭子练游泳

不能让猪去唱歌、让兔子去学游泳。牌局也一样，要想成功，就要扬长避短，最大限度地发挥自己的优势，才能将牌打得很出色。

在美国，有一个寓言故事一直被人们广为流传，它取自名为《飞向成功》的畅销书。这个寓言故事讲的是：

为了像人类一样聪明，森林里的动物们开办了一所学校。学生中有小鸡、小鸭、小鸟、小兔、小山羊、小松鼠等，学校为它们开设了音乐、跳舞、跑步、爬山和游泳5门课程。第一天上跑步课，小兔兴奋地在体育场地跑了一个来回，并自豪地说："我能做好我天生就喜欢做的事！"而看看其他小动物，有噘着嘴的，有沉着脸的。放学后，小兔回到家对妈妈说："这个学校真棒！我太喜欢了。"第二天一大早，小兔蹦蹦跳跳来到学校，上课时老师宣布，今天上游泳课。只见小鸭子兴奋地一下子跳进了水里，而天生恐水、不会游泳的小兔傻了眼，其他小动物更没了招。接下来，第三天是音乐课，第四天是爬山课……学校里的每一门课程，小动物们总有喜欢的和不喜欢的。

这个寓言故事诠释了一个通俗的道理，那就是：不能让猪去唱歌，让兔子去学游泳。要想成功，小兔子就应该练跑步，小鸭子就应该练游泳，小松鼠就得练爬树。想成功就要扬长避短，最大限度地发挥自己的优势。只有发挥自己的优势，避开自己的劣势，才能很好地利用自己手中的牌。

诺贝尔奖获得者无疑都是取得杰出成就的人士，总结其成功之道，除了超凡的智力与努力之外，还有就是他们都能扬长避短，最大限度地发挥自己的优势。如爱因斯坦的思考方式偏向直觉，所以他就没有选择数学，而是选择更需要直觉的理论物理作为事业的主攻方向。

成功者的成功事实向我们证明：如果你能扬长避短、顺势而为，将自己的优势发挥得淋漓尽致，就会事半功倍、如鱼得水；如果你选择了与自身爱好、兴趣、特长"背道而驰"的职业，那么，即使后天再勤奋弥补，耗费了九牛二虎之力，也是事倍功半，难以补拙。因为，才干是一个人所具备的贯穿人生始终且能产生效益的感觉和行为模式，它是先天和早期形成的，一旦定型就很难改变。而优势，是指一个人天生做一件事就比其他人都做得好。因此，你应该知道自身的优势是什么，并将自己的生活、工作和事业发展都建立在这个优势之上，这样方能成功。

成功心理学家发现，每个人都有天生的优势。一个人拥有优势的类型和数量并不重要，最重要的是，是否知道自己的优势是什么，从而做到扬长避短。

曾是美国NBA夏洛特黄蜂球队队员的博格士从小就立志要加入NBA，然而身高仅1.60米的他曾引起无数人的嘲笑。但他并没有放弃，凭借矮个子重心低、控球稳的优势，经过努力训练，终于成为一位优秀的球员。大量的事实说明，一个人有短处并不可怕，关键是要学会扬长避短，若能如此，成功就不会遥远。

当一个人避开了自己的短处时，就如拥有了坚实的后盾，他就会不怕别人的袭击，镇定自如。正如一支军队作战，若想取胜，必须先学会防守。当然，一味地避短是消极的；在避短的同时，还必须要懂得扬长。人在避短和扬长中不断前进和发展。对于一个企业来说，在发展的过程中就更要注重企业自身优势的最大化发挥。比如，对于化妆品而言，有的走高端路线，有的走大众路线，它们所面向的对象不同，所以各有所长。如果一个产品没有自己明确的定位以及自己的所长，就不会在大众的心目中形成一个很鲜明的印象，产品的销量也会因此受到影响。

尽管我们都知道扬长避短的重要性，但在如何看待自己的弱点或劣势的问题上，往往存在着两种误区：一是在发挥自己优势的同时，要弥补自己的劣势；二是在发挥自己的优势的同时，要克服自己的劣势。大家都知道，一个人的弱点或缺点，就像物理学上的位置变化一样，是一个相对的概念，是相对于不同的参照物而言的。从这个角度来说是缺点，而从另外一个角度来看则可能是优点。而且“江山易改，本性难移”，一个人花在弥补、克服弱点上的时间所产生的效益，要比花在发挥优势上的时间所产生的效益低得多。

所以，一定要在如何发挥自己的优势上下功夫，最大化地创造自己的价值。对于所谓的缺点、劣势、弱点，应该想办法避免。

人的智能发展不是均衡的，人都有优势和劣势。一个人一旦找到自己的优势，便可在人生的牌局上取得惊人的成绩。所以，一定要设法发挥自己的优势，在最合适的时候亮出自己的王牌。

雷人牌招：把简单的招数练到极致

打牌看似简单实则高深，那些能在牌局上叱咤风云的人，并不是天生就是打牌高手，而是在长时间的“磨炼”中，把简单的招式练到了极致。

在武侠剧中，我们常常会看到这样的情形：很多人都有自己独特的招数，而这个招数是别人不能与之匹敌的，比如郭靖的绝招是降龙十八掌，梅超风的绝招是九阴白骨爪，令狐冲的绝招是独孤九剑，张三丰的绝招是太极拳等。当这些人拿出自己的看家本领时，别人都会倒吸一口冷气，吓出一身冷汗，想不出拿什么来迎战。自己既不会凌波微步，又没有葵花点穴手，怎能战胜别人？其实，没有独到的功夫照样可以制胜。

《士兵突击》中的许三多，谁又能说他有什么绝招呢？他什么都没有，甚至比我们还要显得“笨”一点儿。一个开始的时候连正步都踢不好，木讷得有些傻的人，靠什么走向了成功的最高点？其实很简单：踏实、勤奋、认真，将最简单的事情做到最好。在草原五班那样的环境下，许三多每天坚持踢正步，认真地修了一条路，而这条路是别人想修却总懒得动手去修的路。将最简单的招式练到了极致，就是他的“绝招”。

生活中，做一件简单的事情并不难，难的是每一件简单的事情都做得非常好。古往今来，但凡有所成就的人都是那些勇于坚持的人，能够把每一件简单的事情都做好，其实就是最大的绝招。

在古希腊一个新学期的清晨，苏格拉底对学生们说：“今天咱们只学一件最简单也是最容易的事，每人把胳膊尽量往前甩，然后再尽量往后甩。”说着，苏格拉底示范了一遍。“从今天开始，每天做 300 下。大家能做到吗？”学生们都笑了，这么简单的事，有什么做不到的？

过了一个月，苏格拉底问学生们：“哪些同学在坚持着每天甩手 300 下？”有 90%的同学骄傲地举起了手。又过了一个月，苏格拉底又问同样的问题，这回，坚持下来的学生只剩下八成。一年过后，苏格拉底再一次问大家：“请告诉我，最简单的甩手运动，还有哪几位同学在坚持？”这时，整个教室里，只有一个人举起了手。

这个学生就是后来成为古希腊另一位大哲学家的柏拉图。

世间最容易的事常常也是最难做的事，最难的事也是最容易做的事。说它容易，是因为只要愿意做，人人都能做到；说它难，是因为真正能做到并持之以恒的终究只是极少数人。半途而废者经常会说“那已足够了”“这不值”“事情可能会变坏”“这样做毫无意义”，而能够持之以恒者会说“做到最好”“尽全力”“再坚持一下”。龟兔赛跑的故事也告诉我们，竞赛的胜利者之所以是笨拙的乌龟而不是灵巧的兔子，这是因为兔子在竞争中缺乏坚持不懈的精神。成功靠的不是力量，而是韧性，竞争常常是持久力的竞争。有恒心者往往是笑在最后、笑得最开心的胜利者。

能够把每一件简单的事情做好就是最大的不简单。任何一件事的成功都不是偶然的，它需要你耐心地等待。同样，一个人做事不坚持，他就很难看到成功，因为他在成功到来之前就放弃了。一个人的毅力决定了他在面对困难、失败、挫折、打击时，是倒下去还是屹立不动。对于企业来讲也是如此。一个企业不能单单靠着“一时的冲劲”，它需要长期地坚持才能做好。有些饭店在刚开张的一段时间内饭菜做得很好，服务也好，得到不少顾客的认可。但刚刚有了起色，他们自己就开始懈怠了，不仅饭没有以前好吃了，在服务上也日渐不如从前，原有的顾客群对它失去信心不再光顾，于是，饭店开始经营惨淡，之后做了不少事情弥补也很难见效。所以，要成功，要有坚持做一件事情的毅力。这就和打牌的道理一样，看似简单实则高深，那些能赢牌的人其实并不是天生就是打牌高手，他们只是在长时间的“磨炼”中，把简单的招式练到了极致。

做一件简单的事情并不难，但能够把每一件简单的事情都做好并非易事，要有恒心、有毅力才能够持之以恒，还要有自己的原则和底线，才能够坚持自我。唯有如此，才能够把简单的事情变得意义非凡，才能将简单的招式练成自己的绝招！

优势不是一张“画皮”

打牌时，我们没必要为手中的几张坏牌而耿耿于怀，一手牌不可能每一张都是非常好的，只要利用好手中牌的优势就可以掩盖牌中的缺点，赢了这一局。

我们每个人都可能不满意自己身上的某些方面，比如，觉得自己的相貌不够漂亮，对自己的身材不满意，觉得自己不够聪明，或者对自己的家庭背景不满意等。总之，每个人都可能会有这样或者那样的缺憾。不要在这些缺憾上计较太多，因为你没有看到自己的优势，一个人可以利用自身的优势去弥补自身的不足。优势不是一张“画皮”，不是一个空壳，而是让你迈向成功的基础。

假如你没有显赫的家庭背景，你可以利用自己的聪明和勤劳努力向着自己的目标奋进，不断地学习、积累，你也一样可以很成功，成功是不会拒绝一个聪明且勤奋的人的；假如你没有高挑的身材，但是你可以拥有自身的品位和涵养，一个身材不高挑但是有涵养、有才华的人浑身所散发出来的魅力，是远远大于一个外貌好看、身材高挑但是没有教养的人的；或者你觉得自己不够聪明，但是你踏实、勤奋、能吃苦，你一点儿也不比那些喜欢耍小聪明的人笨，通过自己踏踏实实地学习、慢慢地积累，为自己今后的发展打下了坚实的基础，这远远比那些只知道走捷径的人成功的概率要大得多；你虽然不比别人更擅长于某项技术，但是你拥有丰富的人脉资源，你也一样可以利用自己手中的人脉资源将这项工作做得很出色。

其实，人们如果能够积极地发展自己的优势，将自己的优势发挥到极致，就完全可以弥补自身的不足之处，所以我们没必要为自己的不足耿耿于怀。上天也不可能让你什么都是最好的，它给了你好的一面，自然也会给你不好的一面，我们需要做的就是利用自己的优势，让它的作用发挥到极致。

人们常说"情人眼里出西施"，和这个道理是相通的。为什么情人眼里的人都是完美无缺的？就是因为人更大化地看到了某个人的优点，这个人的缺点就被他的优点所掩盖，给人的印象就是完美的。而实际上他是完美的吗？他可能很有才华，但是他也可能脾气很不好，但是在这时候，他很有才华这个优点已经将他脾气不好这个缺点掩盖了，你眼里看到的都是他的才华。

现代玩具之父、美国人瓦列梅克，创业初期手里只有1000美元，但凭着对玩具进行革命性的改进，他成了富翁。

那时候的玩具主要是木偶，硬硬的，没有一丝生气，放在桌上欣赏一下倒还可以，要是让孩子们拿着玩，就很快令人乏味了。瓦列梅克想，为什么不让这些木偶的手臂活动起来呢？他想了很久，却没有想出什么办法。

有一天，他在马路边等车，注意到车轮滚动的情形：车轮用轴穿着，装在车厢底下，只要轴装得牢固，轮子滚动时便不会发生障碍了。他突然灵机一动，不由自主地将两支手臂向前伸直，不断地转动着。转了好一会儿，瓦列梅克发狂似的奔回家里，他找出一把小锯子和一个长柄的手钻，随手拿起桌上的一个木偶，就将它的两条手臂锯下，然后在锯口当中钻了一个小孔，再插进一根小圆铁条，最后把那两条锯下来的手臂装在小圆铁条上。他轻轻转动木偶的左手，它的右手也跟着转动了。"改造"过的木偶逗得孩子们大笑。瓦列梅克马上把这个木偶样本交给一个木匠去仿做，先行试做1000个。

他把做好的木偶拿回来涂色，色彩配置得非常鲜艳悦目。这1000个试验品拿到百货公司推销时大受欢迎，不到3天便全卖光了。他还接到了12万个转臂木偶的订单。

瓦列梅克一鼓作气，又创造了活腿木偶，开设了一家拥有370个工人的工厂。后来，瓦列梅克又突发奇想，将这些会转动的木偶改造成了可以自动走路的玩具。上市第一天，这些玩具光在纽约便售出了17万个。

瓦列梅克的异想天开，其实就是发挥丰富的想象力。这是容易被人们忽略的一种能力。善于想象、敢于想象，也是一种不可多得的优势。它能帮你开拓思维空间，在工作和事业上经常爆发出灵感的火花，得到一个又一个的“金点子”，取得意想不到的成就。

这就像打牌一样，你手中的牌不可能都是坏牌，只要你发挥好好牌的作用，就可能扭转牌局，反败为胜。

人生难免会遇到各种各样的问题，每个人也都会遇到大大小小的问题，这时候我们用什么去战胜这些困难呢？这个答案就是优势。在自己的生活和事业中碰到困难时，优势的发挥往往会让人得到意想不到的收获。

本科毕业的谭伟，在学校时成绩和表现都不突出，但令同学们大吃一惊的是，他一路过关斩将，进入了竞争很激烈的《晨报》做了一名“无冕之王”。谭伟为什么能脱颖而出呢？原因在于他展示了自己的习作特长。大学期间，他已经在各级刊物上发表过数十篇文章。当《晨报》要招聘5名记者时，谭伟踊跃尝试。他凭借自己优美的文笔和缜密的分析问题能力赢得了考官的青睐，顺利地通过初试，进入复试。

复试时，总编让他们跟着一位记者去采访，每人写一篇新闻稿回来。到达现场时，他们发现事件并不复杂，是一个私营老板拖欠员工工资的事件。别人只花了半个小时就完成了稿子，但是谭伟意识到：一篇不足300字的新闻稿怎么能分出各人的高下？再说拖欠工资的事情也早已经不是新闻，如何写得更加有特色呢？他决定做一个深度报道，更多地从法律的角度予以探讨，这是谭伟的优势。于是谭伟大胆地对总编说：“给我两天时间，后天的这个时候我准时交稿。”总编以为谭伟还没写出来，皱了皱眉头，但还是应允了。

回到宿舍，经过一个晚上的思考，谭伟草拟出了一个提纲：一、备忘：把一年来省内发生的同类事件汇集到一起；二、为什么：对事件发生的原因进行考察；三、怎么办：怎样防止这类事件的再次发生。用了一上午的时间，谭伟在图书馆把全年的省内主要报纸通翻了一遍，找到了7篇同类事件的报道；他中午打车去对昨天的事件重新采访，主要是听受害者的声音；晚上他去找系里的民法专家，请他谈员工如何依法维护自己的权益以及权益受到侵害时如何寻求法律救助。

第二天，他用了一上午写成了一篇近4000字的报道。当他把打印稿交到总编手里时，总编大吃一惊，看过后，当即签发，并且满面春风地对谭伟说："你明天就来实习，跟刘主任跑。"文章见报后，社会反响挺不错，并且引起了政府有关部门的重视。

谭伟正是利用自己写作的优势，利用自己对法律方面知识了解的优势，一路过关斩将，最终赢得成功。在成功的道路上，一个人的优势起到了极其关键的作用，甚至可以说是至关重要的作用。

明白优势的重要作用之后，人们就应当充分利用自己的优势，如果比较擅长与人交流，那么你更适合于公关、心理咨询、记者之类与各种人打交道的工作，这样才能够发挥自己出色的交际能力，把工作干得更好。

优势就是一个人最闪光的地方。因为是优势，所以在面对的时候，人往往会充满自信，更有信心去做好它，身上的潜能也会得到进一步的发挥；因为是优势，所以放得开去做事情，就更能做好事情。

在竞争日趋激烈的社会上，想要脱颖而出，并不是一件容易的事，发挥优势将助你一臂之力。我们要很好地利用自己的优势，使自己的优势成为自己成功的路径。

微笑也是一种优势

微笑，就如盐之于食物，是生活中不可缺少的一部分；微笑是无声的语言，而且"无声胜有声"。

许多人的成功在很大程度上是因为他的个性、魅力和亲和力，而个性中，最吸引人的就是那亲和的笑容。其实微笑也是一种优势。在适当的时候、恰当的场合，一个简单的微笑就可以创造无穷的价值。

俗话说得好："一笑解千愁。"有一副对联也说："眼前一笑皆知己，举座全无碍目人。"

没有人能轻易拒绝一个笑脸。而笑是人类的本能，微笑也有着神奇的魔力。真诚的微笑是交友的无价之宝，是社交的最高艺术，是人们交际时一盏永不熄灭的绿灯。

同样的肢体语言，在不同的场合，可能会有不同的寓意。比如在希腊和尼日利亚，摆手就是一种极大的侮辱，尤其是当你的手接近对方脸部时；"再见"式挥手在欧洲意味着"不"，但在秘鲁却意味着"请过来"；在巴西，将你的拇指和食指相接——一个美国人的"OK"标志——意味着"见鬼去吧"；当与马来西亚或印度客户一起吃饭时，不要用左手进餐……然而有一种交流方式却是全球通用的，这便是微笑。微笑是我们这个星球上最通用的语言。

有一次，底特律的哥堡大厅里举行了一次盛大的汽艇展览会，人们蜂拥而至。在展览会上，人们可以选购各种船只，从小帆船到豪华的游艇都可以买到。

在这次展览中，一位来自中东某产油国的富翁站在一艘的大船面前，对他面前的推销员说："我想买艘价值2000万美元的汽船。"这对推销员来说是求之不得的好事。可是，那位推销员只是直直地看着这位顾客，以为他是疯子，没加理睬，他认为这个人是在浪费他的宝贵时间，所以，他脸上冷冰冰的，没有笑容。

这位富翁看了看这位推销员，看到他的脸上没有一丝笑容，然后走开了。

他继续参观，到了下一艘陈列的船前，这次他受到了一个年轻推销员的热情招待。这位推销员脸带微笑，那微笑就跟太阳一样灿烂，这使这位富翁有宾至如归的感觉。所以，他又一次说："我想买艘价值2000万美元的汽船。"

"没问题！"这位推销员说，他的脸上挂着微笑，"我来为您介绍我们的系列汽船。"之后，他详细地介绍各种价格相当的汽船。

这位富翁签了一张500万元的支票作为定金，他对这位推销员说："我喜欢人们表现出一种他们非常喜欢我的样子，你现在已经用微笑向我推销了你自己。在这次展览会上，只有你让我感到我是受欢迎的。明天我会带一张1500万美元的支票来。"

这位富翁很讲信用，第二天他果真带来了支票，买下了价值2000万元的汽船。

这位推销员用微笑把他自己推销出去了，并且连带着推销了汽船。在那笔生意中，他可以得到20%的佣金。

微笑不需要花费什么，但是它创造了许多奇迹。它丰富了那些接受它的人，而又不使给予的人变得贫瘠；它产生于一刹那，却给人留下永久的记忆。当我们面带微笑去做事时，回头看看效果，你必然自己都大吃一惊。微笑永远不会使人失望，它只会使你更受欢迎。微笑能建立人与人之间的好感，它是沮丧者的兴奋剂，悲哀者的阳光。所以，如果你想得到别人的欢迎，请给人以真心的微笑。

微笑，可以缓和紧张的气氛，调节庄严的氛围。在严肃的报告会上，在长时间的比较枯燥的课堂上，主讲人适当地开个小玩笑，可以打破紧张沉闷的气氛，重新调动听者的注意力。

微笑，可以消除客人的拘谨。当客人来访时，主人以笑脸相迎，会使客人感到自由、轻松、愉快。

有句谚语说得好："微笑是两个人之间最短的距离。"人际交往中离不开笑，一个没有微笑的世界简直就是人间地狱。

建议每个人都随身带一面小镜子，每当生气、厌恶、消沉、无精打采时，强迫自己"制造"笑容。养成每天早晚制造笑脸的好习惯，因为幸福来自笑脸，健康来自笑脸，修养来自笑脸，交际来自笑脸。

没有人愿意看一副苦瓜脸，谁都愿意看到笑脸，有谁会讨厌或拒绝一个真心对你微笑的人呢？

请不要忽视微笑的魔力，在人际交往中，努力保持最真诚的微笑，那么，它会为你创造无穷的价值。

"考碗族"不一定能端好碗

打牌中，每个牌手在拿到牌的时候，就应该清楚在这场牌局中自己的位置在哪儿。

"铁饭碗"让很多人眼睛发红，于是每年都会有大批大批的人进军公务员考试，跨入"考碗族"行列，其前仆后继的架势让人惊叹不已。但是在加入"考碗族”时，想过自己是否喜欢这个职业吗？自己适合步入“碗族”吗？估计加入这个行列的理由都是有“碗”可端，但等到真正开始工作，这些“端碗族”不见得能够端好他们的碗。

其实，生活中我们往往不明白自己的位置在哪里、应该如何把握自己，所以常常随大流，以致日后后悔不已。只有找准自己的位置才能更好地发挥才能，应变自如。

每个人的能力总是有限的。有些人精力旺盛，认为没有自己做不到的事。其实，精力再充沛，个人的能力还是有限的，超过这个限度，就是人力所不能及的，也就是你的短处了。每个人都有自己的长处，同时也有自己的不足，这就要求你要选择一项适合自己的工作，充分发挥长处，这样才能既保证自己能够胜任，又不会“大材小用”。

然而，很多人不知道自己需要什么。威特勒教授的研究结果和经历证实，与其让双亲、老师、朋友或经济学家为我们制订长远规划，还不如自己来了解一下我们擅长做什么。

由于中学时一直成绩优异，威特勒被安纳波利斯的美国海军专科学院录取。为了取悦父亲，他上了这个定向于工程学的学校，但是却不知不觉地远离了他天生喜爱的专业——通信。后来的海军生活使他懂得了约束自己、调整目标和协调工作。但是，他找到真正喜爱的、能够显示自己才能的职业却花了将近30年。

在人的一生中，能够正确地选择一个适合自己的工作的确不是一件容易的事情。那么，应当如何找到自己能够胜任的适合自己的工作呢？

选择自己能胜任的工作包含着3层含义：

第一，这是一份符合自己性格特点的工作，这工作适合你。找到这样一份工作的前提是你充分了解自己的性格等特点，并明确地知道自己想做什么和怎样去做，即有个明确的目标，并有达到目标的具体方案。

我们要在平时的生活、学习中锻炼自己，让自己知道该做什么、该怎样做，这对我们的发展益处颇多。

第二，自己能做这份工作。这需要你对自己的各方面能力有个正确的认识，既不过分低估自己的能力，也不过分高估自己的能力。

很多人过低估计自己，而且又不尝试做些事情去发挥自己被忽略的能力，这绝非偶然。因为他们的行为准则是中庸的，他们追求平均，而且不想全部发挥出他们的实际能力。

在美国一所学校，教师对学生做了一项调查，结果是50个学生中只有一个具有天赋。按照他们对“天赋”的理解，他们承认孩子们具有潜在的超常能力。但拥有这些超常的能力又能怎样呢？教师压制了它们，在教学上一味地搞平均主义，一味地折中，直至大多数具有天赋的学生也渐渐适应了中庸。

学生们深信：只有我得了高分才会得到承认，而当我致力于我的兴趣爱好并继续发展时，我就得不到承认。所以，他们从来不知道自己能做什么。

第三，这份工作自己能够做好。这是一个自身能力与目标和现实相互协调、相互统一的过程，也是“胜任工作”所能达到的最高境界和最终目标。

“做”与“做好”是不同的，“做好”是“做”的延伸和结果，中间要加入你自己的主观努力和对客观事物的把握。“做”一件事不难，但“做好”一件事并不容易。这需要你既了解自己的能力范围，又了解工作对能力的要求程度，随后适时地调整自己，以达到最好。

所以，在选择工作或者规划自己的职业生涯时，我们应该充分考虑上述3个方面的因素，真正做到量力而行，这样才能让自己获得真正的发展。

没有绝对的好牌与坏牌

如果一张坏牌用对了地方，它就是一张好牌；如果一张好牌用错了地方，它就是一张坏牌。所以在牌局中，要善于将坏牌用在对的地方，让它成为好牌。

有的时候，人的劣势未必就是劣势，只要你肯努力，你也可以将自己的劣势转化成优势。

有两个水桶，分别吊在一位挑水夫的扁担的两头，其中一个桶有裂缝，另一个则完好无缺。在每趟长途挑运之后，完好无缺的桶总是能将满满一桶水从溪边送到主人家中，但是有裂缝的桶到达主人家时，却只剩下半桶水。

两年来，挑水夫就这样每天挑一桶半的水到主人家。当然，好桶对自己能够送整桶水感到很自豪。破桶呢？对于自己的缺陷则非常羞愧，它为只能负起一半的责任感到很难过。

饱尝了两年歉疚之情后，破桶终于忍不住了，它在小溪旁对挑水夫说："我很惭愧，必须向你道歉。"

"为什么呢？"挑水夫问道："你为什么觉得惭愧？"

"过去两年，因为水从我这边一路漏，我只能送半桶水到主人家，你做了全部的工作，但却只收到一半的成果。"破桶说。

挑水夫说："在我们往主人家走的路上，我要你留意路旁盛开的花朵。"

果真，挑水夫走到山坡上时，破桶眼前一亮，它看到缤纷的花朵开满路的一旁，沐浴在温暖的阳光之下，这景象使它开心了很多！但是，走到小路的尽头，它又难受了，因为一半的水又在路上漏掉了！破桶再次向挑水夫道歉。

挑水夫温和地说："你有没有注意到小路两旁，为什么只有你那一边有花，好桶的那一边却没有开花呢？我明白你有缺陷，因此我善加利用，在你那边的路旁撒了花种，每回我从溪边来，你就替我一路浇了花。两年来，这些美丽的花朵装饰了主人的餐桌。如果不是你这个样子，主人的桌上也没有这么好看的花朵了！"

我们常常就像这个有裂缝的桶一样伤心于自身的缺陷，为自身的不完美而感到遗憾，甚至是沮丧，而很难有挑水夫的这种心境以及利用弱势的本领。因为自身的弱势，我们觉得抬不起头；因为弱势，我们变得没有自信，不能实事求是地看待自己，不能从自身条件不足和所处的不利环境的局限中解脱出来，去做自己想做的事。

一个人要直面不完善的自我，要相信自己总有能做得很好的事情。

著名的京剧表演艺术家、麒派艺术的创始人周信芳，在其表演艺术渐趋成熟、日臻完美时，不幸的事发生在了他的身上：嗓子哑了。

对一个以唱为主的演员来说，"倒仓"是个致命的打击，为此，有的人不得不改行或靠要花腔来遮丑。不过，周信芳对此一不气馁，二不取巧，他决心闯出一条新路来。

他冷静地分析了自己的嗓音条件，经过反复思考，决定在唱腔上讲究气势，学"黄钟大吕之音"。为此，他首先坚持不懈地下大力气练气，做到发声气足洪亮，咬文喷口有力；又特别在体会角色的思想感情方面努力，确切地表现出人物的性格、气质。

经过长期的钻研、探索，周信芳不仅没有受“倒仓”的限制，反而形成了苍劲强烈、韵味醇厚的特色，创造了独树一帜的麒派艺术。

很多事情都是如此，当一件事情大家都觉得不好的时候，往往是机会到来的时候。嗓子哑了成为周信芳的一个劣势，而从另一个角度来看，也是他的优势：他可以尝试很多前人没有走过的路，可以不陷入思维定式中。

一个人的优势往往是他的劣势，而劣势往往是他的优势，前提是我们要学会从不同的角度观察事物。人最大的失败就是给自己下一个定论。这就像在牌局中，其实没有什么好牌、坏牌，只要用对地方，它们都是有用的牌。

“金无足赤，人无完人。”每个人都会有自己的劣势和缺陷。有些人面对自己的缺陷，总是想办法遮掩，害怕别人的嘲笑，这样做往往适得其反。

正确的态度应是坦然面对自己的缺陷，不刻意掩饰，敢于挑战自我，并根据自己的具体情况确立自己的目标。这样就有可能避开自己的缺陷，甚至可能将劣势转化成优势。

内向的人仿佛天生不适合做销售，但他们做销售一定会给客户以稳重的感觉；外向的人仿佛天生不会静下心来思考，但他们要是做起策划方案来往往标新立异。所谓的优势与劣势，关键要看用在什么地方。上天造人，每块肌肉、每根神经都有其有用之处。

不必因为你现在处于劣势而烦恼，只要你努力，你一样可以将劣势转化为优势，让弱点成为闪光点！

第三篇

只有想不到，没有做不到

第一章
思路决定出路，方向决定人生

生活是由思想造就的

生活是由思想造就的，每个人的命运完全取决于他们的思想。消极的思想将产生消极的生活，积极的思想则创造积极的生活。

成功学家戴尔·卡耐基先生说："如果我们想的都是快乐的念头，我们就会快乐；如果我们想的都是悲伤的事情，我们就会悲伤。"

生活的快乐与否，完全取决于一个人对人、事、物的看法如何。因为，生活是由思想造就的。

成功学家卡耐基曾参加过一个广播节目，要求找出"你所学到的最重要的一课是什么"。

这很简单，卡耐基认为自己学到的最重要的一课是：思想的重要性。只要知道你在想些什么，就知道你是怎样的一个人，因为每个人的特性，都是由思想造就的。每个人的命运，在很大程度上取决于他们的心理状态。塞缪尔·麦克格罗什说："我们的思想是打开世界的钥匙。"每一个人所必须面对的最大问题——事实上可以算是我们需要应付的唯一问题，就是如何选择正确的思想。如果我们能做到这一点，就可以解决所有的问题。曾经统治罗马帝国，本身又是伟大哲学家的马可·奥勒留，把这些总结成一句话——决定你命运的一句话："生活是由思想造就的。"

不错，如果我们想的都是快乐的事情，我们就能快乐；如果我们想的都是悲伤的事情，我们就会悲伤；如果我们想到一些可怕的事情，我们就会害怕；如果我们想的是不好的事情，我们恐怕就会担心；如果我们想的净是失败，我们就会失败；如果我们沉浸在自怜里，大家都会有意躲开我们。诺曼·文生·皮尔说："你并不是你想象中的那样，而你却是你所想的。"

我们会发现，当我们改变对事物和其他人的看法时，事物和其他的人对我们来说就会发生改变。要是一个人把他的思想引向光明，他就会很吃惊地发现，他的生活受到很大的影响。一个人所能得到的，正是他自己思想的直接结果。有了奋发向上的思想之后，一个人才能努力奋斗，才能有所成就。如果我们的思想消极，我们就永远只能弱小而愁苦。

思路突破：人生需要设计

有一句名言："你希望自己成为什么样的人，你就会成为什么样的人。"人生就是"自我"不断实现的过程，自我实现的要求产生于自我意识觉醒之后，经历了"自我意识——自我设计——自我管理——自我实现"这样一个过程。如果把自我设计看作立志，那么自我管理便是工作，而自我实现就处在自我管理的过程中和终极点上。

人在一生中会做无数次的设计，但如果最大的设计——人生设计没做好，那将是最大的失败。设计人生就是要对人生实行明确的目标管理。如果没有目标，或者目标定位不正确，你的一生必然碌碌无为，甚至是杂乱无章的。做好人生设计，必须把握两点：一是善于总结，二是善于预测。对过去进行总结和对未来进行设计并不矛盾。只有对自己的过去进行好好的回顾、梳理、反思，才能找出不足，继续发扬优势。这样，在进行人生设计时，才能扬长避短。而对未来进行预测，就是说要有前瞻性的观念和能力。缺少了前瞻性的观念和能力，人将无法很好地预见自己的未来、预见事物的动态发展变化，也就不可能根据自己的预见进行科学的人生设计。一个没有预见性的人，是不可能设计好人生、走好人生之路的。

还有一点必须记住，那就是设计好人生的前提是自知、自查。了解自己，了解环境，这是成功的前提条件。知己知彼，方能百战不殆。对自己有着清楚的了解与估量，才能有的放矢地进行人生设计。在知己知彼以后，需要对自己合理定位。人不是神，有很多不足和缺陷，对自己期望过低、过高都不利于自身成长。

但设计人生不能盲从，也不能一味地服从与遵循死理。设计目标是为了实现目标，而不是为了设计而设计。设计只是一种手段，而不是我们要的结果。

因此，我们需要变通的设计，要因时、因事、因地而变化。设计也不是屈服，设计的主动权要掌握在我们自己的手中——我的人生我做主，用自己手中的画笔在画布上画出美丽的图画。

要改变命运，先改变思路

人生就是一连串不断思考的过程，每个人的前途与命运，完全掌握在自己的手中。只要善于思考，获得正确的思路，成功就离你不再遥远。

我们不是没有好的机会，而是没有好的思路。思路影响并决定了人的精神和素质。在相同的客观条件下，由于人的思路不同，主观能动性的发挥就不同，产生的行为也就不同。有的人因为具备先进的思路，虽然一穷二白，却能白手起家，出人头地；有的人即使坐拥金山银山，但由于思路落后，导致家道中落，最后穷困终生。

亿万财富买不来一个好思路，而一个好思路却能让你赚到亿万财富。为什么世界上所有的财富拥有者都能够在发现、捕捉商机上独具慧眼、先知先觉呢？根本原因就是他们思想上不保守、思路更新更快！

都说知识改变命运，事实上，真正改变人命运的是思路，仅凭知识是改变不了命运的！很多自诩才高八斗、学富五车的人不是一样穷困潦倒吗？

人的思想决定了人的言行举止，起着先导的作用。从奔月传说到载人宇宙飞船遨游太空，说到底都是思路更新、思想进步的结果。

思路超前，就能想别人之不敢想，为别人之不敢为，自然就能够发现别人视而不见的绝佳机会，获得成功自然是水到渠成的事。

市场经济的规律告诉我们：只有思路常新才有出路。成功的喜悦从来都是属于那些思路常新、不落俗套的人们。一堆木料，将它用来作燃料，分文不值；如果将它卖掉，能够卖出几十元；如果你有木匠的手艺，将它制作成家具再卖掉，能够卖出好几百块；如果你有高级木匠的手艺，将它制作成高级屏风卖掉，那就能够卖出几千元！

思路的更新是永无止境的。思路是创新的先导，需求是创新的动力。

现在有一句顺口溜：脑袋空空口袋空空，脑袋转转口袋满满。要想赚钱，就要勇于开拓、不断创新，为自身发展闯出更广阔的新天地。要问财富来自哪里，财富其实就在你的头脑里！人与人的最大差别是思想、思路，有的人长期走入赚钱的误区，一想到赚钱就想到开工厂、开店铺。这一想法不突破，就抓不住许多在人看来不可能的新机遇。

真正想一想，成功与失败，富有与贫穷，只不过是一念之差。

要改变命运，先改变思路！

思路突破：从多维的角度思考人生

要想成功就要学会从多维的空间和一维的时间角度观察并思考人与环境的关系，善于从中认识自己，知道自己在环境里处在怎样的位置上。这种多维的取向并非要你去尝试各种职业或各种生活方式，而是要你从个性的种种要素上充分地相信自己、培育自己、挖掘自己的能力。

多维思维可以使你发散式(如阳光四射)或辐合式(如磁铁引力)地洞悉事物的内外联系。其中自然有以时间为参照物的回顾与展望，这样无论是微观或宏观对象都能以立体思维的方式，或精细分析，或综合体悟而获得解释和创见。当人以立体思维的视野和方式思考问题时，就能以最小的偏见或成见看问题，也就能获得更多的灵感和远见。

那么，怎样有意识地训练自己多维的思考能力呢？

多维思考问题，能够帮助我们突破思维的局限，扩大思维的视角，同时拓展思维的深度。我们要将自己的个性发展定位在全息的时空背景里，自己从每件小事做起，从每一条信息中看到有价值的部分，在每一个机会里安排下自己的目标，从自己的每一个念头里发现新的内容，在每一回冲动里感到自己的热情与意志，并在每一次行动中体验到自己的成长。这时我们会觉得“每一天的太阳都是新的”，世界充满了生机，我们有那么多的事要做，有那么多东西要学，可走的路四通八达，肯帮我们的人无处不在。

有“智”者，事竟成

智慧是事业的平台。站在高高的智慧平台上，能见常人所未见，能识常人所未识，自然也能成常人所不能成之事。

在市场经济中，企业之间的竞争尤为激烈。从经济发展的过程来看，企业竞争的重点不断发生转移，并且出现了 3 个不同的竞争阶段。

在第一阶段，企业的规模都比较小，它们重点进行的是物质领域的竞争，争原料、争设备、争市场。因为这些东西与企业效益直接相关。

在第二阶段，企业看到了“物”是死的，而人是活的，企业有了人才就能迅速发展。于是人才竞争成为企业竞争的重点，许多大公司用尽一切方法招揽人才。

在第三阶段，企业认识到“人才”分为两种，一种是技术型的，另一种是思路型的。前者请来就能用，马上见效益，而后者尽管投资大、收效慢，但却能够对企业的整体效益和长远发展产生无法估量的价值。于是，思路型人才在市场上成为竞争热点，咨询、策划、顾问成了时髦的行当，而“点子大王”一时也成为人们的热门话题。

各公司的老板们直接在竞争的第一线搏杀，他们深谙“有‘智’者，事竟成”的道理。因此，他们对善于思考、具有超凡智慧的人是非常欢迎的，求贤若渴。因为他们中的许多人本身就是智者，他们也正是因为具有比一般人高的智慧才成就一般人无法达成的事业。

有这样一个故事：在一次盛大的宴会上，许多人争相夸耀自己所处地域的优点，唯有一个人笑而不语。为了使自己的表述更加形象、更有说服力，他们纷纷拿出具有所处地域特色、能够体现民族悠久历史的实物——酒。有的人拿出了伏特加，有的人拿出了大香槟，有的人亮出葡萄酒，有的人取出威士忌。最后，大家都看着那个不说话的人，他不慌不忙地站起来，把大家先前拿出的各种酒都倒出一点，兑在一起，说：“这叫鸡尾酒，体现了我们的精神——博采众长，综合创造。”

在全球化的今天，不仅经济、信息无国界，就连知识、文明、智慧也在融合之中派生出林林总总的“鸡尾酒”来。智慧是战胜一切的武器，而汇集新的智慧则是战无不胜的超常规武器。“有志者，事竟成”“志在必得”的观念必将被“有‘智’者，事竟成”“‘智’在必得”所替代！

思路突破：要大智慧，不要小聪明

要解决问题，固然需要小聪明，但更需要大智慧。

有的人自认为聪明，结果往往“聪明反被聪明误”，轻则丧失机会，重则造成无法估量的损失。因为他们所谓的聪明，往往是打败自己的武器！而有些看来很“傻”的人，偏偏拥有人生最大的智慧，取得很大的成功。

能否掌握得失的辩证法，是有大智慧还是只有小聪明的重要区别。

曾任 UT 斯达康 (中国) 公司总裁兼首席执行官的吴鹰，说过这样一句话：“聪明不一定成功。”

吴鹰曾经被《商业周刊》评选为拯救亚洲金融危机的 50 位亚洲之星之一。2001 年 3 月，UT 斯达康在美国纳斯达克成功上市，当天市值近 70 亿美元。吴鹰为何能够成功？他说，在美国的一次求职的经历，对他的影响很大。

1986 年，他曾应聘为一位著名教授的助教。这是一个很多人羡慕的职位，收入丰厚，又不影响学习，还能接触到最先进的科技资讯。经过层层筛选，最后取得报考资格的各国学者有 30 人，他是其中之一，但他觉得成功的希望十分渺茫。

考试前几天，有几名中国留学生使尽浑身解数，打探主考官也就是那位著名教授的情况。几经周折，他们探听到了一个出人意料的内幕——教授曾在朝鲜战场上当过中国人的俘虏！中国留学生们这下全死心了。“将时间花在不可能的事情上，真是再愚蠢不过了！”他们纷纷宣告退出。只有吴鹰还是如期参加了考试，考场上，他显得落落大方，对答如流，完全融入助教这个角色中。

“OK，就是你了！”教授在给了吴鹰一个肯定的答复后，又微笑着说，“你知道我为什么录取你吗？其实你在应试者中并不是最好的，但你不像你的那些同学，他们看起来好像很聪明，其实非常愚蠢。你们是为我工作，只要能给我当好助手就行了，还扯上几十年前的事干什么？我很欣赏你的勇气，这就是我录取你的原因！”

后来吴鹰又听说，教授当年确实做过中国军队的俘虏，但中国士兵对他很好，根本没有为难过他，他至今还念念不忘。

中国历史上被人们称颂的总是有智慧的人，不聪明的人绝不会受到尊重。眼下很多中国人的聪明往好处说是小聪明，往坏处说是聪明反被聪明误。一位企业家曾经说过，南方人卖一件商品赚到自己该赚的那部分利润就很满足了，他不介意你通过这件商品又赚到多少，你能赚得多是你的本事；而在有的地方做生意，那里的人就非常在乎对方赚多少，如果对方赚得比自己多，就不平衡，就要耍小聪明，这样一来，生意自然做不下去。小聪明多了，不仅害人而且害己。

思路比刻苦更重要

卓越者，必是重视方法之人。他们相信凡事必有方法解决，看似困难的事情，只要用心去寻找方法，必定有所突破。

我们无一例外地被教导过，做事情要有恒心和毅力，比如“只要努力，再努力，就可以达到目的”等说法，我们早已十分熟悉了。如果按照这样的准则做事，你常常会不断地遇到挫折并产生负疚感。由于“不惜代价，坚持到底”这一教条的原因，那些中途放弃的人，就常常被认为是“半途而废”，令周围的人失望。

正是因为这个教条，使我们即使有捷径也不去走，而去简就繁，并以此为美德，加以宣扬。正确的方法比执着的态度更重要。我们应该调整思维，尽可能用简便的方式达到目标。你应该选择用简易的方式做事。

销售经理对业务受挫的推销员经常说：“再多跑几家客户！”父母对拼命读书的孩子常说：“再努力一些！”但是这些建议都存在一个漏洞。就像有人曾经问一位高尔夫球高手：“我是不是要多做练习？”高尔夫球高手却回答道：“不，如果你不先把挥杆要领掌握好，再多的练习也没用。”

如果有人准备学打高尔夫球这种难度极高的运动项目，他将为设备、附件、教练和训练花上大笔的金钱，他甚至还会将昂贵的球杆偶尔甩进池塘，他也常常会遭受挫折。如果他学习高尔夫球的目的是成为一名高尔夫球好手，那么这些投入是十分必要的。而且他还必须持之以恒，才会达到自己的目的。

但是，如果他的目标是为了每周运动两次，减轻几千克体重并加以保持，使自己神清气爽的话，他最好放弃高尔夫球，在住宅附近快步走就足够了。如果他在拼命练习了一个月或两个月的高尔夫球之后，渐渐认识到这一点，他放弃高尔夫球，开始进行快步走的锻炼方式，我们应该怎样评价他呢？说他是一个没有恒心、半途而废的人？还是说他非常有自知之明？他是成功者抑或失败者？

总体来说，设定目标十分有意义，毕竟，对自己的人生方向有明确的认识是非常重要的。可是现实中人们总是看重如何达到目标的过程，因而失去了很多好机会。他们还认为要达到目标一定要经受大量的考验，即使有捷径可走，他们仍要选择艰辛的过程。

有一位年轻人，10多年前在一家建筑材料公司当业务员。当时公司最大的问题是如何讨账。公司产品不错，销路也不错，但产品销出去后，总是无法及时收到货款。有一个客户，买了公司10万元产品，但总是以各种理由迟迟不肯付款，公司派了3批人去讨账，都没能拿到货款。当时这个年轻人刚到公司上班不久，就和另外一位姓张的员工一起，被派去讨账。他们软磨硬磨，想尽了办法，最后，客户终于同意给钱，叫他们过两天来拿。

两天后他们赶去，对方给了他们一张10万元的现金支票。他们高高兴兴地拿着支票到银行取钱，结果却被告知，账上只有99920元。很明显，对方又耍了个花招，给的是一张无法兑现的支票。第二天就要放春节长假了，如果不能及时拿到钱，不知又要拖延多久。

遇到这种情况，一般人可能一筹莫展了，但是这位年轻人突然灵机一动，拿出100元钱，让同去的小张存到客户公司的账户里去。这一来，账户里就有了10万元。他立即将支票兑现。当他带着这10万元回到公司时，董事长对他大加赞赏。之后，他在公司不断发展，5年之后当上了公司的副总经理，后来又当上了总经理。

这个精彩的讨账故事再次证明，思路比盲目的执着精神重要。在工作中和生活中，我们不可能总是一帆风顺的，当遇到难题的时候，绝对不应该一味下蛮力去干，要多动些脑筋，看看自己的思路是不是正确。

成功的人找思路，失败的人找借口。面对困难，我们需要积极地寻找解决问题的思路，而不是用借口来敷衍。关键时候的冷静有助于发现思路，事情会有所转机，相信柳暗花明又一村总会来到。

思路突破：寻找最优的思路

寻找解决问题的最优思路并非易事，它要求我们不断开动脑筋，不断开拓创新，同时也可以借鉴或模仿成功者的经验。下面一些寻求最优思路的途径可供借鉴：

第一，换成简单的语言

错综复杂的问题都可以分解成简单的问题或语言。

例如，总销售量是 25873892 美元，成本是 14263128 美元。

如果科长问成本占销售量的百分之几，就可以以简单方式表示，即把销售量看成是 25，把成本看成是 14，得出 14 ：25。这样就可推测出成本约占销售量的 55%。无论什么问题，只要把它简单化就容易找到解决的办法。

第二，把别人的终点当作自己的起点

博古通今、多才多艺的里欧纳尔德·文奇说：“不能青出于蓝的弟子，不算是好弟子。”

科学家皮耶·艾维迪也说：“比起史坦因、莱兹等科学界的巨人，我们只能算是小人物。但站在巨人肩上的小人物，却能比巨人看得更远。”皮耶在钻研新课题时，常把与研究题目有关的资料收集到手，然后加以阅读和研讨。

第三，学习别人的做法

比如要推出新式录音机该怎么做？假如本身缺乏这方面的经验，若完全靠自己的构思，不仅浪费时间，还会出错。经营录音机的公司总共有好几家，是消息的最好来源。但不能依样画葫芦，而是应利用先进的既有经验来完善自己的构思。不论面临什么问题，都要看看人家是怎么解决问题的，然后再加以改善。

第四，使用淘汰法

有时因为解决问题的思路过多，反而不知如何取舍。可以采取淘汰法，把不好的逐一去掉。

例如跳舞比赛，如果想一次从舞者中选出优胜者是很困难的，因此便采取淘汰法。每次评审一组，有缺点就退场，这样陆续淘汰直至 2 组，最后剩下优胜的 1 组。当你要从几个东西中选出最喜欢的时候，把不喜欢的逐一淘汰，事情就变得容易了。

第五，向别人说明

能否提出更新、更好的解决思路，这与了解问题的程度有关。为了验证自己的想法，最好将计划向第三者提出。

积极思考才有出路

积极思考是一种智慧力量，如果一件事不经过思考就去做，那肯定是鲁莽的，除非你特别幸运。但幸运并不是时时光顾的，所以，最保险的办法是“三思而后行”。但“思”并不是件简单的事，思考也有它的特点和方法。成大事者都有自己独特的思考方法。

思考习惯一旦形成，就会产生巨大的力量。19世纪美国著名诗人及文艺批评家洛威尔曾经说过：“真知灼见，首先来自多思善疑。”

大凡成就伟大事业的人，都凭借了一种积极的思考力量，凭借着创造力、进取精神和激励人心的力量在支撑和构筑着所有成就。一个精力充沛、充满活力的人总是创造条件使心中的愿望得以实现。要知道，没有任何事情会自动发生。

从前有个小村庄，村里除了雨水没有任何水源。为了解决这个问题，村里的人决定对外签订一份送水合同，以便每天都能有人把水送到村子里。有两个人愿意接受这份工作，于是村里的长者把这份合同同时给了这两个人。

得到合同的两个人中有一个人叫艾德，他立刻行动了起来。每日奔波于几千米外的湖泊和村庄之间，用他的两只桶从湖中打水并运回村庄，并把打来的水倒在由村民们修建的一个结实的大蓄水池中。每天早晨他都必须起得比其他村民早，以便当村民需要用水时，蓄水池中已有足够的水供他们使用。由于起早贪黑地工作，艾德很快就开始挣钱了。尽管这是一项相当艰苦的工作，但是艾德很高兴，因为他能不断地挣钱，并且他对能够拥有两份专营合同中的一份而感到满意。

另外一个获得合同的人叫比尔。令人奇怪的是自从签订合同后比尔就消失了，几个月来，人们一直没有看见过比尔。这点令艾德兴奋不已，由于没人与他竞争，他挣到了所有的水钱。

比尔干什么去了？原来他通过积极思考做了一份详细的商业计划书，并凭借这份计划书找到了4位投资者，他们一起开了一家公司。6个月后，比尔带着一个施工队和一笔投资回到了村庄。花了整整一年的时间，比尔的施工队修建了一条从村庄通往湖泊的大容量的不锈钢管道。

这个村庄需要水，其他有类似环境的村庄一定也需要水。于是经过考察，比尔重新制订了他的商业计划，开始向全国的村庄推销他的快速、大容量、低成本并且卫生的送水系统，每送出一桶水他只赚1便士，但是每天他能送几十万桶水。无论他是否工作，几十万人都要消费这几十万桶的水，而所有的这些钱便都流入了比尔的银行账户中。显然，比尔不但开发了使水流向村庄的管道，而且还开发了一个使钱流向自己的钱包的管道。

从此以后，比尔幸福地生活着，而艾德在他的余生里仍拼命地工作，最终还是陷入了“永久”的财务问题中。

多年来，比尔和艾德的故事一直指引着人们。每当人们要做出生活决策时，这个故事都能够提醒我们，“磨刀不误砍柴工”，积极的思考比苦干更重要。

综观古今，勤奋的人不计其数，但在事业上获得成功的人却不是很多。那是因为很多人都不能积极地思考。与此相反，如果你能在日常的生活与工作中养成积极思考的习惯，你会发现人生的出路很多，成功绝对不只是梦想。

思路突破：驱除消极的思想

消极思想就像一个恶魔，其致命和深植人心的程度，较之各种形式的恐惧有过之而无不及。我们必须认真地为自己的心灵设防，保护自己不受这个恶魔的侵害。

你可以设法抵御来自劫匪的欺侮，法律为你的权益提供了保障。但消极思想这个恶魔却难对付得多，它常常蹑手蹑脚悄悄来袭。它的武器是无形的，完全由心态造成，它的面貌正如人类的经验一样种类繁多。但我们必须认清它的真面目，它其实就是人本身的心态在作祟。

无论消极思想的影响是你自己造成的，还是你身边消极人物的活动所导致的，为了保护你自己，你要有足够的意志力。运用这种意志力在心中筑起一道围墙，使你对消极思想产生免疫力。

不幸的是，对于劫匪的欺侮人们都会自觉地反抗，但对于消极思想的侵犯，却很少有人去注意。

具有消极思想的人想去说服爱迪生，让他相信造不出一种可以记录和复制人声的机器，因为从来没有人制造过这样的机器。爱迪生对此置之不理，他知道自己可以制造出任何心灵构思出来的并有理论依据的东西来。

具有消极思想的人告诉伍沃滋，如果他想开一家只卖5分钱、10分钱商品的店他就会破产。伍沃滋不予理睬，他知道，只要他的计划有信心做后盾，他就可以在理性的范围内办成所有的事情。最后他累积了上亿美元的资产。

你若不去主宰自己的心灵，就容易被别人主宰，受到别人的消极影响。

你要远离消极思想，否则成功就遥不可及。

塞缪尔·斯迈尔斯认为要使成功的金科玉律成为自己的法则，就必须养成肯定事物的习惯。如果不能做到这点，即使潜在意识能产生很好的作用，还是无法实现愿望的。相对于肯定性的思考的，就是否定性的思考。凡事以积极的方式去思考即是肯定，而以消极的方式则是否定。

人类的思考往往容易向否定的方面发展，所以肯定思考的价值愈发重要。

如果经常抱着否定想法，必然无法期望理想人生的降临。有些嘴里硬说没有这种想法的人，事实上已经受到潜在意识的不良影响了。

有些人经常这样否定自己："凡事我都做不好""过去屡屡失败，这次也必然失败""人生毫无意义可言，整个世界只是黑暗""没有人肯和我结婚""我是个不擅交际的人"……抱有这种想法的人，往往都不快乐。

当我们向他问及此种想法由何产生时，得到的回答多半是："这是认清事实的结果。"尤其对于罹患抑郁症者而言，他们均会异口同声地说："我想那是出于不安与忧虑吧！我也拿自己没办法。"

然而，只要换一个角度去想，现实并不如你所想象的那么糟，例如有些人会想："我虽然一无是处，但也过得自得其乐，不是吗？"有了乐观而积极的想法，肯定自我，你才会找到新的方向和意义。

培养正确思考的能力

所有计划、目标和成就，都是正确思考的产物。你的思考能力，是你唯一能完全控制的东西。你可以以智慧，或是以愚蠢的方式运用你的思想，但无论如何运用它，它都会显现出一定的力量。

没有正确的思考，是不会克服坏习惯的。如果你不学习正确的思考，是绝对避免不了失败的。

奥里森·马登认为，一个人的工作效能与生活质量是以正确的思想方法为基础的。所以，如果你想让自己成为一名成功人士，提高自己的做事效率，就必须培养并具备正确的思想方法。

纳克博士认为能够把这个世界变成更理想的生活空间，全靠创造性的思考。

纳克博士是美国的大教育家、哲学家、心理学家、科学家和发明家，他一生中在艺术和科学上有许多发明、许多发现。纳克博士的个人经历证实，他锻炼脑力和体力的方法可以培养健康的身体并促进心智的灵活。

奥里森·马登曾带着介绍信前往纳克博士的实验室去造访他。

当奥里森·马登到达时，纳克博士的秘书对他说："很抱歉，这个时候我不能打扰纳克博士。"

奥里森·马登问："要过多久才能见到他呢？"

秘书回答："我不知道，恐怕要 3 小时。"

奥里森·马登继续问："请你告诉我为什么不能打扰他，好吗？"

秘书迟疑了一下，然后说："他正在静坐冥想。"

奥里森·马登忍不住笑了："那是怎么回事——静坐冥想？"

秘书笑了一下说："最好还是请纳克博士自己来解释吧！我真的不知道要多久，如果你愿意等，我们很欢迎；如果你想以后再来，我可以留意，看看能不能帮你约一个时间。"奥里森·马登决定等待。

当纳克博士终于走出实验室时，他的秘书给他们作了介绍。奥里森·马登开玩笑地把秘书说的话告诉他。在看过介绍信以后，纳克博士高兴地说："你不想看看我静坐冥想的地方，并且了解我怎么做吗？"

于是他带着马登到了一个隔音的房间。这个房间里唯一的家具是一张简朴的桌子和一把椅子，桌子上放着几本白纸簿、几支铅笔以及一个开关电灯的按钮。

在谈话中，纳克博士说，每当他遇到困难而百思不解时，就走到这个房间来，关上房门坐下，熄灭灯光，让身心进入深沉的集中状态。他就这样运用"集中注意力"的方法，要求自己的潜意识给他一个解答，不论什么都可以。有时候，灵感似乎迟迟不来；有时候似乎一下子就涌进他的脑海；更有些时候，得花上 2 小时那么长的时间它才出现。等到念头开始清晰起来，他立即开灯把它记下。

纳克博士曾经把别的发明家努力钻研却没有成功的发明重新加以研究，并使之日臻完美，因而获得了200多项专利权。他的成功秘诀就在于能够完善那些欠缺的部分。

纳克博士特别安排时间来集中心神思索，寻找另外一点。对于这个“另外一点”，他很清楚自己要什么，并立即采取行动，因而他获得了成功。

思路突破：注重正确的思维程序

要学会正确思考首先要学会控制自己的思想。卡耐基认为，思想是一个人唯一能完全控制的东西。因为你的思想会受到周围环境的影响，所以，你必须有着一套科学有序的流程，来控制这些影响因素。为此，奥里森·马登对思维流程做出了科学的解释，将正确思维归于以下4点。

1. 发现问题

“发现问题”是整个思维过程中最困难的一部分。要知道，在你提出问题之前，你不可能知道你要寻找的是什么解决方法，更不可能解决这个问题。

2. 分析情况

一旦你找出这个问题后，你就要从所处环境中发现尽可能多的线索。

在分析情况的过程中，你寻找的是具体的信息资料。你不要被一开始就找到问题的解决办法和答案所诱惑，而漏掉了别的办法。你应该强迫自己去寻找有关的信息资料，直到你觉得自己已仔细并准确地分析了这种情况之后，再做出判断。

3. 寻找可行的解决方法

一旦找出了问题、分析了情况之后，你就可以开始寻找解决问题的办法了。同样，也要避免那些看起来似乎很好的答案。

在这一步骤中创造性是很重要的。除了那些一眼就能看出的似乎有道理的解决办法之外，还要寻找其他的办法，尤其在采纳现成的方案时要特别留心。如果别人也探讨过同样的问题，而且其解决办法听起来也适合于你的情况时，就要仔细判断一下当时的情况与你的情况究竟相同在何处。

注意，不要采用那些还没有在你这种情况下检验过的解决方法。

4. 科学验证

很多人到了上一步就停止了，这其实是不完整的，因而也是不科学的。

一旦解决办法找到了，你就要对其进行检验和证明，看看这些办法是否有效，是否能解决提出的问题。在检验之前你可能不知道这些办法是否正确。

在这个过程中，你所要做的就是寻找这种情况的原因，并加以解释，你要回答诸如“为什么”“是什么”“怎么会”之类的问题。

第二章
目标越高，成功越快

远大的目标是成功的磁石

一个人追求的目标越高，他的能力就发展得越快，对社会就越有益。

什么样的理想，将决定你成为什么样的人。远大的目标是成功的磁石。

被誉为发明之父的爱迪生，小时候只上了几个月的学，就因被老师辱骂为愚蠢糊涂的低能儿而退学了。爱迪生为此十分伤心，他痛哭流涕地回到家中，要妈妈教他读书，并出语惊人地说："长大了一定要在世界上做一番事业。"这句话出自当时被认为是愚钝儿的爱迪生之口，未免显得荒唐可笑。但是，正是由于爱迪生自小就确立了一个远大志向，惊人的目标使他越过前进道路上的坎坎坷坷，成为举世闻名的发明家。

美国哈佛大学对一批大学毕业生进行了一次关于人生目标的调查，结果如下：

27%的人，没有目标；60%的人，目标模糊；10%的人，有清晰而短期的目标；3%的人，有清晰而长远的目标。

25年后，哈佛大学再次对这批学生进行了跟踪调查，结果是：

那3%的人，25年间始终朝着一个目标不断努力，几乎都成为社会各界成功人士、行业领袖和社会精英；那10%的人，他们的短期目标不断实现，成为各个领域中的专业人士，大都生活在社会中上层；那60%的人，他们过着安稳的生活，也有着稳定的工作，却没有什么特别的成绩，几乎都生活在社会的中下层；那27%的人，生活没有目标，并且还在抱怨他人，抱怨社会不给他们机会。

要成功就要设定目标，没有目标是不会成功的。目标就是方向，就是成功的彼岸，就是生命的价值和使命。

2001年的亚洲首富孙正义，23岁那一年得了肝病，在医院住院期间，他读了4000本书，他大量地阅读，大量地学习。

在出院之后，他写了40种行业规划，但最后选择了软件业。事实上，他的选择是对的，正是软件行业使他成为亚洲首富。

选好行业之后，他开始创业。创业初期，条件艰苦，他的办公桌是用苹果箱拼凑而成的。他招聘了两名员工。有一次，他和两名员工一起分享他远大的目标，他说："我25年后要赚到100兆日币，成为亚洲首富。"这是孙正义的目标，但在两名员工看来却是件不可能的事情。他们对孙正义说："老板，请允许我们辞职，因为我们不想和一个疯子一起工作。"

事实上，孙正义的目标实现了，他成了亚洲首富。

志当存高远，是著名政治家和军事家诸葛亮的一句名言。诸葛亮在青年时代就具备了远大的志向，在未出茅庐之前就自比管仲、乐毅，就想干一番大事业。远大的志向加上良好的机遇，使他成就了一番伟业。

著名作家高尔基说过："我常常重复这一句话：一个人追求的目标越高，他的能力就发展得越快，对社会就越有益。我确信这是个真理。这个真理是我的全部生活经验，是我观察、阅读、比较和深思熟虑了一切之后才确定下来的。"高尔基用自己的一生验证了自己的这段名言。

钢铁大王卡内基原本是一家钢铁厂的工人，但他凭着制造及销售比其他同行更高品质的钢铁的明确目标，而成为全美最富有的人之一，并且有能力在全美国小城镇中捐资盖图书馆。

谚语云：如果你只想种植几天，就种花；如果你只想种植几年，就种树；如果你想流传千秋万世，就种植观念！

对于你来说，你的过去或现在是什么样并不重要，你将来想要获得什么成就才是最重要的。你必须对你的未来怀有远大的理想，否则你就不会做成什么大事，说不定还会一事无成。

理想是同人生奋斗目标相联系的有实现可能的想象，是人的力量的源泉，是人的精神支柱。如果没有理想，岁月的流逝只意味着年龄的增长。

有了远大的理想，还要有看得清、瞄得着的射击靶。目标必须是明晰的、具体的、现实的、可以操作的，当然，这是为理想服务的短期目标。只有实现一个个短期目标，才能筑起成功的大厦。

一位美国的心理学家发现，在为老年人开办的疗养院里，有一种现象非常有趣：每当节假日或一些特殊的日子，像结婚周年纪念日、生日等来临的时候，死亡率就会降低。他们中有许多人为自己立下一个目标：要再多过一个圣诞节、一个纪念日、一个国庆日等。等这些日子一过，心中的目标、愿望已经实现，继续活下去的意志就变得微弱了，死亡率便立刻升高。生命是可贵的，并且只有在它还有一些价值的时候去做应该做的事，去实现自己的目标，人生才会有意义。

要攀到人生山峰的更高点，当然必须要有实际行动，但是首要的是找到自己的方向和目的地。如果没有明确的目标，更高处只是空中楼阁，望不见更不可即。如果我们想要使生活有突破，到达很新且很有价值的目的地，首先一定要确定这些目的地是什么。只有设定了目的地，人生之旅才会有方向、有进步、有终点、有满足。

明白了你的命运来自你的奋斗目标，就会给自己一个希望，就在你的内心祈祷，你对自己说：我一定要做个伟大的人。只要你这样想这样做，你就一定会像你所想象的那样，成为一个伟大的人。

让我们为自己找一个梦想，树立一个目标吧，人生因有远大的目标而伟大！

对成功要有强烈的企图心

如果总希望一觉醒来就能梦想成真，无异于白日做梦。有强烈的成功愿望，才能成为生活的幸运儿。

你需要一个强有力的渴望，才能让你走上另一台阶。

我们要有对成功的强烈渴望，要有“我一定要成功”的信念，而不是“我想成功”。企图心是一种一定要得到的心态，是一定要的决心。只要我们下定决心，并且为这个决心负责，为这个决心全力以赴，成功离我们就很近了。

美国的圣伊德罗牧马场上，一大群孩子正在游戏，牧马场的主人希尔·卡洛斯来到他们中间。他对孩子们说：“知道我为什么要邀请你们来我的牧场吗？

我要向你们讲述一个故事，故事的主人公同样也是一个孩子。”

孩子的父亲，是一位巡回驯马师。驯马师终年奔波，从一个马厩到另一个马厩，从一条赛道到另一条赛道，从一个农庄到另一个农庄，从一个牧场到另一个牧场，训练马匹。其结果是，儿子的中学学业不断地被扰乱。当他读到高中，老师要他写一篇作文，说说长大后想当一个什么样的人，做什么样的事。那天晚上，他写了一篇长达 7 页的作文，描绘了他的目标：有一天，他要拥有自己的牧场。在文中他极尽详细地描述自己的梦想，他甚至画出了一张 200 英亩大的牧场平面图，在上面标注了所有的房屋，还有马厩和跑道。然后他为他的 4000 平方英尺的房子画出细致的楼面布置图，房子就立在那个 200 英亩的梦想牧场。

他将全部的心血，倾注到他的计划中。第二天，他将作文交给了老师。两天后，老师将批改后的作文发给了他。在第一页上，老师用红笔批了一个大大的“F”(最低分)，附了一句评语：“放学后留下来。”

心中有梦的男孩放学后去问老师：“为什么我只得了‘F’？”老师说：“对你这样的孩子，这是一个不切合实际的梦想。你没有钱。你来自一个四处漂泊、居无定所的家庭。你没有经济来源，而拥有一个牧场是需要很多钱的，你得买地，你得花钱买最初用以繁殖的马匹，然后，你还要因育种而花大量的钱，你没有办法做到这一切。”最后老师加了一句，“如果你把作文重写一遍，将目标定得更现实一些，我会考虑重新给你评分。”

男孩回家，痛苦地思考了很久。他问父亲他应该怎么办，父亲说：“孩子，这件事你得自己决定。不过我认为这对你来说是个非常重要的决定。”

最后，在面对作文本苦坐了整整一周之后，男孩子将原来那篇作文交了上去，没改一个字。他向老师宣告：“你可以保留那个‘F’，而我将继续我的梦想。”

从此以后，男孩开始努力，他想他一定要成功，为了这个梦想，他奋斗了很多年。

讲到这里，卡洛斯微笑着对孩子们说：“我想你们已经猜到了，那个男孩就是我！现在你们正坐在我的 200 英亩的牧场中心、4000 平方英尺的大房子里。我至今保存着那篇学生时代的作文，我将它用画框装起来，挂在壁炉上面。”他补充道：“这个故事最精彩的部分是，两年前的夏天，我当年的那个老师带着 30

个孩子来到我的牧场，搞了为期一周的露营活动。当老师离开的时候，她说：'卡洛斯，现在我可以对你讲了，当我还是你的老师的时候，我差不多可以说是一个偷梦的人！那些年里，我偷了许许多多孩子的梦想。幸福的是，你有足够的勇气和进取心，不肯放弃，直到让你的梦想得以实现。'"

"所以，"卡洛斯说，"不要让任何人偷走你的梦，拿出坚强的意志去拼搏，你一定能追到你的梦。"

梦想和现实之间，总有那么一段距离。如果总希望一觉醒来就能梦想成真，这无异于白日做梦。把梦想变成现实，就要从现在开始确定一个目标，有成功的强烈愿望，并靠坚定的信念去拼搏，这样才可能成为生活的幸运儿。

你或许会不解，到底迈克·乔丹拼命不懈的动力来源于何处？那是由于他念高中一年级时一次在篮球场上的挫败，激起他不断地向更高的目标挑战的决心。就是在这个目标的推动下，飞人乔丹一步步成为全州、全美国大学，乃至于NBA职业篮球史上最伟大的球员之一，他的事迹一一改写了篮球比赛的纪录。

当你问起NBA职业篮球高手"飞人"迈克·乔丹，是什么因素造成他不同于其他职业篮球运动员的表现，而能多次赢得个人或球队的胜利？是天分吗？是球技吗？抑或是策略？他会告诉你说："NBA里有不少有天分的球员，我也可算是其中之一，可是造成我跟其他球员截然不同的原因是，你绝不可能在NBA里再找到像我这么拼命的人。我只要第一，不要第二。"

三百六十行，行行出状元。不管你以后要从事哪一行的工作，都要努力成为行业里出类拔萃的人。如果一个人对成功有强烈的企图心，想不成功都很难！

记住：目标+行动+企图心=成功。

定位改变人生

无论你做什么，都要选择自己最擅长的。这样才能最大限度地调动自身一切可以调动的积极因素，从而获得成功。

切合实际的定位可以改变我们的人生。

一件商品、一项服务、一家公司，甚至是一个人，都需要定位。

人生重要的是找到自己的位置，并做好所有这个位置要做的事情。坐在自己的位置上，最心安理得，也最长久。

在暴风雨过后的一个早晨，海边沙滩的浅水洼里留下许多被昨夜的暴风雨卷上岸来的小鱼。它们被困在浅水里，虽然近在咫尺，却回不了大海。被困的小鱼有几百条，甚至几千条。用不了多久，浅水洼里的水就会被沙粒吸干，被太阳蒸干，这些小鱼都会被干死。

海边有三个孩子。第一个孩子对那些小鱼视而不见。他在心里想，这水洼里有成百上千条的鱼，以我一人之力是根本救不过来的，我何必白费力气呢？

第二个孩子在第一个水洼边弯下腰去——他在拾起水洼里的小鱼，并且用力把它们扔回大海。第一个孩子讥笑第二个孩子："这水洼里这么多鱼，你能救得了几条呢？还是省点力气吧。"

"不，我要尽我所能去做！"第二个孩子头也不抬地回答。

"你这样做是徒劳无功的，有谁会在乎呢？"

"这条小鱼在乎！"第二个孩子一边回答，一边拾起一条小鱼扔进大海。"这条在乎，这条也在乎！还有这一条、这一条、这一条……"

第三个孩子心里在嘲笑前面两个家伙没有脑子，天上掉馅饼，多好的发财机会呀，干吗不紧紧抓住呢？于是，第三个孩子埋头把小鱼装进用自己的衣服做成的布袋里……

多年后，第一个孩子做了医生。他当班的时候，因为嫌病人家属带的钱太少而拒收一位生命垂危的伤者，致使伤者因没有得到及时的治疗而死去！迫于舆论压力，医院开除了见死不救的他。他心里觉得委屈，他想到了多年前海滩上的那一幕，他始终不认为自己错了。"那么多的小鱼，我救得过来吗？"他说。

第二个孩子也做了医生。他医术高明，医德高尚，对待患者不论有钱无钱，都精心施治。他成了当地群众交口称赞的名医。他的脑子里也经常浮现出多年前海滩上的那一幕。"我救不了所有的人，但我还是可以尽我所能救一些人的，我完全可以减轻他们的痛苦。"他常常对自己说。

第三个孩子开始经商，他很快就发了横财。暴发后，他又用金钱开道，进入官场，并且一路青云直上，最后，他因贪污受贿事发，被判处死刑。刑场上，他的脑子里浮现出多年前海滩上的那一幕：一条条小鱼在布袋里挣扎，一双双绝望的眼睛死死地瞪着他……

要找到自己的定位，必须首先了解自己的性格、脾气，了解了自己才能对自己有一个合适的定位。

每个人都可以在社会中寻找到适合自己的行业，并且把它做好。但并不是每个行业你都能做得最好，你需要寻找一个你最热爱、最擅长，能够做得最好的行业。

职业生涯定位就是自己这一辈子到底要成为一个什么样的人，自己的生命目的是什么，自己的核心价值观是什么。什么工作才是自己最好的工作，什么工作自己才能做得最好。

一个人的职业定位清晰，可以坚定自己的信念，可以明确自己的前进方向，可以发挥自己的最大潜能，可以实现自己的最大价值。毕竟，人生有限，我们没有太多的时间浪费在左右飘摇当中。

有一次，一个青年苦恼地对昆虫学家法布尔说："我不知疲劳地把自己的全部精力都花在我爱好的事业上，结果却收效甚微。"

法布尔赞许说："看来你是位献身科学的有志青年。"

这位青年说："是啊！我爱科学，可我也爱文学，对音乐和美术我也感兴趣。我把时间全都用上了。"

法布尔从口袋里掏出一块放大镜说："先找到自己的定位，弄清自己到底喜欢什么，然后把你的精力集中到一个焦点上试试，就像这块凸透镜一样！"

马克思认为，研究学问，必须先找好自己的定位，然后在某处突破一点。歌德曾这样劝告他的学生："一个人不能骑两匹马，骑上这匹马，就要丢掉那匹马，聪明人会把凡是分散精力的事情置之度外，只专心致志地去学一门，这一门一定是最适合他的，并且学一门就要把它学好。"

凡大学者、科学家，无一不是先找准自己的定位，然后"聚焦"成功的。就拿法布尔来说，他为了观察昆虫的习性，常常达到废寝忘食的地步。有一天，他大清早就俯在一块石头旁。几个村妇早晨去摘葡萄时看见法布尔，到黄昏收工时，她们看到他仍然伏在那儿，她们实在不明白："他花一天工夫，怎么就只看着一块石头，简直中了邪！"其实，为了观察昆虫的习性，法布尔不知花去了多少个这样的日日夜夜。

找到自己感兴趣的东西，找准自己的定位，是一个人成功的前提。

有一天，一位禅师为了启发他的门徒，给他的徒弟一块石头，叫他去蔬菜市场，并且试着卖掉它。这块石头很大、很好看。但师父说："不要卖掉它，只是试着卖掉它。注意观察，多问一些人，然后只要告诉我在蔬菜市场它卖多少钱。"这个人去了。在菜市场，许多人看着石头想：它可以做很好的小摆件，我们的孩子可以玩，或者我们可以把这当作称菜用的秤砣。于是他们出了价，但只不过几个小硬币。徒弟回来说："它最多只能卖到几个硬币。"

师父说："现在你去黄金市场，问问那儿的人。但是不要卖掉它，光问问价。"从黄金市场回来，这个门徒很高兴，说："这些人太棒了。他们乐意出到1000块钱。"师父说："现在你去珠宝商那儿，但不要卖掉它。"他去了珠宝商那儿。他简直不敢相信，他们竟然乐意出5万块钱，他不愿意卖，他们继续抬高价格——出到10万块钱。但是徒弟说："我不打算卖掉它。"他们说："我们出20万、30万，或者你要多少就多少，只要你卖！"这个人说："我不能卖，我只是问问价。"他不敢相信："这些人疯了！"他自己觉得蔬菜市场的价已经足够了。

他回来。师父拿回石头说："我们不打算卖了它，不过现在你明白了，如果你生活在蔬菜市场，把自己定位在那里，那么你只有那个市场的理解力，你就永远不会认识更高的价值。"

人必须对自己有一个定位，无论是生活、学习、工作，只要有了一个正确的定位，就好像有了基础一样，定位越准，我们成功的可能性就越大。拉马克1744年8月1日生于法国毕加底，他是兄弟姊妹11人中最小的一个，最受父母宠爱。拉马克的父亲希望他长大后当个牧师，就送他到神学院读书，后来由于德法战争爆发，拉马克当了兵。他因病退伍后，爱上了气象学，想自学当个气象学家，整天仰首望着多变的天空。

后来，拉马克在银行里找到了工作，想当个金融家。很快地，拉马克又爱上了音乐，整天拉小提琴，想成为一个音乐家。这时，他的一位哥哥劝他当医生，拉马克学医4年，可是对医学没有多大兴趣。正在这时，24岁的拉马克在植物园散步时遇上了法国著名的思想家、哲学家、文学家卢梭，卢梭很喜欢拉马克，常带他到自己的研究室里去。在那里，这位"南思北想"的青年深深地被科学迷住了。从此，拉马克花了整整11年的时间，系统地研究了植物学，写出了名著《法国全境植物志》。35 岁时，他当上了法国植物标本馆的管理员，之后的 15 年，他依然研究植物学。

当拉马克 50 岁的时候，开始研究动物学。此后，他为动物学花了 35 年时间。也就是说，拉马克从 24 岁起，用 26 年时间研究植物学，35 年时间研究动物学，成了一位著名的生物学家。他最早提出了生物进化论。

在给自己定位时，有一条原则不能变，即你无论做什么，都要选择你最擅长的。只有找准自己最擅长的，才能最大限度地发挥自己的潜能，调动自己身上一切可以调动的积极因素，并把自己的优势发挥得淋漓尽致，从而获得成功。

一个人只要找好自己的定位，然后为自己设定一个目标，用行动去实现自己的梦想，相信你以后也一定会和拉马克一样，成绩辉煌！

没试过不要说不行

你无法坐在原地不动，却想在岁月的沙滩上留下你的足印。没有尝试，就永远不会有进步。

绝不放弃万分之一的可能，相信你终有一天会成功；轻易放弃一份希望，得到的将是失败。

迈克·兰顿小的时候，母亲经常闹着要自杀，当她火气来时便抓起挂衣架追着他毒打。因为生活在这样的环境里，他自幼就有些畏怯而身体瘦弱。

迈克读高中一年级时的一天，体育老师带着他们班的学生到操场上教他们如何掷标枪，而这一次的经验改变了他后来的人生。在此之前，不管他做什么事都是畏畏缩缩的，对自己一点自信都没有，可是那天奇迹出现了，他奋力一掷，只见标枪越过了其他同学的成绩，多出了足足有 30 英尺（约 9.14 米）。就在那一刻，迈克知道了自己的未来大有可为。在日后面对《生活》杂志的采访时，他回想道："就在那一天我才突然意识到，原来我也有能比其他人做得更好的地方，当时便请求体育老师借给我这支标枪，在那年整个夏天里，我就在运动场上掷个不停。"

迈克发现了使他振奋的未来，而且他也全力以赴，结果有了惊人的成绩。

那年暑假结束返校后，他的体格已有了很大的改变，在随后的一整年中他特别加强重量训练，使自己的体能提升。在高三时的一次比赛中，他掷出了全美国中学生最好的标枪纪录，因而也使他赢得了体育奖学金。

有一次，他因锻炼过度而严重受伤，经检查证实，必须永久退出田径场，这使他因此失去了体育奖学金。为了生计，他不得不到一家工厂去担任卸货工人。

不知道是不是幸运之神的眷顾，有一天他的故事被好莱坞的星探发现，问他是否愿意在即将拍摄的一部电影《鸿运当头》中担任配角。当时这部影片是美国电影史上所拍的第一部彩色西部片，迈克应允加入演出后从此就没有回头，先是演员，然后演而优则导，最后成为制片人，他的人生事业就此一路展开。一个美梦的破灭往往是另一个未来的开始，迈克原先有在田径场上发展的目标，而这个目标引导他锻炼强健的体格，后来的打击又磨炼了他的性格，这两种训练未料却成了他另外一个事业所需的特长，使他有了更耀眼的人生。

没试过，就不要轻易否定自己，没试过，千万不要说自己不行。做什么事情，都要有尝试的勇气，都要勇于创造。迈克如果没投第一枪，在投了第一枪后如果没有勤奋地去努力，他是不会成功的。不轻易放弃哪怕一丁点儿的希望，去尝试，去发现自己的长处，相信人会越来越出色，因为这是一种精神，一种人生态度。

这是一个崇尚开拓创新的时代，人人都渴望能证明自我。正因为如此，我们更应该勇敢地去尝试。哪怕最后失败了也并不可怕，由于恐惧失败而畏缩不前才真正可怕。

要战胜自己，改变目前的状态，就不要放弃尝试各种的可能。

以精益求精的态度，不放弃尝试种种的可能，终会有成果。

有个年轻人去微软公司应聘，而该公司最近并没有刊登过招聘广告。见总经理疑惑不解，年轻人用不太娴熟的英语解释说自己是碰巧路过这里，就贸然进来了。

总经理感觉很新鲜，破例让他一试。面试的结果出人意料。年轻人表现糟糕。他对总经理的解释是事先没有准备，总经理以为他不过是找个托词下台阶，就随口应道:“等你准备好了再来试吧”。

一周后，年轻人再次走进微软公司的大门，这次他依然没有成功。

但比起第一次，他的表现要好得多。而总经理给他的回答仍然同上次一样："等你准备好了再来试。"就这样，这个青年先后5次踏进微软公司的大门，最终被公司录用，成为公司的重点培养对象。

也许，我们的人生旅途上沼泽遍布、荆棘丛生；也许，我们追求的风景总是山重水复，不见柳暗花明；也许，我们前行的步履总是沉重、蹒跚；也许，我们需要在黑暗中摸索很长时间，才能找寻到光明；也许，我们虔诚的信念会被世俗的尘雾缠绕，而不能自由翱翔；也许，我们高贵的灵魂暂时在现实中找不到寄放的净土……那么，我们为什么不可以以勇敢者的气魄，坚定而自信地对自己说一声"再试一次"，永不放弃万分之一的可能性。

一位90岁的老太太被问到会不会弹钢琴。她回答说："我不知道。"对方茫然："我不懂你的意思，为什么你不知道？"老太太微笑着说："因为我没试过。"是的，没有试过就不能说不会。我们有许多天赋未曾发挥，因为我们不肯尝试。

很多人都听过美国民谣歌王卡罗·金的歌，为他的温柔动人的嗓音倾倒。但是有许多人不知道，卡罗·金原本是个钢琴手。有一天晚上，他在西岸俱乐部演出，主唱者在演唱前最后一分钟称病告假。俱乐部老板生气地大嚷："没有演唱者，今天就不算工资。"从那晚开始，卡罗·金摇身一变成为歌手。

下一次别人问你会不会某项事情时，别急着说："不会。"再仔细想想，或许你该试试看，也许你的某项天分就会被发掘出来。

再试一试，哪怕你已经经历了很多次失败，有什么要紧？再试一试，大不了以后的结果和现在一样，自己同样毫无损失。所以，在关键时候，要告诉自己，再试一试。

"肯德基"创始人，美军退役上校桑德斯的创业史与史泰龙相映成趣。桑德斯从军队退役时，妻子携幼女离他而去。家里只有他一个人，生活感到十分寂寞。他总想做点事情。但戎马大半生，除了操枪弄炮，实在没有什么过人之处。

年过花甲的他想到了自己曾经试验出的炸鸡秘方，想到马上做到，于是他便找了几家餐馆要求合作，但都遭到了拒绝。于是，他开着自己那辆破旧的"老爷车"，从美国的东海岸到西海岸，历时两年多时间，推开过1008家餐馆的大门，都没有成功。军人试着推开了第1009家餐馆的大门，这家老板被他的精神打动，买下了炸鸡的秘方。桑德斯以秘方作为投资，得到了这家餐馆的股份，由于经营得法，从此，“肯德基”遍布美国，传遍世界。

有这种精神的不止桑德斯一个，苏格兰国王布鲁斯也是一位有勇气尝试的人。

有一次，苏格兰国王布鲁斯与英格兰军队打仗。他战败而回，只得躲在一所不易被发现的古老茅屋里藏身。

当他正带着失望与悲哀躺在柴草床上的时候，他见一只蜘蛛正在结网，为了给自己取乐，并看蜘蛛如何对待失败和挫折，国王毁坏了它将要完成的网。对此蜘蛛并不在意，立刻继续工作，然后再结一个新网。苏格兰国王又把它的网破坏，蜘蛛又开始结另一个网。

国王开始惊奇了。他自语道：“我已被英格兰的军队打败了6次，我是准备放弃战争了。假使我把蜘蛛的网破坏6次，它是否会放弃它的结网工作呢？”

他果真6次毁坏了蜘蛛结成的网，然而，蜘蛛对这些灾难毫不介意，开始结第7个新网。这一次，布鲁斯不再破坏蜘蛛网，蜘蛛终于成功了。国王被这个例子深深触动了，他决意再进行一次奋斗，从英格兰人的手里解放他的国家。他重新召集了一支新的军队，很谨慎而耐心地做着准备，终于打了一次重要的胜仗，把英格兰人赶出了苏格兰国土。

是的，绝不放过下一次尝试的机会，没有尝试，就永远不会有进步。相信自己一定能够搬动大山。鲍勃·莫瓦德告诉我们：你无法坐在原地，却想在岁月的沙滩上留下你的足印，而谁又愿在岁月的沙滩上只留下自己臀部的痕迹？

冒险是成功的催化剂

成功的人与失败的人，他们的区别并不在于能力或意见的好坏，而在于是否相信判断，是否具有适当冒险与采取行动的勇气。

没有冒险者就没有成功者，让我们敢于做第一个吃螃蟹的人吧！

古列特就是一位敢于冒险的人。他出生于美国，在德国长大。当他26岁时，来到美国纽约，选择了钢材原料与工具的进出口贸易作为自己的奋斗目标。

这种业务就属于那种以自己的资金为赌注来做生意的冒险行业。

他所从事的行业充满风险和危机。事实上，钢铁市场行情涨落确实非常极端，常使从业者坐立难安！

一名青年胆敢单枪匹马来到一个陌生的地方从事如此冒险的工作，他的勇气从何而来？

古列特说："这种与钢铁有关的买卖发展需要很长的一段时间，且长久以来一直由厂商所垄断，像我这种'外来人'要想分一杯羹，可以说是毫无机会可言。因此，我必须冒险一搏。"

"冒险一搏才能赢"，就是古列特勇气与毅力的来源，其公司的建立便是植根在这种坚强的心理基础之上。

在他的公司创立不久，他被征召入伍了，但是战争结束后，他扩大营运规模，无论大大小小的钢铁制品他皆负责经营。一年的时间中，他至少有一半的时间在外奔波，忙于寻找新顾客与拓展新市场，并在投资与经营手段上连连走出一个的冒险妙招，使公司的业务量直线上升。他有时甚至远渡重洋，飞往各国，与客户洽商。多年来，他一直过着一个星期工作 6 天、一天工作 12 小时的生活，辛劳远超过一般常人，但他仍然每天都充满干劲、决心不改。

到 20 世纪 50 年代末，古列特的公司已成长到每年有 1000 万美元的业务，收益在 100 万美元以上，他个人一年的平均所得达 40 万美元之多。

可以说，其公司业绩已相当可观。如果古列特没有当初的冒险之心，今天就没有这种成果。

古列特由于本身十分乐于迎接迎面而来的挑战，所以他敢于冒险去创造机会而与幸运之神相遇。

要想获取成功，就要有冒险的精神，用积极的心态，全神贯注地做好准备，随时出击，牢牢地抓住机会。

不会冒险的人永远不会成功。

每个人都面临着危险，即使扎根在一个点上原地不动。然而，当冒险的结果不太令人满意的时候，人们常常会说："还是躺在床上保险"。其实，即使是到任何地方的旅行都潜藏着冒险，小到丢失自己的行李，大到作为人质，被劫持到世界的某个遥远角落。

有很多人似乎都习惯于"躺在床上"过一辈子，因为他们从来不愿去冒险，不管是在生活中，还是在事业上。但是，当你横穿马路时，当你在海里游泳时，当你乘坐飞机时都潜藏着冒险。

从有文字记载以来，冒险总是和人类紧紧相连。虽然火山喷发时所产生的大量火山灰掩埋了整个村镇，虽然肆虐的洪水袭卷了家园，但人们仍然愿意回去继续生活，重建家园。飓风、地震、台风、龙卷风、泥石流以及其他所有的自然灾害都无法阻止人类一次又一次勇敢地面对可能重现的危险。

事实上，我们总是处在这样那样的冒险境地。“没有冒险的生活是毫无意义的生活。”我们必须要横穿马路才能走到另一边去；我们也必须依靠汽车、飞机或轮船之类的交通工具才能从一个地方到达另一个地方。但是，这并不意味着所有的冒险都毫无区别，恰当的冒险与愚蠢的冒险有着明显的不同。

如果你想成为一个生意上的冒险者，如果你渴望成功，你就应该分清这两种类型的冒险之间到底有什么样的差异。有一位功成名就的人这样说：“那种只在腰间系一根橡皮绳，就从大桥或高楼上纵身跳下的做法是一种愚蠢的冒险，即使有人很喜欢那样做。同样，所谓的钻进圆木桶漂流尼亚加拉大瀑布，所谓的驾驶摩托车飞越并排停放的许多辆汽车，在我看来，这些都是愚蠢的冒险，只有那些鲁莽的人才会干这种事情。尽管我知道有人不同意我的看法。”

无论在学业、事业还是生活的任何方面，我们都可能需要尝试恰当的冒险。在冒险之前，我们必须清楚地认识那是一种什么样的冒险，必须认真权衡得失——时间、金钱、精力以及其他牺牲或让步。如果你从来没有想过冒险，那么你的日子就像一潭死水，你永远无法激起波澜，永远无法取得成功。

松下幸之助在 22 岁时开始创业，当时他对未来能否成功并无把握；一步跨向充满挑战的世界，他感到非常迷茫。

然而，松下渴望成功的念头却十分强烈，同时也做了万一失败的心理准备，反正车到山前必有路，万一失败，再另谋生路就是了。

如果你失败了，有何打算？

松下幸之助毫不犹豫地回答：怎么办？真若走投无路，就去卖面吧！而且我要卖比别人都好吃的面。同时也打定“万一失败”，纵然身无一物，也有东山再起的决心。

“敢冒最大的风险，才能赚最多的钱。”

劳埃德公司是英国保险公司中名气最大、信誉最高、资金最雄厚、历史最悠久、赚钱最多的一家。他年承担保险金额为2670亿美元，保险费收入达60亿美元。

该公司一直坚守着“在传统商场上争取最新形式的第一名”的信条。事实也是如此，劳埃德公司总能敏捷地认识和接受新鲜事物。

1866年，汽车诞生，劳埃德在1909年率先承接了这一形式的保险。在还没有“汽车”这一名词的情况下，劳埃德将这一保险项目暂时命名为“陆地航行的船”。

1984年，由美国航天飞机施放的两颗通信卫星曾因脱离轨道而失控，其物主在劳埃德公司保了18亿美元的险。劳埃德眼看要赔偿一笔巨款，于是出资550万美元，委托美国“发现号”航天飞机的宇航员，在1984年11月中旬回收了那两颗卫星。经过修理之后，这两颗卫星已在1985年8月被再次送入太空。这样，劳埃德不仅少赔了7000万美元，而且向他的投资者说明：卫星保险从长远看还是有利可图的。

冒险就是要我们去承担风险，许多时候，风险会让我们去努力改进目前的状况，向更高的方向发展。

丰田汽车的举措就充分说明了冒险才会富有的道理。1916年丰田因应日本贸易市场化的要求，必须与美国等外国汽车短兵相接，面对此竞争逆境，所有的日本工厂被要求降价20%。

当时松下通信工业供应丰田汽车的收音机，因此也接到降价的要求。

于是，松下问其管理人员：“现在每台赚多少呢？”

其管理人员回答说：“大概只赚3%。”

“太少了，3%本身就是个问题，现在又要降价20%，这岂不太糟糕了吗？”

经过再三研究，毫无有效对策。于是大家主张以办不到为由，再跟丰田讨价还价。

然而，松下个人却从根本上作策略性的思考：为什么丰田要这么要求？不配合的话，会有怎样的不良后果？

既然以目前的情形再降20%根本不可能，那么只有另辟蹊径，作根本的改变。

经再三研究，松下做出了以下决定：

性能和外观绝不可改变，在这个原则下，全面变更设计，希望在降价 20% 之后依然有合理的利润。这样做，可能会有暂时的损失，然而这并非仅只是为了丰田，而是为了维持与发展日本工业，大家都要尽力而为。

后来松下公司不但依丰田要求而降价，又借着这次的升级压力，促进其产品的革命与根本的改良，获得更大的合理利润。

做一个敢于冒险的人！向自己挑战！

世界上没有一件可以完全确定或保证的事。成功的人与失败的人，他们的区别并不在于能力或意见的好坏，而在于是否相信判断，是否具有适当冒险与采取行动的勇气。

冒险不是盲目草率的行为，不是瞎闯、蛮干，不是随心所欲，而是要有目标、有计划、有实施方法和步骤的实践活动。冒险必须建立在对客观事物正确分析、判断的基础上，采用科学的冒险方法，否则，就无法实现成就事业的目标。

冒险的基本方法是确立可行的目标，发挥科学的分析判断能力，积蓄冒险的力量，实施冒险的应变策略，付诸冒险的实际行动。

在敢于冒险的同时，还要善于运筹，注意避免危险结果的发生。因此，在冒险时要遵循以下原则：

首先，要发挥分析判断能力。

在实际的决策过程中，所涉及的因素非常复杂，这就要求人们要有高超的分析判断能力，能够把所有的因素综合在一起做出正确的判断，要选择最有希望的方案。

其次，要运用各种主客观条件，尽量化险为夷。

要减少冒险的风险性，一个可行的办法就是通过试点试验收集有关信息资料，或者利用已有的历史资料，加上你可靠的分析与判断，把一些未知的不确定的因素转化为可以把握的确定因素，从而将冒险转化为安全的进取。

最后，要备好预案。

冒险中随时会有一些偶然性、不确定性的危险发生，这是难以预料和避免的，如果只有一个方案，“一锤子买卖”，这就要冒很大的风险，因此，要预备好必要的应变方案。只有这样，才能在可能出现的不测事故发生时，自如洒脱地灵活应对，做到“东方不亮西方亮”“断了前路有后路”。

年龄和冒险精神之间，存在一种关联。经验越丰富，人就越谨慎；财富越多，人就越想求稳，这是人性的基本组成部分。你这辈子获得的成功越多，就越想躺在功劳簿上睡大觉。

虽然你还是原来的你，但是你发现自己已经变得不那么愿意承担风险，也不那么争强好胜了。你可能发现自己身上增添了不少循规蹈矩、稳扎稳打、步步为营的倾向。这是很危险的。

因此，如果你身上还残留有不少的冒险精神，你就不要稳扎稳打、步步为营。对企业，特别是现代技术发展突飞猛进的行业来说，过分规避风险往往会带来致命的伤害。在当今世界，又有哪一个行业的技术发展不迅猛呢？

在现实生活中，我们会发觉“看着黑”，但是走下去“未必如此”，往往是走到黑暗“近”处的时候，就会发现，原来并不太黑，甚至根本就是“亮”的。

不为自己设限

你必须高屋建瓴地看待自己，否则，你就永远无法突破你为自己设定的限度。

只有那些不断超越自己的人，才能不断取得伟大的成功。

著名心理学家和心理治疗医生艾琳·C.卡瑟拉在其《全力以赴——让进取战胜迷茫》一书中讲了这样一个病例：在奥斯卡金像奖发奖仪式次日的凌晨三时，她被奥斯卡奖获得者克劳斯从沉睡中唤醒，克劳斯进门后举着一尊奥斯卡奖的金像哭着说：“我知道再也得不到这种成绩了。大家都发现我是不配得这个奖的，很快都会知道我是个冒牌的。”克劳斯认为他所获得的成功“是由于碰巧赶上了好时间、好地方，有真正的能人在后边起了作用”的结果。他不相信自己获得奥斯卡奖是多年锻炼和勤奋工作的结果。尽管他的同事通过评选公认他在专业方面是最佳的，但他却不相信自己有多么出色和创新的地方。

卡瑟拉在工作中还发现，有位国际知名的芭蕾女明星每过一段时间，就要在有演出的那天发一顿脾气，把脚上的芭蕾鞋一甩，饭也不吃，从250双跳舞鞋中她找不到一双合脚的；还有一位知名的歌剧演员，有时候一准备登台就觉得嗓子发堵；有一位著名运动员，他的后脊梁过一段时间就痛起来，影响他发挥竞技能力。卡瑟拉认为，这些严重影响成功的症状是由于经不住成功而引起的。

成功不但会引起以上心理障碍，还会给人带来自满自大的消极后果。有人对43位诺贝尔奖获得者作了跟踪调查，发现这些人获奖前平均每年发表的论文数为5～9篇，获奖后则下降为4篇。有的政治家在取得一系列成功后，因过分自信而造成重大失误；有的作家写出一两篇佳作后，再无新作问世，原因固然很多，但不能正确对待成功，不能不说是一个重要原因。

这些都是成功人士无法超越自己的案例。因为无法超越自己，为自己设了太多的限制，他们害怕失去目前拥有的，他们认为无法超越已取得的成就。因为他不相信自己的能力，在前进途中为自己设了限制，他们只会止步不前。

我们平常人呢？如果不能不断超越自我，会怎样呢？

对于现代人来说，知识面越广越好，得到的信息越多越好。如果不时时超越已取得的成就，就很容易变成鼠目寸光的人。鼠目寸光不但不利于自己事业的发展，而且很难在竞争激烈的现代社会立足，最终只能被大时代所抛弃。

有些老医生，自从出了医科学校之后，诊病下药无不用些老法子，于是渐渐步入没落之途了。他们明明应该把门面重新漆一漆了，明明应该去使用新发明的医疗器械及最近出现的著名药品了，但他们都不做改变。他们从不肯稍微花些时间来看些新出版的刊物，更不肯费心思去研究实验种种最新的临床疗法。他所施用的诊疗法，都是些显效迟缓、陈腐不堪的老套，他所开出来的药方，都是不易见效的、人家用得不愿再用了的老药品。他们一点儿也没留意到，医院早已来了一位青年医生，已有了最新的完善设备，所用的器械无不是最新的一种；开出来的药方，都写着最新发明的药品；所读的都是些最新出版的医学书报。同时他的诊所的陈设也是新颖完美，病人走进去看了都很满意。于是老医生的病人，渐渐都跑到这位青年医生那里去了。等他发觉了这个情形，已经悔之不及了。

“自我设限”是人生的最大障碍，如果想突破它，就必须不怕碰壁。这就需要我们有积极的进取心了。

进取心包括你对自己的评价和对未来的期望。你必须高屋建瓴地看待自己，否则，你就永远无法突破你为自己设定的限度。你必须幻想自己能跳得更高，能达到更高的目标，以督促自己努力得到它，否则，你永远也不能达到。如果你的态度是消极而狭隘的，那么，与之对应的就是平庸的人生。不要怀疑自己有实现目标的能力，否则，就会削弱自己的决心。只要你在憧憬着未来，就有一种动力驱使你勇往直前。

进取心还要求我们不断挑战自我，在做事中挑战自我。

李嘉诚来到塑胶裤带公司做一名推销员时，塑胶裤带公司有7名推销员，李嘉诚最年轻、资历最浅，而另几位是历次招聘中的佼佼者，经验丰富，已有固定的客户。

显而易见，这是一种不在同一条起跑线上的竞争，是一种劣势条件下的不平等的竞争。

李嘉诚不甘下游，不想输给他人，他给自己定下目标：3个月内，干得和别的推销员一样出色；半年后，超过他们。李嘉诚自己给自己施加压力，有了压力，才会奋发拼搏。

坚尼地城在港岛的西北角，而客户多在港岛中区和隔海的九龙半岛。李嘉诚每天都要背一个装有样品的大包出发，乘巴士或坐渡轮，然后马不停蹄地行街串巷。李嘉诚认为，别人做8个小时，我就做16个小时，开始别无他法，只能以勤补拙。

要做好一名推销员，一要勤勉，二要动脑——李嘉诚对此有深切的体会。正是这两点，使他后来居上，销售额在所有推销员中遥遥领先，达到第二名的7倍！

李嘉诚做事，从来是不做则已，要做就做得最好，不是完成自己的本职工作就算了，而是在推销的本职工作内干出了非凡的业绩的同时，还利用推销的行业特点，捕捉了大量的信息。

他注重在推销过程中收集市场信息，并从报刊资料和四面八方的朋友那儿了解塑胶制品在国际市场的产销状况。

经过调研之后，李嘉诚把香港划分成许多区域，把每个区域的消费水平和市场行情都详细记在本子上。他对哪种产品该到哪个区域销售，销量应该是多少，一清二楚。

李嘉诚经过详尽的分析，得出了自己的结论，然后建议领导该上什么产品，该压缩什么产品的批量。

李嘉诚推销不忘生产，他协助领导以销促产，使塑胶公司生机盎然，生意一派红火。

只有充分掌握市场状况，至少对这一行业未来一到二年的发展前景有了准确的预测，着手每一件事情时，才会简单得多、准确得多。

注重行情，研究资讯，是商场决策的基本要素，年纪轻轻的李嘉诚在这方面已显示了其过人的从商资质。

李嘉诚因此于一年后跃升为部门经理，统管产品销售。这一年，李嘉诚年仅 18 岁。

两年后，他又晋升为总经理，全盘负责日常事务。

李嘉诚对推销已是十分内行，但生产及管理对他来说却是非常陌生的领域。

不怕不懂，就怕不学。李嘉诚深知自己的薄弱环节所在。因此，他很少坐在总经理办公室里，大部分时间都蹲在现场，身着工装，和工人一道摸爬滚打，熟悉生产工艺流程。

对于每道工序李嘉诚都要亲自尝试，他兴致很高，一点儿也不觉得苦和累。

有一次，李嘉诚站在操作台上割塑胶，不小心把手指割破了，一时鲜血直流。

十指连心，疼痛钻心。但李嘉诚吭都没吭一声，迅速缠上绷带，就像什么事都没发生一样，又继续操作。

后来，伤口发炎肿胀，他才到诊所去看医生。

许多年后，一位记者向李嘉诚提及此事说:“你的经验，是以血的代价换得的。”

李嘉诚微笑着说:“大概不好这么说，那都是我愿意做的事，只要你愿做某件事情，就不会在乎其他的。”

李嘉诚自小受儒家思想的熏陶和影响，谦逊持重。其实，就客观而言，记者的话并没有夸大其词。

到了这一步，李嘉诚似乎应该心满意足了，然而，在他的人生字典中没有“满足”二字。正干得顺利的他，再一次跳槽，重新投入社会，以自己的聪明才智，开始新的人生搏击。

只不过，这一次，李嘉诚不是到另一家企业去打工，而是要开创自己的事业——他要办一个工厂，自己当领导！

经过了多年的痛苦经历和磨炼，李嘉诚很快成熟了。他像喷薄欲出的一轮红日，积累了太多的能量，而终于到了横空出世的时候。古往今来，无数人都有过与李嘉诚相类似的痛苦经历，但是能够成就大业的人毕竟寥寥无几。为什么呢？因为他们不会挑战自己。

当“知足常乐”成为一些人生活信条的时候，“否定自己”就显得很有震撼力。确实，安于现状也能暂时得到一些世俗的幸福，但随之而来的，可能是懒散与麻木。甚至可以这样说：开除自己，是对智力与勇气的挑战。

若从字面上说，开除自己，还有这样一层意思：如果你是个见了毛毛虫也要打哆嗦的人，那么，请开除自己的懦弱；倘若你是一个毫不利人、专门利己的人，那么，请开除自己的自私……同样道理，我们还可以开除自己的浅薄、浮躁、虚伪、狂妄——总之，你尽可能地开除自己的缺点好了，使自己不断地趋于完美，就像一棵不断修枝剪蔓的树，唯一的目标，就是为了日后做一棵高大挺拔的栋梁之材。

把自己从相对安逸的环境中开除出去，再开除自己身上的缺点，那么，你离成功的彼岸，肯定会越来越近。不管怎么说，开除自己，就是在给自己提供压力的同时，也提供了更多的希望与机遇。

而只有那些不断超越自己的人，才能不断取得伟大的成功。牛顿把自己看作是在真理的海洋边捡贝壳的孩子。爱因斯坦取得成绩越大，受到称誉越多，越感到无知，他把自己所学的知识比作一个圆，圆越大，它与外界未知领域的接触面也就越大。科学无止境，奋斗无止境，人类社会就是在不满足已有的成功中不断进步的。

李小龙很喜欢下面这首诗，相信你也会喜欢。

认为

如你“认为”自己会败，你已败了，
如你“认为”自己不敢，你就不敢。
如你“想”赢，却“认为”赢不了，
几乎可以断定你与胜利无缘。
如你“认为”自己会输，你已输了。
证诸寰宇我们发现，
成功始于人之“意志”，

一切决于"心念"之间。

如你"认为"自己落后，你必如此。

你需拥有"意念"登高，

于"相信"自己之后，

方能赢得荣耀目标。

人生战役并非总是偏向，

力量较强或速度快者，

迟早胜利将归于他们——

"自认"会赢之勇者！

永远坐在最前排，锻造一颗积极进取的心

人生就是一场战斗，想要快速通关就要做到奋力冲在最前线。

20世纪30年代，英国一个不知名的小镇里，有一个叫玛格丽特的小姑娘，自小就受到严格的家庭教育。父亲经常对她说："孩子，永远都要坐前排。"父亲极力向她灌输这样的观点：无论做什么事情都要力争一流，永远走在别人前头，而不能落后于人。"即使是坐公共汽车，你也要永远坐在前排。"父亲从来不允许她说"我不能"或者"太难了"之类的话。

对年幼的孩子来说，他的要求可能太高了，但他的教育在以后的年代里被证明是非常宝贵的。正是因为从小就受到父亲的"残酷"教育，才培养了玛格丽特积极向上的决心和信心。在以后的学习、生活或工作中，她时时牢记父亲的教导，总是抱着一往无前的精神和必胜的信念，尽自己最大努力克服一切困难，做好每一件事情，事事必争一流，以自己的行动实践着"永远坐在前排"。

玛格丽特在学校永远是最勤恳的学生，是学生中的佼佼者。她以出类拔萃的成绩顺利地升入当时像她那样出身的学生绝少能进入的文法中学。

在玛格丽特满17岁的时候，她开始明确了自己的人生追求——从政。然而，那个时候，进入英国政坛要有一定的党派背景。她出身保守党派氛围的家庭，要想从政，还必须要有正式的保守党关系，而当时的牛津大学就是保守党

员最大俱乐部的所在地。由于她从小受化学老师的影响很大，同时想到大学学习化学专业的女孩子比其他任何学科都少得多，如果选择其他的某个文科专业，那竞争就会很激烈。

于是，一天，她终于勇敢地走进校长吉利斯小姐的办公室说："校长，我想现在就去考牛津大学的萨默维尔学院。"

女校长难以置信，说："什么？你是不是欠缺考虑？你现在连一节课的拉丁语都没学过，怎么去考牛津？"

"拉丁语我可以自学掌握！"

"你才 17 岁，而且你还差一年才能毕业，你必须毕业后再考虑这件事。"

"我可以申请跳级！"

"绝对不可能，而且，我也不会同意。"

"你在阻挠我的理想！"玛格丽特头也不回地冲出校长办公室。

回家后她得到了父亲的支持，就开始了艰苦的复习备考工作。这样在她提前几个月得到了高年级学校的合格证书后，就参加了大学考试并如愿以偿地收到了牛津大学萨默维尔学院的入学通知书。玛格丽特离开家乡到牛津大学去了。

上大学时，学校要求学 5 年的拉丁文课程。她凭着自己顽强的毅力和拼搏精神，硬是在 1 年内就全部学完了，并取得了相当优异的考试成绩。其实，玛格丽特不光是学业上出类拔萃，她在体育、音乐、演讲及学校活动方面也都表现得很出色。所以，她的校长这样评价她："她无疑是我们建校以来最优秀的学生之一，她总是雄心勃勃，每件事情都做得很出色。"

40 多年以后，这个当年对人生理想孜孜以求的姑娘终于如愿以偿，成为英国乃至整个欧洲政坛上一颗耀眼的明星，她就是连续 4 年当选保守党党魁，并于 1979 年成为英国第一位女首相，雄踞政坛长达 11 年之久，被世界政坛誉为"铁娘子"的玛格丽特·撒切尔夫人。

人生就是一场战斗，想要快速通关就要做到奋力冲在最前线。

"永远坐在前排"，不仅可以激励我们追求成功的愿望，更重要的是，它还可以培养我们追求成功的信心和勇气。

没有不可能，只有不去做

阻碍理想实现的最大障碍永远在我们自身，只要不被“不切实际”的想法吓倒，并坚持不懈地做下去，最适合你的那条成功途径终究会被你找到。

1968年，美国的罗伯·舒乐博士突发奇想，打算在加州用玻璃建造一座水晶大教堂。有了这个念头之后，他来到著名的设计师菲力普·强生家里。描述完自己的构想后，他便向强生咨询起建筑预算，并且坚定地对对方说：“我现在一分钱也没有，所以零美元与100万美元的预算对于我来说没有什么区别。但重要的是，这座教堂本身要具有足够的魅力来吸引捐款。”

经过精心计算，菲力普·强生告诉舒乐博士至少需要700万美元。听清这个数字后，舒乐博士拿出一张白纸，在上面写下了“700万美元”，然后又写下如下10行字：

寻找1笔700万美元的捐款；

寻找7笔100万美元的捐款；

寻找14笔50万美元的捐款；

寻找28笔25万美元的捐款；

寻找70笔10万美元的捐款；

寻找100笔7万美元的捐款；

寻找140笔5万美元的捐款；

寻找280笔25000美元的捐款；

寻找700笔1万美元的捐款；

卖掉10000扇教堂窗户，每扇700美元。

然后，舒乐博士长长地出了一口气，似乎已经打定了某种主意。

两个月后，他用水晶大教堂奇特而美妙的模型打动了当地的一位富商约翰·可林，这位富商捐出了第一笔100万美元。

3个月后，一位被舒乐博士的精神所感动的陌生人，在其生日的当天寄给舒乐博士一张100万美元的银行支票。

6个月后，一名捐款者对舒乐博士说："如果你以你的诚意与努力能筹到600万美元的话，那剩下的100万美元我将会全部支付给你。"

第二年，舒乐博士开始以每扇500美元的价格请求美国人认购水晶大教堂的窗户，付款的办法为每月50美元，10个月分期付清。6个月内，1万多扇窗户全部售出。

1980年9月，历时12年，可容纳1万多人的水晶大教堂竣工。水晶大教堂最终的造价为2000万美元，全部是舒乐博士一点一滴筹集起来的。

成功的秘诀，就是绝不放弃加一点忍耐

成功没有捷径，所以成功的秘诀亦是非常的"俗套"和简单的，那就是坚持和忍耐。

比尔·戴维斯是世界一流的保险推销大师。在他的退休大会上，吸引了保险界的各路精英。许多同行问他："推销保险的秘诀是什么？如何才能像你一样成功？"

比尔·戴维斯坐在台上，自信地微笑着，看来对回答这个问题胸有成竹，早有准备。

这时，全场灯光逐渐暗了下来，接着从幕后走出了4名彪形大汉。他们合力扛着一座铁马，铁马下垂着一个大铁球。当现场人士都丈二和尚摸不着头脑时，铁马被抬到一个十分结实的讲台上。

比尔·戴维斯手执小锤，朝大铁球敲了一下，大铁球没有动；隔了5秒，他又敲了一下，大铁球还是没动。就这样，每隔5秒，他都在敲一下……

10分钟过去了，大铁球纹丝不动；20分钟过去了，大铁球依然纹丝不动；30分钟过去了，大铁球还是纹丝不动……

台下的同行开始骚动了，后来有人陆续离场而去，后来人越走越多，最后留下来的只有零星几个人。但是，比尔·戴维斯手执小锤，还是全神贯注地继续敲着大铁球。

经过40分钟后，大铁球终于开始慢慢地晃动起来，后来摇晃的幅度越来越

大，就算有人想让大铁球立刻停下来，也是很难办到的事情了！

留下来的几个同行兴奋了，又开始追问他：“推销保险的秘诀是什么？如何才能像你一样成功？”

一直默默不语的比尔·戴维斯说：

“只要方向对头，成功者，绝不会放弃，直至取得成功。”

第三章
励志改变人生，打造强者心态

心态对了，状态就对了

如果人生是正确的，那么他的世界也就是正确的。

美国的一位牧师正在家里准备第二天的布道。他的小儿子在屋里吵闹不止，令人不得安宁。牧师从一本杂志上撕下一页世界地图，然后撕成碎片，丢在地上说："孩子，如果你能将这张地图拼好，我就给你1元钱。"

牧师以为这件事会使儿子花费一上午的时间，但是没过10分钟，儿子就敲响了他的房门。牧师惊愕地看到，儿子手中捧着已经拼好了的世界地图。

"你是怎样拼好的？"牧师问道。

"这很容易，"孩子说，"在地图的另一面有一个人的照片。我先把这个人的照片拼到一起，再把它翻过来。我想，如果这个人是正确的，那么，世界地图也就是正确的。"

牧师微笑着给了儿子1元钱，"你已经替我准备好了明天的布道，如果一个人的心态是正确的，他的世界就是正确的。"

心态决定状态，你的心态对了，状态也就不会错了。

等待3天，问题自然迎刃而解

遇到不如意的境况，不妨试着学会忍耐与等待，耐心是交好运的一个重要因素。

应邀访美的女作家在纽约街头遇见一个卖花的老太太。这个老太太穿着相当破旧，身体看上去很虚弱，但脸上满是喜悦。女作家挑了一朵花，说："你看起来很高兴。"

"为什么不呢？一切都这么美好。"

"你很能承担烦恼。"女作家又说。然而，老太太的回答令女作家大吃一惊。"耶稣在星期五被钉在十字架上的时候，那是全世界最糟糕的一天，可3天后就是复活节。所以，当我遇到不幸时，就会等待3天，一切就恢复正常了。"

人生并非尽是事事如意，总要伴随几多不幸、几多烦恼。我们从来就不应该承认与生俱来的命运。遇到不幸时，等待3天，一切也许就会恢复正常了。耐心是交好运的一个重要因素。

从某种意义上说，决定我们人生的并非环境，而是自己的态度。不同的态度就会有不同的人生。在人生的旅途中，谁都不会永远一帆风顺，都会遭遇到挫折和磨难。假使我们不能够乐观面对，结果只能是给自己增添无谓的烦恼。等待，是一种逆境中的从容和坚强，单靠等待，问题并不能得到解决，重要的是，拥有了这种从容的心态，我们就一定会是生活的强者。

心态决定你的人生，不要试图和自己过不去

幸福和不幸更多的时候是在于自己的感受，即使你面前的墙将你封堵得密不透风，你也依然可以把它视作你的一种出路。

有两个都有着亚洲血统的孤儿，后来都被来自欧洲的外交官家庭所收养。两个人都上过世界各地有名的学校。但他们两个人之间存在着不小的差别：其中一位是40岁出头的成功商人，他实际上已经可以退休享受人生了；而另一个是学校教师，收入低，并且一直觉得自己很失败。

有一天，他们在一起吃晚饭。晚餐在烛光映照中开场了，不久话题进入了在国外的生活。因为在座的几个人都有过周游列国的经历，所以他们开始谈论在异国他乡的逸闻趣事。随着话题的一步步展开，那位学校教师开始越来越多地讲述自己的不幸：她是一个如何可怜的亚洲孤儿，又如何被欧洲来的父母领养到遥远的瑞士，她觉得自己是如何的孤独。

开始的时候，大家都表现出同情。随着她的怨气越来越重，那位商人变得

越来越不耐烦，终于忍不住在她面前把手一挥，制止了她的叙述："够了！你说完了没有！你一直在讲自己有多么不幸。你有没有想过如果你的养父母当初在成百上千个孤儿中挑了别人又会怎样？"

学校教师直视着商人说："你不知道，我不开心的根源在于……"然后接着描述她所遭遇的不公正待遇。

最终，商人朋友说："我不敢相信你还在这么想！我记得自己25岁的时候无法忍受周围的世界，我恨周围的每一件事，我恨周围的每一个人，好像所有的人都在和我作对似的。我很伤心无奈，也很沮丧。我那时的想法和你现在的想法一样，我们都有足够的理由抱怨。"他越说越激动。"我劝你不要再这样对待自己了！想一想你有多幸运，你不必像真正的孤儿那样度过悲惨的一生，实际上你接受了非常好的教育。你负有帮助别人脱离贫困旋涡的责任，而不是找一堆自怨自艾的借口把自己围起来。在我摆脱了顾影自怜，同时意识到自己究竟有多幸运之后，我才获得了现在的成功！"

那位教师深受震动。这是第一次有人否定她的想法，打断了她的凄苦回忆，而这一切回忆曾是多么容易引起他人的同情。

商人朋友很清楚地说明他在同样的环境下历经挣扎，而不同的是他通过清醒的自我选择，让自己看到了有利的方面，而不是不利的阴影。"凡墙都是门"，即使你面前的墙将你封堵得密不透风，你也依然可以把它视作你的一种出路。

人，就是一条河，河里的水流到哪里都还是水，这是无异议的。但是，河有狭、有宽、有平静、有清澈、有冰冷、有混浊、有温暖等现象，而人也一样。

决心取得成功比任何一件事情都重要

很多想成功的人，对成功只是存在一种向往。而只有下定决心成功，才会目标明确，现实可行。

下决心是一种运用能力的过程，是一个人综合素质的折射。一个人能否成功，在很大程度上取决于自己的决心。抓住机遇，下定决心，离成功也就不远了；优柔寡断，踌躇不决则会错过良机，与成功失之交臂。

有人曾经对许多遭受失败和获得成功的人分别进行分析，发现在做事过程中，因犹豫不决或没有下决心而失败的人占很大比例。而相当一部分成功者，其最优秀的品格之一就是遇事果断坚决，敢于下决心，最终把握住了机遇，从而获得了成功。

按照弗洛伊德的理论，人生来就有“做伟人”的欲望。人为成功而来，也为成功而活。但“想成功”与“要成功”却是有着天壤之别的。所以，我们在生活中会看到很多人都在说：“我很想成功！”但却没有看到他们真正地下决心。要知道，成功不是喊出来的，也不是写出来的，成功是下决心做出来的！

很多想成功的人，对成功只是存在一种向往或一种侥幸心理。他们的目标要么游移不定，要么好高骛远、不着边际，因而很难整合现有资源，很难有计划和方法；要么迟迟不动，要么行动不坚决、不彻底、不持久，一遇挫折，立即为自己找个“本来就是想想而已”的借口，下台了事。

要成功的人才是真正在成功之前下过坚定决心的人。下定决心，不仅能体现一个人果决的勇气、决断时的自信、坚定不移的志气，更会锻造出自己的魅力，从而赢得他人的信任。只有下定决心成功，才会目标明确、现实可行。也只有下定决心的人，才会在成功的路上不断地检讨自己、改变自己、创造条件、适应环境要求；才能获得深刻的驱动力，而不顾任何艰难险阻，义无反顾，锲而不舍，持之以恒。

世界顶级的推销员与培训大师汤姆·霍普金斯曾告诉他的学员们说：“成功有三个最重要的秘诀，第一个就是下定决心；第二个还是下定决心；第三个当然还是下定决心。”

这是霍普金斯之所以成功的经验之谈，因为就在他刚刚进入推销行业的时候，他常常因为害怕敲别人家门或跟陌生人谈论产品时被拒绝，故而业绩一直无法实现突破。直到有一天，他上了一个课程，在课堂上老师告诉他：“下一次还有一个课程非常棒，那个课程可以帮助我们激发所有的潜能，让自己能够成为顶尖人物。”

霍普金斯说：“我很想听下个课程，但我没有钱，等我存够了钱再上。”这时候老师却对他说：“你到底是想成功，还是一定要成功？”他回答说：“我一定要成功。”老师又问：“假如你一定要成功的话，请问你会怎么处理这个事情？”于是霍普金斯回答：“我会立刻借钱来上课。”

从此，霍普金斯发现了自己一直业绩平平的原因，是自己从来没有真正地下过决心。于是在下一次推销之前，他从公司里找了一位同事并带他下楼，他对同事说："你看着，假如我无法向对面那个陌生人推销产品的话，我走过马路来就被车撞死给你看。"

他说完这句话的时候，脑海里一片空白，根本不知道他即将如何推销。但他还是硬着头皮走过去，开始与陌生人交谈，于是他使出了浑身解数向那位陌生人推销产品，经过20分钟的苦口婆心之后，不可思议的事情发生了：他终于卖出了产品！

后来，霍普金斯在分析他的人生是怎么改变的时候，发现答案只有四个字，那就是"下定决心"。

所以，人生从你下定决心的那一刻就已经开始改变，你所做出的任何一个决定都决定着你的人生。

信念达到了顶点，就能够产生惊人的效果

信念是不值钱的，它有时甚至是一个善意的欺骗，然而你一旦坚持下来，它就会迅速升值。

信念是欲望人格化的结果，是一种精神境界的目标。信念一旦确定，就会形成一种成就某事或达到某种预期的巨大渴望，这种渴望所激发出来的能量，往往会超出人们的想象。由信念之火所点燃的生命之灯是光彩夺目的。

美国的罗杰·罗尔斯是纽约州的第53任州长，也是纽约历史上的第一位黑人州长。他出生在纽约声名狼藉的大沙头贫民窟。那里环境肮脏，充满暴力，是偷渡者和流浪汉的聚集地，他也从小就学会了逃学、打架，甚至偷窃。直到一个叫皮尔·保罗的人当了罗杰·罗尔斯那座小学的校长。

有一天，罗杰·罗尔斯正在课堂上捣乱，校长就把他叫到了身边，说要给他看手相。于是罗尔斯从窗台上跳下，伸着小手走向讲台，皮尔·保罗先生说，我一看你修长的小拇指就知道，将来你是纽约州的州长。当时，罗尔斯大吃一惊，因为长这么大，只有他奶奶让他振奋过一次，说他可以成为5吨重的小船的船长。这一次，皮尔·保罗先生竟说他可以成为纽约州的州长，着实出乎他的预料。他记下了这句话，并且相信了它。

从那天起，纽约州州长就像一面旗帜飘扬在他的心间。他的衣服不再沾满泥土，他说话时也不再夹杂污言秽语，他开始挺直腰杆走路，他成了班主席。在以后的几十年里，他没有一天不按州长的身份要求自己。51岁那年，他真的成了州长。在他的就职演说中有这么一段话：信念值多少钱？信念是不值钱的，它有时甚至是一个善意的欺骗，然而你一旦坚持下来，它就会迅速升值。这正如马克·吐温所说的：信念达到了顶点，就能够产生惊人的效果。

信念不但能够唤起一个人的信心，更能够延续一个人的信心，它既是信心的开始，也是信心的归宿。但是，信心时常有，信念却不常有，所以成功的人总是少数。随大流的人，把握不住自己的人，看不清趋势的人，即使找到信心，也发展不到信念。急功近利的人会在信心走向信念的过程中崩溃，浮躁的人会葬送从信心走向信念的坦途。

成功者的人生轨迹告诉我们：信念，是立身的法宝，是托起人生大厦的坚强支柱；信念，是成功的起点，是保证人追求目标成功的内在驱动力。信念，是一团蕴藏在心中的永不熄灭的火焰，是一条生命涌动不息的希望长河。

著名的黑人领袖马丁·路德·金说过："这个世界上，没有人能够使你倒下，如果你自己的信念还站立着的话。"所以，信念的力量，在于使身处逆境的你，扬起前进的风帆；信念的伟大，在于即使遭受不幸，亦能召唤你鼓起生活的勇气；信念的价值在于支撑人对美好事物一如既往地孜孜以求。

当然，如果一个人选择了错误的信念，那必将是对生命致命的打击，起码也会让人导致平庸。错误的信念会夺去你的能量、你的欲望和你的未来。曾有研究者做过这样一个实验：他们把善于攻击鲦鱼的梭鱼放在一个玻璃钟罩里，然后把这个玻璃钟罩放进一个养着鲦鱼的水箱中。罩里的梭鱼看到鲦鱼后，立刻发动了几次攻击，结果它敏感的鼻子狠狠地撞到了玻璃壁上。几次惨痛的尝试之后，梭鱼最终放弃了，并完全忽视了鲦鱼的存在。当钟罩被拿走后，鲦鱼们可以自由自在地在水中四处游荡，即使当它们游过梭鱼鼻子底下的时候，梭鱼也继续忽视它们。由于一个建立在错误信念基础之上的死结，这条梭鱼终因不顾周围丰富的食物而把自己饿死了。在现实生活中，又有多少错误的信念成了束缚我们的玻璃钟罩呢？

人生是一连串选择的结果，而选择一个正确的信念，会成就我们的一生。弥尔顿说过："心灵是自我做主的地方。在心灵中，天堂可以变成地狱，地狱也可以变成天堂。”人们的生活由自己选定，而幸福，抑或悲哀，全在于心灵的阴晴。强者的天总是蓝的，因为他们坚信乌云终将被驱散；弱者的眼里总是风霜雨雪，漫布着无奈、无望、无尽的悲哀与叹息。人生的变数很多，然而，不管外界多么的不易把握，只要心中升腾着信念的火焰，艰难险阻就都将不复存在。

自信能使一个人征服他相信可以征服的东西

对于年轻人，只要时刻让自己的心里充满自信与希望，人生就会丰富而充满激情。

年轻是一种很重要的资源，这种资源专属于青年人。自信能引爆年轻的力量，希望能诠释年轻的真意。充满自信与希望，每个人就都能把握未来。

所以，对于年轻人，自信和敢于希望是必要的，一个人在年轻的时候，宁肯自负一点，也要自信一点。只有学会自信，我们才会有勇气对未来的生活充满希望和憧憬，也只有这样，人生才会丰富而充满激情。

既然“自信和希望是青年的特权”，那我们就应该好好地去享受这份特权，应当摒弃自卑与懦弱的性格。年轻人，应该要用足够的时间去做自己想做的事情，要用足够的精力与自信去实现自己的目标和希望。这就是年轻人的“特权”，把握住这种独特的优势，不灰心、不退却，前途必然无比宽阔和明亮。

希望必然是由自信所带来，所以年轻人学会自信是首要的事情。

一些年轻人之所以缺乏自信，甚至自卑，就在于对自己有过高的、不切实际的期望。有了愿望却总是无法实现，有了目标却总是达不到，这样信心就会一次次地受打击，甚至迁怒于别人，怨恨社会。事实上只要他们降低期望，把目标定得切合实际，多几次成功，就能够将心态纠正过来。

自信需要不断地实践，并从实践中获得积极的反馈。

自信在于准备充分。心里没底，当然难以积聚信心。准备包括情况的了解、知识的积累、特征信息的收集以及必要的计划、物质和关系。但是，高明的领导者往往在情景不明朗、准备不充分的情况下也能够积聚信心、积聚力量，并把信心坚决地表达出去，表现得信心十足，能充分地感染下级，让大家同心协力，共渡难关，突破瓶颈。

生活是个两面体，站在一个视点我们可以看到它的阴暗面，站在另外一个视点上，又能看到它的积极向上的灿烂的一面。这或许是个悖论，但作为年轻人，我们的任务就是去揭示这些悖论，绕开陷阱，把握它朝阳的一面，对自己充满信心，对前途充满希望。

当你因触及生活的阴暗面而感到灰心泄气的时候，请记住这样一句话：我还年轻，我有自信、有希望——这是我的特权！

保持平常心，坦然面对生活

存在即是合理。懂得认同，承认事物的合理性，我们就能坦然面对人生的雨疏风骤、云卷云舒。

一种事物之所以能够存在，源于客观对它的需求，因此它的出现从某种意义上说就是合理的。只要认同这种合理，即是对自己的接受以及对周围的人和事物的认同。这是一种豁达的心态和比较现实的作风，是我们每个人都应该具备的一种品格。

换言之，认同自己和认同别人及世间的一切事物，就必然能够懂得黑格尔所说的“存在即是合理”的道理。

认同自己，这是一个肯定自己存在价值的过程，它所表现出来的不仅仅是一个人的自信，更是一个人坚强不屈的毅力和斗志，是一个人最大精神价值的体现。而认同别人及世间的一切事物，无疑是承认了事物的多样性，只要我们承认了这种多样性，我们就会保持一种开放的心态。承认事物的多样性以及合理性，又能反过来使人们坚信自己存在的必要性，坚持一种“天生我材必有用”的价值观念，从而为自己去赢得一个亮丽的人生，也会为社会做出自己应有的贡献。

懂得认同，承认事物的合理性，首先体现出来的是一种包容万物的博大胸怀，而拥有博大胸怀是人生取得成功的一个重要前提。我们常看到现实中有许多人习惯抱怨社会不公，认为许多事情不合理，其实大可不必，崇尚自由平等只是人的一种追求和向往，世界上是不会有绝对的自由和平等的。所以，当我们看到了一些自己难以理解或接受的丑恶现象时，我们首先就是要去承认它，认同它存在的合理性与必然性，因为这是我们革除这种丑恶的前提。

在这里，黑格尔无疑给我们提供了一种深刻认识世界的辩证法，也即道家所讲的“阴在阳之内，不在阳之对”的道理。所以，一个人如想要做到大善，心中必先要容得下大恶；一个人如果想要获得别人的赞誉，首先也必须能够承受别人的讥毁；一个人想要获得大成功，也必须能够承受大失败。古今中外成大事者，莫不如此。

承认一切事物的合理性，还能够让我们在看待事物与处理问题时保持一个平静客观的心态，并能够让我们坦然地面对生活。以一种大胸怀去看待一切事物及现象，就不至于让我们对生活产生偏激或片面的看法，也能够让我们在分析和处理问题时，以平和的心态找出现象的前因后果，从而妥善有效地解决问题。更重要的是，这种大胸怀可以让我们时刻保持一颗平常心，坦然面对人生的雨疏风骤、云卷云舒。

当然，需要指出的是，承认一切事物及现象存在的合理性，并不仅仅是要我们去麻木或冷漠地接受一切事物。承认一切事物及现象存在的合理性，也并不等于让我们在一切事情面前都要无所作为。在我们认识了事物发展的趋势和规律后，我们可以加速事物的质变。这里重要的是把握好度，事物刚出现你就想改变和否定是不可能的。而当不利于我们进一步存在的事物出现后，如果我们依然不想着去改变和否定，更是一种愚蠢的作为。

凡是存在的都是合理的。虽然某种程度上说有失偏颇，但它其实是一种洞若观火的境界，我们只有这样认为了，才不会为挫折和非难徒生许多烦恼与哀怨，而会以积极乐观大无畏的精神状态去迎接生活中所遇到的一切，从而做最好的自己，而不留下遗憾。

顽强能创造令人难以想象的奇迹

人生中永远都是困难重重，只有意志顽强的人才能最终抵达成功的彼岸。

顽强不等于顽固，它是因“顽”而“强”。“顽”是一种执着，一种坚定的信念，一种不达目的誓不罢休的决心和勇气，“强”是“顽”的效果表达，是我们生存和发展的必备条件。

只有顽强的人，才会对自己的行为动机和目的有清醒而深刻的认识。只有顽强的人，才能在复杂的情境中，冷静而迅速地作出判断，毫不迟疑地采取坚决的措施和行动。也只有顽强的人，在碰到挫折和失败的时候，会主动调节自己的消极情绪，控制自己的言行，不灰心、不丧气、不焦躁；面对成功和胜利，不骄傲、不自满。

在很多情况下，我们与成功无缘，并不是我们不聪明，而是缺乏顽强的意志。顽强的意志不但能帮助我们走出失败的阴影，更能帮助我们养成良好的习惯，实现人生的目标。顽强的“妙不可言”之处就在于它能激发人的潜能，促使人创造超乎自己想象的业绩。

海伦·凯勒的事迹正说明了这一点。海伦·凯勒看不见东西，听不到声音，但在她的一生中做了许多事情。她的成功给其他人带来了希望。

海伦·凯勒于1880年6月27日出生在美国亚拉巴马州北部的一个小镇。在一岁半之前，海伦·凯勒和其他孩子一样，她很活泼，很早就会走路和说话了。但在19个月大的时候，她因为一次高烧而导致了失明及失聪。从此，她的世界充满了寂静和黑暗。

从那时起到7岁前，海伦只能用手比划进行交流。但是她学会在寂静黑暗的环境中怎样生活。她有着很强的渴望，她自己想做什么，谁也挡不住她。她越来越想和别人交流，用手简单地比划已经不够用了。她的内心深处有一种什么东西要爆发，因为她的举止已难以让人理解。当她母亲管束她时，她会哭叫闹喊。

在海伦6岁时，她父亲从波士顿的珀斯盲人研究院请来了一位女老师，名叫安妮·沙利文。海伦·凯勒就是在这位令她终生难忘的老师的指导下，在以后的日子里凭借着自己顽强的毅力，学会了手语，学会了说话，学会了多门外语，并在哈佛大学完成了自己的学业。但海伦认为，这些只不过是她许多成功的开始。

就在自己的老师去世后不久，海伦·凯勒跑遍美国大大小小的城市，周游世界，为残障的人到处奔走，全心全力为那些不幸的人服务，最终成为一位世界知名的残障教育家。

海伦·凯勒终生致力服务于残障人士，并写了很多的书，其中写于1993年的散文《假如给我三天光明》是最为著名的一篇。

命运虽然给予了海伦·凯勒许多的不幸，她却并不因此而屈服于命运。她凭借着自己顽强的毅力，奋勇抗争，最终冲破了人生的黑暗与孤寂，赢得了光明和欢笑。美国《时代周刊》评价海伦·凯勒为“人类意志力的伟大偶像”。

海伦·凯勒的成功让我们认识到顽强的意志对于一个残疾人的意义，那么，对于一个四肢健全的人，海伦·凯勒让我们感到汗颜。其实，很多人只比海伦·凯勒少了一种不屈不挠的骨气，一种持之以恒的耐力和一种顽强不屈的意志力。他们也恰恰不明白，人生中永远都是困难重重，只有具有顽强意志的人，才能成功！

进取心是不竭的动力

只有具备一种永不停息的自我推动力，我们的人生才可能不断更上一个台阶，更高的目标和理想在不断向我们召唤。

永不知足是要求自己上进的第一步，是要让自己不满足于停留在现有的位置上。永不知足可以帮助你迈出关键的第一步。

比尔·盖茨对年轻人说得最多的一句话就是——“永不知足”。他之所以会取得如此大的成功，就是因为他不满足于所取得的成绩，不断进取，始终激励自己向前发展，最后终于实现了自己的理想，到达了他所向往的地位。

新闻界的“拿破仑”——伦敦《泰晤士报》的大老板诺思克利夫爵士，最初在每月只能拿到80英镑的时候，他对自己的处境非常不满。后来，《伦敦晚报》和《每日邮报》皆为他所有的时候，他还是感到不满足，直到他得到了伦敦《泰晤士报》之后，他才稍稍觉得有点满足。

就算成了《泰晤士报》的大老板，诺思克利夫爵士还是不肯善罢甘休。他要利用《泰晤士报》揭露官僚政府的腐败，打倒几个内阁，推翻或拥护几个内阁总理(亚斯查尔斯和路易乔治)，而且不顾一切地攻击昏迷不醒的政府……由于他的这种大胆的努力，提高了不少国家机关的办事效率，在某种程度上还改革了整个英国的制度。

不管你目前的职位有多高，都不要满足于现状，应该告诉自己：“我的职位应在更高处。”

进取心从不允许我们休息，它总是激励我们为了更美好的明天而奋斗。由于人的成长是无限的，所以我们的进取心和愿望也是无法满足的。如果历史地来看，我们目前所到达的高度足以令人羡慕，但是，我们却发现今日所处的位置和昨日的位置一样，无法让我们完全满足，更高的理想和目标不断在向我们召唤。

百年哈佛主张这样的人生哲学：信心和理想乃是人们追求幸福和进步的最强大推动力。

进取心是激发人们抗争命运的力量，是完成崇高使命和创造伟大成就的动力。一个具备了进取心的人，就会像被磁化的指针那样显示出矢志不移的神秘力量。

人取得进步与成功，正是因为有了进取心和意志力——这种永不停息的自我推动力，才激励着人们向自己的目标前进。对这种激励的需要是我们人生的支柱，为了获得和满足这种需要，我们甚至愿意以放弃舒适和牺牲自我为代价。

向上的力量是每一种生命的本能，这种东西不仅存在于所有的昆虫和动物身上，埋在地里的种子中也存在着这样的力量，正是这种力量刺激着它破土而出，推动它向上生长，向世界展示美丽与芬芳。

这种激励也存在于我们人类的体内，它推动我们去完善自我，去追求完美的人生。

苦难是卢梭受益最大的学校

苦难，它能使弱者更弱，亦能使强者更强。经历过苦难的磨砺，人生反而愈加深刻、绚烂。

在法国里昂的一次宴会上，人们对一幅是表现古希腊神话还是历史的油画发生了争论。主人眼看争论越来越激烈，就转身找他的一个仆人来解释这幅画。使客人们大为惊讶的是：这仆人的说明是那样清晰明了，那样深具说服力。辩论马上就平息了下来。

“先生，您是从什么学校毕业的？”一位客人对这个仆人很尊敬地问。

“我在很多学校学习过，先生，”这年轻人回答，“但是，我学的时间最长、收益最大的学校是苦难。”

这个年轻人为苦难的课程付出的学费是很有益的。尽管他当时只是一个贫穷低微的仆人，但不久以后他就以其超群的智慧震惊了整个欧洲。

他就是那个时代法国最伟大的天才——法国哲学家和作家卢梭。

凡是天生刚毅的人必定有自强不息的精神。但凡在年轻时遭遇苦难而能做到坚忍不拔的人，在以后的人生道路上多半会走得更豁达、从容。

每个人都有两个简历，一个叫成功，另一个叫失败

没有人可以随随便便取得成功。成功的背面总是浸透着泪水和失意。所谓平步青云，只是厚积薄发。

1832 年，林肯失业了。这显然使他很伤心，但他下决心要当政治家、当州议员。糟糕的是，他竞选失败了。在一年里遭受两次打击，这对他来说无疑是痛苦的。

接着，林肯着手自己开办企业，可一年不到，这家企业又倒闭了。在以后的 17 年间，他不得不为偿还企业倒闭时所欠的债务而到处奔波，历尽磨难。

随后，林肯再一次决定参加竞选州议员，这次他成功了。他内心萌发了一丝希望，认为自己的生活有了转机：“可能我可以成功了！”

1835 年，他订婚了。但离结婚还差几个月的时候，未婚妻不幸去世。这对他精神上的打击实在太大了，他心力交瘁，数月卧床不起。1836 年，他得了神经衰弱症。

1838 年，林肯觉得身体状况良好，于是决定竞选州议会议长，可是他失败了。1843 年，他又参加竞选美国国会议员，但这次仍然没有成功。

林肯虽然一次次地尝试，但却是一次次地遭受失败：企业倒闭、情人去世、竞选败北。要是你碰到这一切，你会不会放弃这些对你来说很重要的事情？

林肯没有放弃，他也没有说：“要是失败会怎样？”1846 年，他又一次参加竞选国会议员，最后终于当选了。

两年任期很快过去了，他决定要争取连任。他认为自己作为国会议员表现是出色的，相信选民会继续选举他。但结果很遗憾，他落选了。

因为这次竞选他赔了一大笔钱，林肯申请当本州的土地官员。但州政府把他的申请退了回来，上面指出："作本州的土地官员要求有卓越的才能和超常的智力，你的申请未能满足这些要求。"

接连又是两次失败。在这种情况下你会坚持继续努力吗？你还会不会说"我失败了"？

然而，林肯没有服输。1854 年，他竞选参议员，但失败了；两年后他竞选美国副总统提名，结果被对手击败；又过了两年，他再一次竞选参议员，还是失败了。

林肯尝试了 11 次，可只成功了两次，他一直没放弃自己的追求，他一直在做自己生活的主宰。1860 年，他当选为美国总统。

没有什么人会轻易地平步青云，在成功的背后隐匿着许多他人所不了解的辛酸与苦楚，个中滋味也许只有当事人自己清楚。

面对困难，你强它便弱

重要的不是我们身处怎样的环境，而是我们对于所处环境做出的是怎样的反应。你愿意成为强者，困难便会退缩。

一个女儿对她的父亲抱怨，说她的生命是如何痛苦、无助，她是多么想要健康地走下去，但是她已失去方向，整个人惶惶然然，只想放弃。她已厌烦了抗拒、挣扎，但是问题似乎一个接着一个，让她毫无招架之力。

父亲二话不说，拉起心爱的女儿，走向厨房。他烧了 3 锅水，当水沸腾之后，他在第一个锅里放进萝卜，第二个锅里放了一颗蛋，第三个锅则放进了咖啡。

女儿望着父亲，不明所以，而父亲只是温柔地握着她的手，示意她不要说话，静静地看着滚烫的水，以炽热的温度煮着锅里的萝卜、蛋和咖啡。一段时间过后，父亲把锅里的萝卜、蛋捞起来各放进碗中，把咖啡过滤后倒进杯子，问："你看到了什么？"

女儿说："萝卜、蛋和咖啡。"

父亲把女儿拉近，要女儿摸摸经过沸水烧煮的萝卜，萝卜已被煮得软烂；

他要女儿拿起这颗蛋，敲碎薄硬的蛋壳，她细心地观察着这颗水煮蛋；然后，他要女儿尝尝咖啡，女儿笑起来，喝着咖啡，闻到浓浓的香味。

女儿谦虚而恭敬地问："爸，这是什么意思？"

父亲解释：这3样东西面对相同的环境，也就是滚烫的水，反应却各不相同：原本粗硬、坚实的萝卜，在滚水中却变软了；这个蛋原本非常脆弱，它那薄硬的外壳起初保护了液体似的蛋黄和蛋清，但是经过滚水的沸腾之后，蛋壳内却变硬了；而粉末似的咖啡却非常特别，在滚烫的热水中，它竟然改变了水。

"你呢？我的女儿，你是什么？"父亲慈爱地问虽已长大成人，却一时失去勇气的女儿，"当逆境来到你的门前，你有何反应呢？你是看似坚强的萝卜，痛苦与逆境到来时却变得软弱、失去了力量吗？或者你原本是一颗蛋，有着柔顺易变的心？你是否原是一个有弹性、有潜力的灵魂，但是在经历死亡、分离、困境之后，变得僵硬顽强？也许你的外表看来坚硬如旧，但是你的心灵是不是变得又苦又倔又固执？或者，你就像是咖啡？咖啡将那带来痛苦的沸水改变了，当它的温度高达100摄氏度时，水变成了美味的咖啡，当水沸腾到最高点时，它就越加美味。如果你像咖啡，当逆境到来、一切不如意的时候，你就会变得更好，而且将外在的一切转变得更加令人欢喜。懂吗？我的宝贝女儿，你要让逆境摧折你，还是你主动改变，让身边的一切变得更美好？"

在人生的道路上，谁都会遇到困难和挫折，就看你能不能战胜它。战胜了，你就是英雄，就是生活的强者。

过去的历史并不重要，重要的是现在与将来

不论过去的我们有着如何不堪的经历，上帝依然爱我们，因为他给予我们的每一天都是崭新的。

位于新泽西州市郊的一座古老小镇上，教学楼最里面一间光线昏暗的教室里，26个孩子被编在同一个班。这些个孩子都有过不光彩的历史：有人进过管教所，有人吸过毒。家长对他们束手无策，老师和学校也几乎对他们失去了信心。

这个时候，一个叫腓娜的女教师被安排担任这个班的辅导老师。新学期开

学头一天，腓娜没有像以前的老师那样，首先对这些孩子训斥一顿，给他们来个下马威，而是给孩子们出了一道题：

有这样 3 个候选人，他们分别是——

A：迷信巫医，嗜酒如命，有多年的吸烟史。

B：曾经两次被从办公室赶出来，每天要到吃午饭时才起床，每个晚上都要喝将近1升的白兰地，而且曾经吸食过鸦片。

C：曾获国家授予的“战斗英雄”称号，有良好的素食习惯，有艺术天赋，偶尔喝点酒，青年时代从没做过违法的事。

腓娜给大家的问题是：

“倘若我告诉你们，在上面这 3 人中间，有一位会成为名垂青史的伟人，你们认为最可能是谁？猜想一下，这 3 个人将来可能会有怎样的命运？”

对于第一个问题，可以想象，孩子们一致把票投给了 C；第二个问题，大家也几乎一致认为：A 和 B 将来肯定不会有好的结局，要么成为人人唾弃的罪犯，要么成为需要社会照顾的寄生虫。而 C 呢，必定是一个品德高尚的人，肯定会成为伟大的人物。

然而，腓娜的答案却大大出乎孩子们的意料。“你们的结论也许符合一般人的判断，”她说，“但实际上，你们都错了。这 3 个人大家都不陌生，他们是二战时期的 3 个大名鼎鼎的人物——A 是富兰克林·罗斯福，他身残志坚，是美国历史上唯一一位连任 4 届总统的伟大人物；B 是温斯顿·丘吉尔，拯救了英国的著名首相；C 的名字同学们也很熟悉，他是阿道夫·希特勒，一个夺去了几千万无辜生命的法西斯头目。”孩子们都听得目瞪口呆，简直不敢相信自己的耳朵。

“孩子们，”腓娜继续说，“你们的人生才刚刚迈出第一步，过去的错误和耻辱只能说明过去，真正能代表人一生的，是他现在和将来的作为，没有人会是完人，连伟人也会犯错。走出旧日的阴影吧，从今天开始，努力做自己最想做的事情，你们都将成为人人景仰的杰出人才。”

腓娜的这番讲话，使 26 个孩子一生的命运得以改变。多年以后，这些孩子都已长大成人，他们中有的做了法官、有的做了心理医生、有的当了飞机驾驶员。值得一提的是，当年班里那个最爱调皮捣蛋的小个子罗伯特·哈里森，现在已经成了华尔街最年轻的基金经理人。

“原来我们都觉得自己已经无药可救，因为几乎所有的人都这样看我们。是腓娜老师第一次让我们认清这一点：过去并不是最重要的，重要的是如何把握现在和将来。”孩子们长大后这样说。

命运并非机遇，而是一种选择；我们不该期待命运的安排，必须凭自己的努力创造命运。

第四章
把“不可能”变为“可能”

走出囚禁思维的栅栏

有时，我们固有的思维就是囚禁自己的“栅栏”，要还创造力以自由，首先要做的便是突破常规思维。

世界上没有两片完全相同的树叶，同样，世界上也没有两个完全相同的人。每个人自身的独特性，造成其别具一格的思维方式，每个人都可以走出一条与众不同的发展道路来。但保持个性的同时，也应追求突破创新，否则，你将陷入自身思路的“圈套”当中。

每个人都会有“自身携带的栅栏”，若能及时地从中走出来，实在是一种可贵的警悟。独一无二的创新精神，勇于进取，绝不自损、自贬，在学习生活中勇于独立思考，在日常生活中善于注入创意，在职业生活中精于自主创新，正是能够从自我囚禁的“栅栏”里走出来的鲜明标志。形成创造力自囚的“栅栏”，通常有其内在的原因，是由于思维的知觉性障碍、判断力障碍以及常规思维的惯性障碍所导致的。知觉是接受信息的通道，知觉的领域狭窄，通道自然受阻，创造力也就无从激发。这条通道要保持通畅，才能使信息流丰盈、多样，使新信息、新知识的获得成为可能，使得信息检索能力得到锻炼，不断增长其敏锐的接收能力、详略适度的筛选能力和信息精化的提炼能力，这是形成创新心态的重要前提。判断性障碍大多产生于心理偏见和观念偏离。要使判断恢复客观，首先需要矫正心理视觉，使之采取开放的态度，注意事物自身的特性而不囿于固有的见解或观念。这在新事物迅猛增殖、新知识快速增加的当今时代，尤其值得重视。

要从自囚的“栅栏”走出来，还创造力以自由，首先就要还思维状态以自由，突破常规思维。在此基础上，对日常生活保持开放的、积极的心态，对创新世界的人与事，持平视的、平等的姿态，对创造活动，持成败皆为收获、过程才最重要的精神状态，这样，我们将有望形成十分有利于创新生涯的心理品质，并且及时克服内在消极因素。

成功的人往往是一些不那么“安分守己”的人，他们绝对不会因取得一些小小的成绩而沾沾自喜，获得一点小成功就停下继续前行的脚步。因此，只有突破旧我，才能获得又一次的蜕变，人生才会呈现更好的局面。

一位雕塑家有一个12岁的儿子。儿子要爸爸给他做几件玩具，雕塑家只是慈祥地笑笑，说：“你自己不能动手试试吗？”

为了制好自己的玩具，孩子开始注意父亲的工作，常常站在大台边观看父亲运用各种工具，然后模仿着运用于玩具制作。父亲也从来不向他讲解什么，放任自流。

一年后，孩子初步掌握了一些制作方法，玩具造得颇像个样了。这样，父亲偶尔会指点一二。但孩子脾气倔，从来不将父亲的话当回事，我行我素，自得其乐。父亲也不生气。

又一年，孩子的技艺显著提高，可以随心所欲地摆弄出各种人和动物形状。孩子常常将自己的“杰作”展示给别人看，引来诸多夸赞。但雕塑家总是淡淡地笑，并不在乎。

有一天，孩子存放在工作室的玩具全部不翼而飞，父亲说：“昨夜可能有小偷来过。”孩子没办法，只得重新制作。

半年后，工作室再次被盗。又半年，工作室又失窃了。孩子有些怀疑是父亲在捣鬼：为什么从不见父亲为失窃而吃惊、防范呢？

一天夜晚，儿子夜里没睡着，见工作室灯亮着，便溜到窗边窥视，只见父亲背着手，在雕塑作品前踱步、观看。好一会儿，父亲仿佛做出某种决定，一转身，拾起斧子，将自己大部分作品打得稀巴烂！接着，父亲将这些碎土块堆到一起，放上水重新混合成泥巴。孩子疑惑地站在窗外。这时，他看见父亲又走到他的那批小玩具前！父亲拿起每件均玩具端详片刻，然后，将儿子所有的自制玩具扔到泥堆里搅和起来！当父亲回头的时候，儿子已站在他身后，瞪着愤怒的眼睛。父亲有些羞愧，吞吞吐吐道：“我……是……哦……是因为，只有砸烂较差的，我们才能创造更好的。”

10年之后，父亲和儿子的作品多次同获国内外大奖。

父亲不愧是位雕塑家，他不但深谙雕塑艺术品的精髓，更懂得如何雕塑儿子的“灵魂”。每一个渴望成功的人都必须谨记：只有不断突破自我，超越以往，才能开创出更美好、更辉煌的人生来。

废除无谓的执着

没有什么东西会永远静止不变，换个角度去思考，就有可能走出一片海阔天空。

执着是一种很好的品质，但有的时候并不一定是好事。无论是做人，还是做事，都要学会创新。因为，只有创新才会找到方法，才会获得一条捷径。

创新，就是以变化自己为途径，然后通向成功。哲学家讲：“你改变不了过去，但你可以改变现在；你想要改变环境，就必须改变自己。”

种子落在土里长成树苗后最好不要轻易移动，一动就很难成活。而人就不同了，人有脑子，遇到了问题可以灵活地处理，用这个方法不成就换另一个方法，总有一个方法是对的。做人做事要学会创新，不能太死板，要具体问题具体分析。前面已经是悬崖了，难道你还要跳下去吗？不要被经验束缚了头脑，要冲出惯性思维的樊篱。执着很重要，但盲目的执着是不可取的。

有这样一个故事：

村庄里有一位对上帝非常虔诚的牧师，40年来，他照管着教区所有的人，施行洗礼，举办葬礼、婚礼，抚慰病人和孤寡老人，是一个典范的圣人。有一天下起雨来，倾盆大雨连续不停地下了20天，水位高涨，迫使老牧师爬上了教堂的屋顶。正当他在那里浑身战抖时，突然有个人划船过来，对他说道：“神父，快上来，我把你带到高地。”

牧师看了看他，回答道：“40年来，我一直按照上帝的旨意做事，我施行洗礼，举办葬礼，抚慰病人和孤寡老人，我一年只休一个星期的假期，而在这一个星期的假期中，你知道我干什么去了？我去了一家孤儿院帮助做饭。我真诚地相信上帝，因为我是上帝的仆人，因此你可以驾船离开，我将停留在这里，上帝会救我的。”

那人划着船离去了。两天之后，水位涨得更高，老牧师紧紧地抱着教堂的塔顶，水在他的周围打着旋转。这时，一架直升机来了，飞行员对他喊道：“神父，快点，我放下吊架，你把吊带在身上安好，我们将把你带到安全地带。”对此老牧师回答道：“不，不。”他又一次讲述了他一生的工作和他对上帝的信仰。这样，直升机也离去了，几个小时之后，老牧师被水冲走，淹死了。

因为是一个好人，他直接升入天堂。他对自己最后的遭遇颇为生气，来到天堂时，情绪很不好。他气冲冲地在天堂中走着，突然间碰到了上帝，上帝惊讶地看着他，说道：“神父！多令人惊奇！”对此，老牧师凝视着上帝，说：“哦！惊奇，是吧？40年来，我遵照你的旨意做事，有过之而无不及，而当我最需要你的时候，你却让我淹死了。”

上帝回望着他，迷惑不解地说：“你被淹死了？我不相信，我确信我给你派去了一条船和一架直升机。”

俗话说：“变则通，通则久！”所以在生活中，人应该学着变通，不能死钻牛角尖，此路不通就换条路，千万不能一条路走到黑，生活不是一成不变的，人也应该求新求变。

记载商鞅思想言论的《商君书》中有一段名言：“聪明的人创造法度，而愚昧的人受法度的制裁；贤人改革礼制，而庸人受礼制的约束。”圣人创造“规矩”，开创未来，常人遵从“规矩”，重复历史。区别就在于思想是否解放，是否敢于创新，敢于自主地、实事求是地思考、分析问题。

许多成功人士一生不败，关键就在于用了为人处世的创新之道，进退之时，俯仰之间，都超人一等，让他人暗自佩服，以之为师。

学会为人处世的创新之道不是“空头支票”，而是决定你能否从人群中脱颖而出的第一关键；凡不知为人处世的创新之道者，一定会在许多重要时刻碰得头破血流，跌入失败之境地。

学会创新，是做人做事之诀窍。尤其是当你身处困境之时，灵活创新的能力能为你带来成功的机会。

在生活和工作中，当我们遇到障碍，经过努力仍然没有进展的时候，就要想想是不是可以从其他角度来解决这一问题。换个角度去思考问题，往往能将你带到一个柳暗花明的新境界。在面对这个问题时，不能只是盲目地执着，也不能只从问题的直观角度去思考，要不断挖掘自己的潜力，从不同的角度寻找解决问题的办法，这样往往就会使问题出现新的转机。

下面的这个故事就阐释了这个道理。

杨亮是一家大公司的高级主管，他面临一个两难的境地。一方面，他非常喜欢自己的工作，也很喜欢工作带来的丰厚薪水——他的位置使他的薪水只增不减。但是，另一方面，他非常讨厌他的上司，经过多年的忍受，他发觉已经到了忍无可忍的地步。在经过慎重思考之后，他决定去猎头公司重新谋求一个别的公司高级主管的职位。猎头公司告诉他，以他的条件，再找一个类似的职位并不费劲。

回到家中，杨亮把这一切告诉了他的妻子。他的妻子是一个教师，那天刚刚教学生如何重新界定问题，也就是把你正在面对的问题换一个角度考虑，把正在面对的问题完全颠倒过来看——不仅要跟你以往看这问题的角度不同，也要和其他人看这问题的角度不同。她把上课的内容讲给了杨亮听，杨亮听了妻子的话后，一个大胆的主意在他脑中浮现了。

第二天，他又来到猎头公司，这次他是请猎头公司替他的上司找工作。不久，杨亮的上司接到了猎头公司打来的电话，请他去别的公司高就，尽管他完全不知道这是他的下属和猎头公司共同努力的结果，但正好这位上司对于自己现在的工作也厌倦了，所以没有考虑多久，他就接受了这份新工作。

这件事最奇妙的地方就在于上司接受了新的工作，结果他目前的位置就空出来了。杨亮申请了这个位置，于是他就坐上了以前他上司的位置。

在这个故事中，杨亮本意是想替自己找份新工作，以躲开令自己讨厌的上司。但他的妻子让他懂得了如何从不同的角度考虑问题，结果，他不仅仍然干着自己喜欢的工作，而且摆脱了令自己无法忍受的上司，还得到了意外的升迁。

作为有理想、有抱负的现代人，我们应努力培养自己突破创新的能力。这就需要我们在平常的工作生活中，不断收集各种信息，对于身边发生的一切事情，都必须从不同的角度去思考，发掘一切机会，这样才有可能在自己的工作和事业上开创出一片新的局面。

俗话说："穷则变，变则通。"当某路走不通时，不要再一味"坚持"，而要变换思路，换个角度去思考。这个世界上，没有什么东西是永远静止不前的，我们的思维要学会创新，才能跟上时代的步伐。

摆脱思维定式

改变别人或许是困难的，我们不妨从改变自己开始，为生命的每一天制造更多的惊喜。

在创新思维活动的过程中，打破常规思维的惯性，是大脑思维必不可少的一项环节。有时，只要对问题改变一下设想，调整一下进入角度，解决问题的思路就会不期而至。

思维定式即常规思维的惯性，它是一种人人皆有的思维状态。当它在支配常态生活时，还似乎有某种"习惯成自然"的便利，所以它对于人的思维也有好的一面。但是，当面对创新的事物时，如仍受其约束，就会形成对创造力的障碍。

老观念不一定对，新想法不一定错，只要突破思维定式，你也会获得成功。

当你陷于惯性思维中时，除不质疑让自己改变的能力外，你必须质疑一切。解决惯性思维问题的方案有3个步骤，即发现、确信、改正。

1. 发现惯性思维

你可能会在很晚的时候才发现你在进行惯性思维。当你在进行自己的创作时，也许你每天都念叨着自己的小说，每天都写作，一年后，你却发现有400页不知所云。你必须养成习惯，经常回顾自己所做的努力，看看自己已经做了什么，以及将要做什么，并以此来确定自己仍然在沿着正确的方向前进，而不是误入歧途。

2. 承认在进行惯性思维

这一条做起来就比说出来难得多了。这需要承认你已经犯下了一个错误，但人们经常不愿意这样做。想一想你最近一次对某个问题思考得殚精竭虑的状况吧。你是否回头看看并承认了这个事实？你是否停了下来，等待情况改天出现好转？或者你是不是在不好的创意产生后，另外想出一个好的办法，试图让时间和单纯的努力得到回报？这种事情很难做到，并且具有讽刺性：你越是规矩死板，那么你想阻止自己的损失、停止愚蠢做法的可能性就越小，结果你所做的一切，不过是让你在思维的牛角尖里钻入得更深而已。

3. 从惯性思维中走出来

一位美国学者说，一个普通的读完大学的学生，将经受 2600 次测试、测验和考试，于是寻求“标准答案”的想法在他的思想中变得根深蒂固。对某些数学问题而言，这或许是好的，因为那儿确实只有一个正确的答案。困难在于，生活中的大部分问题不是这样的。生活是模棱两可的，有很多正确的答案。如果你认为只有一个正确答案，那么当找到一个时，你就会停止寻找。如果一个人在学校里一直受这种“唯一标准答案”的教育，那么长大毕业后进入工作单位时，当别人告诉他说“请你发明一种新的产品”，或者“请你开拓新的市场”，他将如何应付呢？这突然而来的“发挥创造力，搞创造性的东西”，在学校里根本没有人教过，他怎么会知道呢？当然就只能束手无策、面红耳赤地说不出话来了。

富有创造力的人必然懂得，要变得更有创造力，一开始就得发现众多可能性。每一种可能性都有成功的希望。有些习惯和行为有助于创造力发挥作用，有些则会严重破坏创造力。寻找唯一的答案就会遇到阻力，而寻找多种可能性则会推动创造力的行动。

甩掉“金科玉律”的束缚

很多所谓的金科玉律，只是些陈见和偏见罢了。谁信奉它，谁就会受制于它。

我们从小就会被教导不能做这，不能做那，久而久之就形成了一种固定的观念。这些观念成为我们行走社会的“金科玉律”，它们在让我们少受挫折的同时，也常常阻碍着我们去开拓新的人生格局。这些观念禁锢着我们的大脑，侵蚀着我们的潜能。因此，要改变命运，我们就得先从改变观念开始。

大家都记得这句金科玉律：“想要别人怎样对待你，就先怎样对待别人。”这可能是一句大家从小就学到，且会拿来教导孩子的至理名言。

遗憾的是，若把这句名言应用到组织问题上，问题可就大了。

这句金科玉律的假定是，你喜欢的对待方式会跟其他人喜欢的对待方式一样。这就是“先怎样对待别人”的立论。把这种观点应用在解决组织问题时，就等于是说在协调冲突、决策和收集信息上，你会跟大家的看法一致。

很多人把这句名言当成个人生活的策略。我们也这样处理周遭发生的事。但把这句名言当成策略，很可能会陷入本位主义的泥潭。因为这句名言假定，自己的看法就是他人的看法。因此，自己所想的，就是适当、正确的。如果你就是在这种金科玉律教导下长大的，难免会养成这种思考逻辑。不过，如果你以不同的观点思考，就能开启许多前所未有的成功之门。

我们被自己对世界的偏见所蒙蔽，看不到个人见解的可笑和荒谬。这种狭隘的观念，直接影响了我们在处理变革引发的差异时采取的决策和行动。

如果你认为所有看待事情的观点是绝不相同的，那在处理变革差异的冲突及协商决策时会相当危险。尤其在一意孤行地盲从自己的观点，不考虑他人?时，情况便会更危险。

要真正有效处理变革所引起的差异，就得具备求同存异的能力，适时从别人的观点和立场来看事情。要这么做就必须把先前的金科玉律改变一下，换成新版的：“以别人想被对待的方式对待他们。”其实，只要观念上稍微调整一下，变革的成效就有天壤之别的。

在我们生活的世界中，存在着各种各样的“应该”“必须”等条条框框，它们编织了一个很大的误区，将现实生活中的人们网罗其中，而我们很多人往往习以为常、不假思索地照“章”行事。

我们每个人都生活在一个社会群体中，因此，我们不可能是一个完全孤立的个体，我们的思想和行为可能时时受到世俗的约束与制约。对于这些规则和方针，你也许不以为然，但同时又无法摆脱束缚，无法确定自己应该遵循哪些适用的规则和方针。

任何事物都不是绝对的。任何规则或法律都不能保证在各种场合均能适用，或取得最佳效果。相比之下，具体情况具体分析的原则应成为我们生活和行事的准则。然而，你可能会发现，违反一条不适用的规定或打破一种荒谬的传统却很困难，甚至不可能。顺应社会潮流有时的确不失为一种生存的手段，然而如果走向极端，这也会成为一种神经过敏症。在某些情况下，按条条框框办事甚至会使你情绪低落、忧心忡忡。

林肯曾经说过："我从来不为自己确定永远适用的政策。我只是在每一具体时刻争取做最合乎情理的事情。"他没有使自己成为某项具体政策的奴隶，即使对于普遍性政策，他也并不强求在各种情况下都加以实施。

如果一种规定或规矩妨碍着人们的精神健康，阻碍着人们去积极生活，它就是不健康的。如果你知道这种规矩是消极而令人讨厌的，而你又一直遵守规矩，那你就陷入了人生的另一种误区——你放弃了自我选择的自由，让外界因素控制了自己。生活中有两种类型的人，即外界控制型与内在控制型。认真分析一下自己属于哪种类型，这将有助于你进一步审视自己生活中的大量误区性条条框框。

杰克是一位公司员工，他经常与妻子在家争吵，以至于发生婚姻危机。后来，他找到一位心理咨询专家，听了杰克的诉说后，专家给他提出了一条建议："不要总是试图向你妻子表明她错了，你不妨只同她讨论而不去辩明谁对谁错。只要你不再强求她接受你的意见，你也就不必自寻烦恼，不必为证实自己是正确的而无休止地争吵了。"后来，杰克试着做了，果然很奏效。一旦遇到相反的观点和看法，他不再与妻子争论不休，要么与之讨论，要么回避不谈。一段时间以后，夫妻关系明显得到了改善。

其实，各种是非观念都代表着一种"应该"框框。这些条条框框会妨碍你，当你的条条框框与他人发生冲突时，尤其如此。在我们的生活中不乏一些优柔寡断之人，他们无论大事还是小事都难以做出决定。究其原因，人们之所以优柔寡断，因为他们总希望做出正确的选择，他们以为通过推迟选择便可以避免犯错误，从而避免忧虑。有一位患者去求助心理医生，当医生问他是否很难做出决定时，他回答道："嗯……这很难说。"

你或许觉得自己在很多事情上也难以做出决定，甚至在小事上也是如此。

这是习惯以是非标准衡量事物的直接后果。如果当你要做出某些决定时，能抛开一些僵化的是非观念，而不顾忌什么是是非非，你将轻而易举地做出自己的决定。如果你在报考大学时竭力要做出正确的选择，则很可能不知所措，即使做出决定后，也还会担心自己的选择可能是错误的。因此，你可以这样改变自己的思维方法："所谓最好、最合适的大学是不存在的，每一所大学都有其利与弊。"这种选择谈不上对与错，仅仅是各有不同而已。

衡量是否更适合生活的标准并不在于能否做出正确的选择。你在做出选择之后，控制情感的能力则更为明确地反映出自我抑制能力，因为一种所谓正确的标准包含着我们前面谈到的"条条框框"，而你应当努力打破这些条条框框。这里提出的新的思维方法将在两个方面对你有所帮助：一方面，你将完全摆脱那些毫无意义的"应该"标准；另一方面，在消除了是非观念误区之后，你便能够更加果断地做出各种决定。

生活是不断变化的，观念也要不断地更新。无数的事实告诉我们，成功的喜悦总是属于那些思路常新、不落俗套的人。因此，想别人所不敢想，做别人所不敢做，往往会为我们创造意想不到的机遇。

摧毁专家们的旧图画

迷信权威便会失去自我的判断，这样一来，我们便失去了最有用的东西。

生活中有很多权威和偶像，他们会禁锢你的头脑，束缚你的手脚。如果盲目地附和众议，就会丧失独立思考的习性；如果无原则地屈从他人，就会被剥夺自主行动的能力。

任何知识都是相对的，它们具有先进性，也有自己的局限性。有些人虽然知识不多，但初生牛犊不怕虎，思想活跃，敢于奋力拼搏，反而增加了成功的希望。权威人士常因为头脑中有了定型的见解和习惯，甚至是自己苦心研究得到的有效成果，因而紧紧抱住不放，遇到同类事项总是以习惯为标准去衡量，而不愿去思考别人的意见，哪怕是更好、更有效的办法。结果，曾经先进过的东西或习惯有时反而会成为创新的障碍。

将一杯冷水和一杯热水同时放入冰箱的冷冻室里，哪一杯水先结冰？很多人都会毫不犹豫地回答："当然是冷水先结冰了！"非常遗憾，错了。发现这一错误的是一个非洲中学生姆佩姆巴。

1963年的一天，坦桑尼亚的马干马中学初三学生姆佩姆巴发现，自己放在冰箱冷冻室的热牛奶比其他同学的冷牛奶先结冰。这令他大惑不解，并立刻跑去请教老师。老师则认为，肯定是姆佩姆巴搞错了。姆佩姆巴只好再做一次试验，结果与上次完全相同。

不久，达累斯萨拉姆大学物理系主任奥斯玻恩博士来到马干马中学。姆佩姆巴向奥斯玻恩博士提出了自己的疑问，后来奥斯玻恩博士把姆佩姆巴的发现列为大学二年级物理课外研究课题。随后，许多新闻媒体把这个非洲中学生发现的物理现象，称为"姆佩姆巴效应"。

很多人认为是正确的，并不一定就真的正确。像姆佩姆巴碰到的这个似乎是常识性的问题，我们稍不小心，便会像那位老师一样，做出自以为是的错误结论。

著名的实用主义哲学家威廉·詹姆斯，曾经谈过那些从来没有发现他们自己的人。他说一般人只发展了10%的潜在能力。"他具有各种各样的能力，却习惯性地不懂得怎么去利用。"

告诉自己：你是独一无二的，你是最棒的，做最独特、最棒的自己才是我们的选择。

洛威尔说："茫茫尘世、芸芸众生，每个人必然都会有一份适合他的工作。"

在个人成功的经验之中，保持自我的本色及以自身的创造性去赢得一个新天地，是最有意义的。

有一名酷爱文学的学生，苦心撰写了一篇小说，请一位著名的作家指导。可是这位作家当时正好眼睛不适，于是学生便将作品读给作家听。

读完最后一个字，学生停顿下来。作家问："结束了吗？"听语气似乎意犹未尽，渴望下文。这一问，可能写得不错，学生心中暗喜，马上回答说："没有啊，下部分更精彩。"他以自己都难以置信的构思叙述下去。

又"念"了一会儿，作家又似乎难以割舍地问："结束了吗？"

小说看来写得真不错，学生心中暗想着，于是他更兴奋、更激昂、更富有创作激情了。他不可遏止地一而再、再而三地接续、接续……最后，电话铃声骤然响起，打断了学生的思绪。

有人打电话找作家有急事，作家匆匆准备出门。

“那么，没读完的小说呢？”学生问。

作家回答：“其实你的小说早该收笔，在我第一次询问你是否结束的时候，就应该结束，没必要画蛇添足。看来，你仍然还没能把握情节脉络，尤其是缺少决断。决断是当作家的根本，拖泥带水，如何打动读者？”学生追悔莫及，自认性格过于受外界左右，作品难以把握，于是放弃了当作家的梦想。

多年以后，这名年轻人遇到另一位非常有名的作家，羞愧地谈及那段往事。谁知这位作家惊呼：“你的反应如此迅捷，思维如此敏锐，编写故事的能力如此出众，这些正是成为作家的天赋呀！假如能正确运用，你的作品一定能脱颖而出。”

年轻人盲目迷信权威，结果白白辜负了自己的大好才华。可见，权威的意见固然有他的缘由所在，然而权威只能作为我们人生的参考，却不能取代我们对于自己人生的独立思考。权威可能今天是权威，不代表永远是权威。更何况，权威有很多，你是听信哪个呢？权威不代表真理！如果你多问几句，这是真的吗？如果你改变一下，这次不这样做，结果会是怎样？如果你说不，又会是怎样？不要害怕自己的决定会是错的，因为权威们也不知道真正的事实到底是什么，他们也是以自己的经验做判断。相信自己的决断是正确的，你也实现了自我突破。自我突破走出自己的一条路，是面对权威做出的正确选择，也是实现自我价值的出路所在。

著名物理学家杨振宁谈到科学家的胆魄时曾说：“当你老了，你会变得越来越习惯于舒服……因为一旦有了新想法，马上会想到一大堆永无休止的争论。而当你年轻力壮的时候，却可以到处寻找新的观念，大胆地面对挑战。”为什么有些大人物成名之后辉煌难再？其重要原因之一恐怕就在这里。反对研制飞机的那些科学大师们就是这样。因此，我们应该不向习惯低头，敢于挑战权威。

不断创新，成功就会降临

创新并不是什么高深的学问，它确有方法可循，简单地改变往往就能收获到巨大的成功。

一个没有创新能力的人是可悲的人，一个没有创新意识的人是缺少希望的人。一个人若想改变当前的境遇，必须不断创新。只有锐意创新，成功才会降临到你头上。

日本有一家高脑力公司。公司上层发现员工一个个萎靡不振，面色憔悴。经咨询多方专家后，他们采纳了一个最简单而别致的治疗方法——在公司后院中用圆滑光润的800个小石子铺成一条石子小道。每天上午和下午分别抽出15分钟时间，让员工脱掉鞋在石子小道上随意行走散步。起初，员工们觉得很好笑，更有许多人觉得在众人面前赤足很难为情，但时间一久，人们便发现了它的好处，原来这是极具医学原理的物理疗法，起到了一种按摩的作用。

一个年轻人看了这则故事，便开始着手他火红的生意。他请专业人士指点，选取了一种略带弹性的塑胶垫，将其截成长方形，然后带着它回到老家。老家的小河滩上全是光洁漂亮的小石子。在石料厂将这些拣选好的小石子一分为二，一粒粒稀疏有致地粘满胶垫，干透后，他先上去反复试验感觉，反复修改了好几次后，确定了样品，然后就在家乡批量生产。后来，他又把它们分为好几个规格，产品一生产出来，他便尽快将产品鉴定书等手续一应办齐，然后在一周之内就把能代销的商店全部上了货。将产品送进商店只完成了销售工作的一半，另一半则是要把这些产品送进顾客手里。随后的半个月内，他每天都派人去做免费推介员。商店的代销稳定后，他又开拓了一项上门服务：为大型公司在后院中铺设石子小道；为幼儿园、小学在操场边铺设石子乐园；为家庭装铺室内石子过道、石子浴室地板、石子健身阳台等。一块本不起眼的地方，一经装饰便成了一块小小的乐园。

紧接着，他将单一的石子变换为多种多样的材料，如七彩的塑料、珍贵的玉石，以满足不同人士的需要。

800粒小石子就此铺就了一个人的成功之路。

不要担心自己没有创新能力，慧能和尚说："下下人有上上智。"创新能力与其他能力一样，是可以通过教育、训练而激发出来并在实践中不断得到提高的。它是人类共有的可开发的财富，是取之不尽、用之不竭的"能源"，并非为哪个人、哪个民族、哪个国家所专有。

因此，人人都能创新。

你现在需要做的就是不断激发自己的创新能力，多一些想法，多一些创造。那么成功迟早会来临。

培育创新能力要克服创新障碍，更要懂得方法。该如何培育创新能力呢？下面的4个步骤将给你提供帮助。

1. 全面深入地探讨创新环境

创新不是在真空中产生的，而是来自艰苦的工作、学习和实践。如果你正为一项工作绞尽脑汁，想在这个具体的问题上有所建树，那么，你需要全身心地投入到这项工作中，对其关键的问题和环节做深入的了解，对这项工作进行批判的思考，通过与他人讨论来收集各种各样的观点，思考你自己在这个领域的经验。总之，要全面深入地探讨创新环境，为创新准备"土壤"。

2. 让脑力资源处于最佳状态

在对创新环境有了全面的认识之后，你就可以把精力投入到手头的工作上来了。要为你的工作专门腾出一些时间，这样你就能不受干扰，专注于你的工作了。当人们专注于创新的这个阶段时，他们一般就完全意识不到发生在他们周围的事，也没有了时间的概念。当你的思维处于这种最理想的状态时，你就会竭尽全力地做好你的工作，挖掘以前尚未开发的脑力资源——一种深入的、"大脑处于最佳工作状态"的创新思路。

让脑力资源处于最佳状态，对于"思想做好准备"是很必要的，我们可以通过以下几种方式来做到让脑力资源处于最佳状态：

（1）调节。当我们进入教堂，我们就会使自己适应这里的气氛，表现出专注和认真，你可以用同样的方式来调节你在学习环境中的注意力，在选择学习环境时，要考虑到它是否有利于你专心。

（2）心理习惯。每个人都具有大量的习惯性的行为，有的行为是积极的，有的则是消极的，大多数则居于两者之间。学习需要全身心地集中和投入，这意味着你要改掉影响全身心投入的坏习惯，如同时总想做好几件事，或用有限的时间去完成很重要的任务。同时，要使脑力资源处于最佳状态，还包括要养成新的心理习惯：找一个合适的地方，调配足够的时间，以及进行认真的和有创意的思考。这些新的习惯可能需要你付出更大的努力，耗费更大的心血，但是，这些行为很快就会成为你自然的和本能的一部分。

（3）冥想。大脑充斥着思想、感情、记忆、计划——所有这一切都在竞争，想引起你的注意。在你整日沉浸于来自方方面面的刺激，需要从身心上做出反应时，这种大脑“吵架”的现象更为严重。为了专注于从事创新，你需要净化和清理你的大脑。做到这一点的一个有效的方法就是做冥想练习。

3. 运用技巧促使新思维产生

创新的思考要求你的大脑松弛下来，在不同的事情之间寻找联系，从而产生不同寻常的可能性。为了把自己调整到创新的状态上来，你必须从你熟悉的思考模式，以及对某事的固定成见中摆脱出来。为了用新的观点看问题，你必须能打破看问题的习惯方式。为了避免习惯的束缚，你可以用以下几种技巧来活跃你的思维。

（1）群策攻关法。群策攻关法是艾利克斯·奥斯伯恩于1963年提出的一种方法：与他人一起工作从而产生独特的思想，并创造性地解决问题。在一个典型的群策攻关期间，一般是一组人在一起工作，在一个特定的时间内提出尽可能多的思想。提出了思想和观点以后，并不对它们进行判断和评价，因为这样做会抑制思想自由地流动，阻碍人们提出建议。批判的评价可推迟到后一个阶段。应鼓励人们在创造性地思考时，善于借鉴他人的观点，因为创造性的观点往往是多种思想交互作用的结果。你也可以通过运用你思想无意识的流动，以及你大脑自然的联想力，来迸发出你自己的思想火花。

（2）创造“大脑图”。“大脑图”是一个具有多种用途的工具，它既可用来提出观点，也可用来表示不同观点之间的多种联系。你可以这样来开始你的“大脑图”：在一张纸的中间写下你主要的专题，然后记录下所有你能够与这个专题有联系的观点，并用连线把它们连起来。让你的大脑自由地运转，跟随这种建立联系的活动。你应该尽可能快地思考，不要担心次序或结构，让其自然地呈现出结构，要反映出你的大脑自然地建立联系和组织信息的方式。一旦完成了这个过程，你就能够很容易地在新的信息和你不断加深理解的基础上，修改其结构或组织了。

4. 留出充裕的酝酿时间

把精力专注于你的工作任务之后，创新的下一个阶段就是停止你的工作，为创新思想留出酝酿时间。虽然你的大脑已经停止了积极的活动，但是，你的大脑仍在继续运转——处理信息，使信息条理化，最终产生创新的思想和办法。这个过程就是大家都知道的“酝酿成熟”阶段，因为它反映了创新思维的诞生过程。当你在从事你的工作时，你从事创新的大脑仍在运转着，直到豁然开朗的那一刻，酝酿成熟的思想最终会喷薄而出，出现在你大脑意识层的表面上。最常见的情况是这样的，当参加一些与某项工作完全无关的活动时，这个豁然开朗的时刻常常会来临。

创新并不神秘，但它的力量却异常的强大和神奇。为了在现代竞争中占据一席之地，不断地创新是唯一的出路。

换一个角度，换一片天地

很多情况下，制造痛苦的并非事件本身，而是我们自己。

有一位哲人曾经说过：“我们的痛苦不是问题的本身带来的，而是我们对这些问题的看法而产生的。”这句话很经典，它引导我们学会解脱，而解脱的最好方式是面对不同的情况，用不同的思路去多角度地分析问题。因为事物都是多面性的，视角不同，所得的结果就不同。

有时候，人只要稍微改变一下思路，人生的前景、工作的效率就会大为改观。

当人们遇到挫折的时候，往往会这样鼓励自己：“坚持就是胜利。”有时候，这会让我们陷入一种误区：一意孤行，不撞南墙不回头。因此，当我们的努力迟迟得不到结果的时候，就要学会放弃，要学会改变一下思路。其实细想一下，适时地放弃不也是人生的一种大智慧吗？改变一下方向又有什么难的呢？

一位中国商人在谈到卖豆子时，显示出了一种了不起的激情和智慧。

他说：如果豆子卖得动，直接赚钱好了。如果豆子滞销，分三种办法处理：

第一，将豆子沤成豆瓣，卖豆瓣。

如果豆瓣卖不动，腌了，卖豆豉；如果豆豉还卖不动，加水发酵，改卖酱油。

第二，将豆子做成豆腐，卖豆腐。

如果豆腐不小心做硬了，改卖豆腐干；如果豆腐不小心做稀了，改卖豆腐花；如果实在太稀了，改卖豆浆。如果豆腐卖不动，放几天，改卖臭豆腐；如果还卖不动，让它长毛彻底腐烂后，改卖腐乳。

第三，让豆子发芽，改卖豆芽。

如果豆芽还滞销，再让它长大点，改卖豆苗；如果豆苗还卖不动，再让它长大点，干脆当盆栽卖，命名为“豆蔻年华”，到城市里的各间大中小学门口摆摊或到白领公寓区开产品发布会，记住这次卖的是文化而非食品。如果还卖不动，建议拿到适当的闹市区进行一次行为艺术创作，题目是“豆蔻年华的枯萎”，记住以旁观者身份给各个报社写个报道，如成功地利用豆子迅速成为行为艺术家，并完成另一种意义上的资本回收，同时还可以拿点报道稿费。如果行为艺术没人看，报道稿费也拿不到，赶紧找块地，把豆苗种下去，灌溉施肥，3个月后，收成豆子，再拿去卖。

如上所述，循环一次。经过若干次循环，即使没赚到钱，豆子的囤积问题相信也不会太严重，那时候，想卖豆子就卖豆子，想做豆腐就做豆腐！

换个思路，换个角度，变通一下，总会有新的方向和市场。一条路走到黑只会是头破血流，不妨绕道而行，自己的状况也会取得突破。

对于每个人来说，思维定式使头脑忽略了定式之外的事物和观念。而根据社会学、心理学和脑科学的研究成果来看，思维定式似乎是难以避免的。不过经实验证明，人类通过科学的训练还是能够从一定程度上削弱思维定式的强度的，那么，这种训练方法是什么呢？答案是：尽可能多地增加头脑中的思维视角，拓展思维的空间。

美国创造学家奥斯本是“头脑风暴法”的发明人。为了促进人们大胆进行创造性想象、提出更多的创造性设想，奥斯本提出著名的思想原则，以激励人们形成“激烈涌现、自由奔放”的创造性风格。

1. 自由畅想原则

指思维不受限制，已有的知识、规则、常识等种种限定都要打破，使思维自由驰骋。破除常规，使心灵保持自由的状态，对于创造性想象是至关重要的。

例如，从事机械行业的人习惯用车床切割金属。在车床上直接切割部件的是车刀，它当然要比被切割的金属坚硬。那么，切割世界上已知最硬的东西该怎么办呢？显然无法制出更硬的车刀，于是，善于进行自由畅想的技师发明了电焊切割技术。

2. 延迟评判原则

指在创造性设想阶段，避免任何打断创造性构思过程的判断和评价。日本一家企业的管理者在给下属布置任务时指出：只要是有关业务的合理性建议，一律欢迎，不管多么可笑，想说就说出来。但他强调，绝不允许批评别人的建议。虽然大家开始有些拘谨，但后来气氛越来越活跃。结果，征集到了 100 多条合理性建议，企业的发展因此出现了大幅度的飞跃。

3. 数量保障质量原则

指在有限的时间内，提出一定的数量要求，会给设想的人造成心理上的适当压力，往往会减少因为评判、害怕而造成的分心，提出更多的创造性设想。在实践中，奥斯本发现，创造性设想提得越多，有价值的、独特的创造性设想也越多，创造性设想的数量与创造性设想的质量之间是有联系的。数量保障质量原则就是利用了这一规律。

4. 综合完善原则

指对于提出的大量的、不完善的创造性设想，要进行综合和进一步加工完善工作，以使创造性设想更加完善和能够实施。

奥斯本的四项原则，虽然是用于小组创造活动的，但是，这四条原则能保障创造性设想过程能够顺利进行，因此，对于个人进行创造性思维启发是巨大的。

要解决一切困难是一个美丽的梦想，但任何一个困难都是可以解决的。一个问题就是一个矛盾的存在，只要在矛盾之中，尝试着拓展思路去看问题，寻找到一个合适的矛盾节点，就可以迎来一个柳暗花明的新局面。

创新思维是创造活动的前提

人是靠大脑解决一切问题的。创新思维给人类前进和创造财富提供了永不枯竭的原动力。

创新是21世纪最热门的话题，各行各业都在大力倡导创新。创新决定发展，不创新就意味着淘汰出局。而所有的创新都源于思维：没有灵活的头脑，一切创新都无从谈起。因此，提升头脑的创新能力，已经成为每一个现代人都无法回避的当务之急。

千百年来，人类正是凭借着创新思维在不断地认识世界、改造世界。创新思维给人类前进和创造财富提供了原动力。从这个意义上说，人类所创造的一切成果，都是创新思维的物化。古往今来，人们赞美创造，崇尚科学发明，敬仰策划大师，但对人类这种创新思维的本质、物化及其发展等问题，却了解甚少。

一般人都具有正常的思维能力和思维形式，但一般的思维不一定能产生创造。创新思维与一般思维尤其是逻辑思维大不相同。

创新思维指的是开拓、认识新领域的一种思维，简单地说，创新思维就是指有创见的思维，是人们在已有经验的基础上，从某些事实中更深一步地找出新点子、寻求新答案的思维。

创新思维是潜伏在你头脑中的金矿，它绝不是什么天才之类的独特力量和神秘天赋。运用创新思维，你可以顺利解决大到宏伟的计划，小到日常纠纷中的难题。

那么，什么是创新思维？举个例子，一个人举着一块价值9美元的铜板叫卖：价值28万美元。人们不了解，就问他怎么回事。他解释说："这块价值9美元的铜板，如果制成门柄，价值就增为21美元；如果制成工艺品，价值就变成300美元；如果制成纪念碑，价值就应该达到28万美元。"他的创意打动了华尔街的一位金融家，结果，那个铜板最终制成了一个优美的胸像——一位成功人士的纪念像，最终价值为30万美元。从9美元到30万美元，这就是人的创新思维的功劳。

一个人从小学到大学接受的教育基本上都是逻辑思维。逻辑思维是在现有知识、经验之内的思维活动，虽然有时候它也可以有一些发现、发明，但是，它们一般都拘泥于已学过的知识，只是在某个范围内按照已知的规律进行判断和推理，从而得出一些结论。

而创新思维与逻辑思维相比，不同点主要在于它具有新颖性、独创性及突破逻辑思维的严谨性。与逻辑思维不同，创新思维是要突破已有的知识与经验的局限，常常是在看来不合逻辑的地方发现突破口。创新思维在很大程度上是以直观、猜测和想象为基础而进行的一种思维活动，光凭逻辑思维是不能使一个人产生新思想的。有人说："对科学行动与积累进行逻辑分析实在是科学发展的一大障碍；科学家越推崇逻辑，他们推理的科学价值就越低，这样说是绝对不过分的。逻辑学所关心的是正确性与确实性，与创新思维完全无关。"这些论述虽有一些局限性，但却进一步说明创新思维与逻辑思维是不同的。

创新思维本质上就是各种不同思维形式的对立统一，它是一种辩证的思维。

爱因斯坦曾说："人是靠大脑解决一切问题的。"头脑中的创新思维是人们进行创新活动的基础和前提，一切需要创新的活动都离不开思考，离不开创新思维。

有人说创新思维就是指有创见的思维，它是人们在已有经验基础上，从某些事物中更深一步地找出新点子，寻求新答案的思维；也有人说创新思维是指对事物间的联系进行前所未有的思考，从而创造出新事物的思维方法；还有人说创新思维是一切具有崭新内容的思维形式的总和……不管是哪种解释，总之一句话，凡是能想出新点子、创造出新事物、发现新路子的思维都属于创新思维。

创新思维是一切创新活动的开始。因此，我们要学好、用好创新思维，融会贯通，充分激发自己的创新潜能。美国心理学家邓克尔通过研究发现，人们的心理活动常常会受到一种所谓"心理固着效果"的束缚，即容易只把已存在的看成是合理的、可行的，因而在看待某些事物、思考某种问题时，很容易沿着原有的旧思路延伸，受到传统模式的严重羁绊而无法突破、创新。

要想培养创新思维，必先打破这种“心理固着效果”，勇敢地冲破传统的看事物、想问题的模式，通过全新的思路来考察和分析问题，进而才有可能产生大的突破。

创新就是看到别人还未看到的，想到别人还未想到的，站在上升、前进和发展的立场上，破除思想僵化、墨守成规、安于现状的思维状态，突破思维的定式，提出新问题、解决新问题，促进旧事物的灭亡、新事物的成长和壮大，实现事物的发展。

缺乏创新思维往往是由于自我设限造成的，随着时间的推移，我们所看到的、听到的、感受到的、亲身经历的各种现象和事件，一个个都进入我们的头脑中而构成了思维模式。这种模式一方面指引我们快速而有效地应对、处理日常生活中的各种小问题，然而另一方面，它却无法摆脱时间和空间所造成的局限性，让人难以走出那无形的边框而始终在这个模式的范围内打转转。创新对于成功有着至关重要的意义，我们应在生活中不断训练和深化自己的创新思维。但是培养创新思维也是有条件的，我们在此之前还必须得具备两种能力。

第一，独立思考的能力

只有养成了独立思考的习惯，才能在风风雨雨的事业之路上闯出一片天地。独立思考是一个人成功的最重要、最基本的心理素质，要做一个具有创造性的人，并且在所进行的创造中获得无穷的乐趣！一位学者指出：“人们只有在好奇的引导下，才会去探索被表面所遮盖的事物的本来面貌。”好奇，可以说是创造的基础、动力。创造性思维构想的事物有如火花般闪现一瞬，稍纵即逝，这种稍纵即逝的思维的火花就是灵感。所以我们在工作中一旦发现有利于事业发展的意念、灵感，就要赶快抓住。

第二，敢于付诸行动的能力

具有创造性的员工，绝不会仅仅是个空想者，如果你拥有了创新的观点，必须立刻付诸行动。马上去做、放手去做，你就会有力量，可以克服眼前的困难，克服恐惧，达到全新的境界。如果员工总给老板提意见，而不去勤奋刻苦地工作，也不敢尝试新的方法，就会因恐惧失败而不敢迈向人生的高峰。

“与时俱进，开拓创新”是新时代吹响的号角，是当代竞争所产生的必然要求。谁没有创新能力，谁就没有新的进展；谁忽视创新，谁就无法突破事业发展的瓶颈。

总之，创新是成功的牵引力，它牵引着你的梦想之旅，促使你踏上成功之路、快乐之途，创造出双赢的局面。

思想超前方能无中生有

正是我们今天的思考和努力，预知和把握着未来的蓝图。一切皆有可能。只要敢于冲破思想的樊篱。

昨天的努力、今天的奋斗，都是为了赢得明天的辉煌。明天是未知的，是不可猜测的，但我们却可以利用超前思维预知和把握未来。综观无数成功案例，杰出人士就是靠超前思维拨开了现实的层层迷雾，突破了发展道路上的重重障碍，最终看到了胜利的曙光。

思想超前，用中国一句古话来形容就是未雨绸缪，以长远的眼光，对未来早做谋划。思想超前的人，能够洞悉种种隐匿未现的机遇，从而早做准备，果断出击，实现“无中生有”的目标。

要走无中生有的路，就要运用超前思维以“见人所未见”“为人所未为”。套用鲁迅名言：“无路处本来就是创新的路。”要走无中生有的路，就要有魄力、有决心、有方法，搭别人的车走自己的路，或借用别人的路，行自己的车；要走无中生有的路，还要有很高的心理素质。

创新意味着机会，同时也意味着风险。要走无中生有的路，要想做出无米之炊，没有点胆量、气魄是万万不能的，因此，谁要想走出人所未走之路，谁要想成人所未成之功，谁就要不畏惧失败，要勇于承受风险。

威尔士是美国东北部哈特福德城的一位牙科医生，是西方世界医学领域对人体进行麻醉手术的最早试验者。在威尔士以前，西方医学界还没有找到麻醉人体之法，外科手术都是在极残酷的情况下进行的。

后来，在英国化学家戴维发现笑气（氧化亚氮）以后的1844年，美国化学家考尔顿考察了笑气对人体的作用，带着笑气到各地做旅行演讲，并做笑气“催眠”的示范表演。这天他来到美国东北部哈特福特城进行表演，不想在表演中发生了意外。那是在表演者吸入笑气之后，由于开始的兴奋作用，病人突然从半昏睡中一跃而起，神志错乱地大叫大闹着，从围栏上跳出去追逐观众。在追逐中，由于他神志错乱，动作混乱，大腿根部一下子被围栏划破了个大口子，鲜血涌泉般地流淌不止，在他走过的地上留下一道殷红的血印。围观的观众早被表演者的神经错乱所惊呆，这时又见表演者不顾伤痛向他们追来，更是惊吓不已，都惊叫着向四周奔去，表演就这样匆匆收了场。

这场表演虽结束了，但表演者在追逐观众时腿部受伤而丝毫没有疼痛的现象，却给现场的牙科医生威尔士留下了非常深刻的印象。于是他立即开始了对氧化亚氮的麻醉作用进行实验研究。

1845年1月，威尔士在实验成功之后，来到波士顿一家医院公开进行无痛拔牙表演。表演开始，威尔士先让病人吸入氧化亚氮，使病人进入昏迷状态，随后便做起了拔牙手术。但不巧，由于病人吸入氧化亚氮气体不足，麻醉程度不够，威尔士的钳子夹住病人的牙齿刚刚往外一拔，便疼得那位病人“啊呀”一声大叫起来。众人见之先是一惊，随之都对威尔士投去轻蔑的眼光，指责他是个骗子，把他赶出了医院。

威尔士表演失败了，他的精神也崩溃了。他转而认为手术疼痛是“神的意志”，于是他放弃了对麻醉药物的研究。

可是他的助手摩顿与其不同，摩顿开始了自己的探索。1846年10月，摩顿在威尔士表演失败的波士顿医院当众再做麻醉手术实验。结果在众目睽睽之下，他获得了成功。

“无中生有”是需要气魄、胆识和毅力的，在“无中生有”的创新之路上，往往有失败和风险同行。成功属于能够不畏艰险，善于从失败中吸取经验教训并坚持到底的人。

失败往往是促进进步、产生创新的良方。一次失利并不等于最终失败，惧怕失败而不敢创新的人，就如同害怕跌倒而停步不前的人。要开辟一条“无中生有”的创新之路，首先得准备接受失败的打击，把它看作成功创新的必经之路。

形成创新思维的习惯

比别人多想一点，比别人多走一步。培养创新的习惯，将有利于我们更好地捕捉机遇。

如何保持创新思维，直接关系到一个人的事业成败，因为只有创新才能激活自己全身的能量，才能更好地投入事业中。

邹衡教授说过：“为什么有那么多人不能拯救自己，始终陷入痛苦的挣扎中呢？就是因为他们有健康的身体，却无健康的大脑，没有认真思考的能力，完全不能根据自身条件和时机寻找一条有创意的道路。创新思考是你在百般无奈时、沉思默想时意外地发现，是一种细致的观察，是一种才智的爆发！”

生活中，思维创新更是不可缺少的。以求职为例，职业的多样性，给每个求职者提供了可能。那种认为只有一种职业适合自己的观点，肯定是错误的，因为它本来就缺少创意，仅仅是一种不愿努力改变自身被动状态的懒惰心理而已。

唯有工作改变才能创新人生。

这就是说，现代人试图改变人生的方法就是把智慧用在工作的创新中，力戒一种工作适合于自己的观点。用不同的工作挑战自我，就是最大的创新！

而这些，只有通过思考才能实现。想成功就要开动大脑，思考自己的未来，才会有所突破，你的人生才会多姿多彩。

一位教授说过：“考试的时候，你们把我讲的内容全部复述出来，最多也只能得‘良’，我要的是你们自己的思想。”这种学术上的包容不仅开拓了学生的思维，影响到他们的学生时代，而且对他们日后的工作思路和方法都是一个启迪、一份宝贵的思想财富。

如果你想成功，一定要养成思考创新的习惯，因为它是成大事的催化剂。

你要不停地思考，在学习前人优秀的东西的同时，要用创新思考的习惯，突破前人的束缚，突破这张网。

18 世纪化学界流行“燃素学”。这种认为物体能燃烧是由于物体内含有燃素的错误学说，严重束缚了人们的思想，许多科学家都去积极寻找燃素，没有一个人对此表示怀疑。瑞典化学家舍勒也是热衷于寻找燃素的人，他从硝酸盐、碳酸盐的实验中，得到了一种气体，实际上就是氧气。但他却以为自己找到了燃素，命名为“火气”，并解释为火与热是火气与燃素结合的产物。舍勒如果不受燃素说的影响，当时就得到了氧气的发现权。英国人普利斯特在实验中也得到了氧气，可是也因为笃信燃素说，而把氧气说成“脱燃素的空气”，遭到了和舍勒同样的命运。

后来，普利斯特把加热氧化汞取得“脱燃素的空气”的实验告诉了拉瓦锡。拉瓦锡却未盲从，他不受“燃素说”的束缚，大胆地提出怀疑，经过分析，终于取得了氧气的发现权，使化学理论进入了一个新的时期。

要善于思考、敢于否定前人，培养提出问题的能力。学习新知识，不能完全依靠老师，也不能盲目迷信书本，应勇于质疑。勇于提出问题，这是一种可贵的探索求知精神，也是创造的萌芽。由于知识的继承性，在每个人的头脑里都容易形成一个比较固定的概念世界，而当某些经验与这一概念世界发生冲突时，惊奇就开始产生，问题也开始出现。人们有了摆脱“惊奇”和消除疑问的愿望，便构成了创新的最初冲动，因此“提出问题”是创新的重要前提。

多少年来，不知有多少人为创新而向历史发出了挑战，或许人们已经把他们的容貌淡忘了，但他们的精神，他们对历史做出的贡献却影响着一代又一代的人们。你应把创新作为自己思考的特质之一，努力地成就自己的事业。

知识改变命运，创新成就未来。如果没有创新意识与创新能力，我们每个人、每个企业乃至我们的国家就不可能赢得未来竞争中的生存与发展的空间，我们将不得不处处受制于人。因此，自主创新之路，是我们每个人义不容辞的责任与义务，我们要学会创新、善于创新，我们应从身边的小事做起，一步一个脚印地做好创新的工作，完成创新的使命。

创新活动共分 5 个阶段。

第一个阶段：最初的观念

你有一个问题要解决或有一件事要做，你想找一个更好的工作，你的房子需要重新装修一下，你想把你们公司里的废料做成有用的副产品等，这些都属于最初的观念。

第二个阶段：准备阶段

现在你要寻找一个发展这个处在萌芽状态下的观念的所有可能的方法。尽可能多地收集相关资料，阅读有关书籍，记笔记，和别人交谈，提出问题。要善于接受新东西，这些都是开动我们想象力的跳板。

第三个阶段：酝酿阶段

可让你的潜意识活动起来。散散步、小睡一会儿、洗个澡、做做其他的工作或娱乐一会儿，把问题留到以后再解决。正如作家埃德娜·弗伯说过的："一个故事，要在它自己的汁液里慢慢炖上几个月甚至几年，才能成熟。"

第四个阶段：开窍阶段

这是创新过程的最高阶段。思维豁然开朗，一切东西都突然变得井井有条。达尔文一直在为写作《进化论》收集材料，直到有一天，当他坐在马车里旅行时，这些材料都突然一下子融为一体了。达尔文写道："当解决问题的思想令人愉快地跳进我脑子里的时候，我的马车驶过的那个地方我至今还记得清清楚楚。"开窍是创新过程中最令人兴奋和愉快的阶段。

第五个阶段：核实阶段

不管你的见识多么高明，但开窍时得到的启示可能是根本靠不住的，这时便要发挥理智和判断的作用。你的预感或灵感都要经过逻辑推理并加以验证。你要回过头来尽可能客观地看待你的设想。你要征求别人的意见，对这出色的设想加以修正，使之趋于完善；而且，经过核实，你往往会得出更新、更好的见解。

为帮助你进行创新活动，这里提供一些参考性意见。

首先，你必须激发自己，要有一个明确的目的、一个强烈的愿望。最好的主意往往出自那些渴望成功的人。爱迪生为了能继续工作，就以拼命多赚钱来激励自己。在成了百万富翁以后，他说："任何不能卖钱的东西我是不会发明的。"

其次，你还必须为自己制造一种紧迫感，戒除拖延的恶习。给自己规定一个期限以提出新的思想。期限规定不但要合理，而且要有鞭策性，以造成必要的压力。期限规定后要坚决贯彻执行。

成功者总是走在别人前面。有时，你比别人多想一点，比别人多走一些，就能看到别人没有看到的机会。因此，养成创新的习惯，将有利于我们更快、更好地捕捉机遇，使我们拥有一个更广阔的人生。

第五章
没有解决不了的问题，只有解决不了问题的人

没有笨死的牛，只有愚死的汉

《易经》说："穷则变，变则通。"的确，天无绝人之路，遇到问题时，只要肯找方法，上天总会给有心人一个解决问题、取得成功的机会。

人们都渴望成功，那么，成功有没有秘诀？其实，成功的一个很重要的秘诀就是寻找解决问题的方法、俗话说："没有笨死的牛，只有愚死的汉。"任何成功者都不是天生的，只要你积极地开动脑筋，寻找方法，终会"守得云开见月明"。

世间没有死胡同，就看你如何寻找方法、寻找出路。且看下文故事中的林松是如何打破人们心中"愚"的瓶颈，从而找到自己成功的出路的。

有一年，山丘市经济萧条，不少工厂和商店纷纷倒闭，商人们被迫贱价抛售自己堆积如山的存货，价钱低到 1 元钱可以买到 10 条毛巾。

那时，林松还是一家纺织厂的小技师。他马上用自己积蓄的钱收购低价货物，人们见到他这样做，都嘲笑他是个蠢材。

林松对别人的嘲笑一笑置之，依旧收购抛售的货物，并租了很大的货仓来储存。

他母亲劝他不要购入这些别人廉价抛售的东西，因为他们历年积蓄下来的钱数量有限，而且是准备给林松办婚事用的。如果此举血本无归，那么后果便不堪设想。

林松安慰她说：

"3 个月以后，我们就可以靠这些廉价货物发大财了。"

林松的话似乎兑现不了。

过了 10 多天后，那些商人即使降价抛售也找不到买主了，他们便把所有存货用车运走烧掉。

他母亲看到别人已经在焚烧货物，不由得焦急万分，便抱怨起林松。对于母亲的抱怨，林松一言不发。

终于，政府采取了紧急行动，稳定了山丘市的物价，并且大力支持那里的经济复苏。

这时，山丘市因焚烧的货物过多，商品紧缺，物价一天天飞涨。林松马上把自己库存的大量货物抛售出去，一来赚了一大笔钱，二来使市场物价得以稳定，不致暴涨不断。

在他决定抛售货物时，他母亲又劝告他暂时不要把货物出售，因为物价还在一天一天飞涨。

他平静地说：

“是抛售的时候了，再拖延一段时间，就会后悔莫及。”

果然，林松的存货刚刚售完，物价便跌了下来。

后来，林松用这笔赚来的钱，开设了 5 家百货商店，生意十分兴隆。

如今，林松已是当地举足轻重的商业巨子了。

面对问题，成功者总是比别人多想一点，老王就是这样的人。

老王是当地颇有名气的水果大王，尤其是他的高原苹果色泽红润，味道甜美，供不应求。有一年，一场突如其来的冰雹把将要采摘的苹果砸出了许多伤口，这无疑是一场毁灭性的灾难。然而面对这样的问题，老王没有坐以待毙，而是积极地寻找解决这一问题的方法，不久，他便打出了这样的一则广告，并将之贴满了大街小巷。

广告上这样写道：“亲爱的顾客，你们注意到了吗？在我们的脸上有一道道伤疤，这是上天馈赠给我们高原苹果的吻痕——高原常有冰雹，只有高原苹果才有美丽的吻痕。味美香甜是我们独特的风味，那么请记住我们的正宗商标——伤疤！”

从苹果的角度出发，让苹果说话，这则妙不可言的广告再一次使老王的苹果供不应求。

世上无难事，只怕有心人。面对问题，如果你只是沮丧地待在屋子里，便会有被禁锢的感觉，自然找不到解决问题的正确方法。如果将你的心锁打开，开动脑筋，勇敢地走出自己固定思维的枷锁，你将收获很多。

三分苦干，七分巧干

很多人认为，只有苦干才能成功。但无数成功者的经验表明，一个人要走向成功不能只会苦干，更要学会巧干。因为现在是“巧干”升值的时代，比别人会巧干的人可以少走弯路，更快地走向成功。

人们常说：一件事情需要三分的苦干加七分的巧干才能完美。意思是做事要注重寻找解决问题的方法，用巧妙灵活的方法解决难题，不要一味地蛮干。也就是说，“苦”的坚韧离不开“巧”的灵活。一个人做事，若只知下苦功夫，则易走入死道，若只知用巧，则难免缺乏“根基”，唯有三分苦加上七分巧才能更容易达到自己的目标。王勉就是深谙此道理的人。

王勉是一家医药公司的推销员。一次他坐飞机回公司，竟遇到了意想不到的劫机事件。通过各界的努力，问题终于得以解决。就在要走出机舱的一瞬间，他突然想道：劫机这样的事件非常重大，应该有不少记者前来采访，为什么不好好利用这次机会宣传一下自己公司的形象呢？

于是，他立即从箱子里找出一张大纸，在上面写了一行大字：“我是 ×× 公司的王勉，我和公司的 ×× 牌医药品安然无恙，非常感谢搭救我们的人！”

他打着这样的牌子一出机舱，立即就被电视台的镜头捕捉住了。他立刻成了这次劫机事件的明星，很多家新闻媒体都争相对他进行采访报道。

等他回到公司的时候，受到了公司隆重的欢迎。原来，他在机场别出心裁的举动，使得公司和产品的名字几乎在一瞬间家喻户晓了。公司的电话都快打爆了，客户的订单更是一个接一个。董事长当场宣读了对他的任命书：主管营销和公关的副总经理。事后，公司还奖励了他一笔丰厚的奖金。

王勉的故事，说明了一个道理：做任何事情，都要将“苦”与“巧”巧妙结合。正所谓“三分苦干，七分巧干”，“苦”在卖力，“巧”在灵活地寻找方法，只有这样，才最容易找到走向成功的捷径。陈良的故事就说明了这个道理。

陈良出生在一个穷困的山村，从小家里生活就很困难。17 岁那年，他独自一人带着 8 个窝窝头，骑着一辆破自行车，从小山村到离家 100 公里外的城里去谋生。

城里的工作本来就不好找，加上他连高中都没有毕业，学历这么低，要想找到一份好的工作更是难上加难。

他好不容易在建筑工地找到了一份打杂儿的活。一天的工钱是两元钱，这只够他吃饭，但他还是想尽办法每天省下一元钱接济家人。

尽管生活十分艰难，但他还是不断地鼓励自己会有出人头地的一天。为此，他付出了比别人更多的努力。两个月后，他被提升为材料员，每天的工资加了一元钱。

靠着自己的不懈努力，他初步站稳了脚跟。之后，他就开始重视方法。他认为：要想在新单位站稳脚跟，更多地得到大家的认可，就不能只靠苦干，更要靠巧干。那么，怎样才能做到这点呢？

冥思苦想之后，他终于想到了一个点子。工地的生活十分枯燥，他想，能不能让大家的业余生活过得丰富一点呢？想到这里，他拿出自己省下来的一点钱，买了《三国演义》《水浒传》等名著，认真阅读后，就给大家讲故事。这一来，晚饭后的时间，总是大家最开心的时间。每天，工地上都洋溢着工友们欢乐的笑声。

一天，老板来工地检查工作，发现他有非常好的口才，于是决定将他提升为公关业务员。

一个小点子付诸实践后就能有这样的效果，他极受鼓舞。于是，他便将主动找方法，并运用到工作的各个方面。

对工地上的所有问题，他都抱着一种主人翁的心态去处理。夜班工友有随地小便的习惯，怎么说都没有用，他便想尽各种方法让大家文明上厕；一个工友性格暴躁，喝酒后要与承包方拼命，他想办法平息矛盾，做到使各方都满意……

别看这些都是小事，但领导都看在眼里。慢慢地，他成了领导的左膀右臂。

由于他经常主动找方法，终于等来了一个创业的良机。有一天，工地领导告诉他，公司本来承包了一个工程，但由于各种原因，难度太大，决定放弃。

作为一个凡事都爱“三分苦干，七分巧干”的人，他力劝领导别放弃。领导看着他充满热情，突然说了一句话：“这个项目我没有把握做好。如果你看得准，由你牵头来做，我可以为你提供帮助。”

他几乎不敢相信自己的耳朵：这不是给自己提供了一个可以自行创业的绝好机会吗？他毫不犹豫地接下了这个项目，然后信心百倍地干了起来。

但遇到的困难是出乎意料的，仅仅是报批程序中需要盖的公章就有 15 个，但他还是想尽办法，一个个都盖下来了。终于项目如期完成了，他掘到了人生的第一桶金。

不久，他便成立了自己的建筑公司，并且事业做得越来越大。

所谓没有办法就是没有想出新方法

是真的没办法吗？还是我们根本没有好好动脑筋想新方法？事实上，只要我们用一种大的视野、一种综观全局的胸怀来看待问题，用一种灵动多变的思考方式、一种随机应变的智慧去分析判断问题，就不会找不到解决问题的新方法。

"实在是没办法！"

"一点办法也没有！"

这样的话，你是否熟悉？你的身边是否经常有这样的声音？

当你向别人提出某种要求时，得到这样的回答，你是不是会觉得很失望？

当你的上级给你下达某个任务，或者你的同事、顾客向你提出某个要求时，你是否也这样回答过？

当你这样回答时，你是否能够体会到别人对你的失望？一句"没办法"，我们似乎为自己找到了可以不做的理由。是真的没办法吗？只有暂时没有找到解决办法的困难，而没有解决不了的困难。一句"没办法"，浇灭了很多创造的火花，阻碍了我们前进的步伐！是真的没办法吗？还是我们根本没有好好动脑筋想办法？发动机只有发动起来才会产生动力，同样，想办法才会有办法！下面的故事就给我们以新的启迪。

一家位于北京市内商业闹市区、开业近两年的美容店，吸引了附近一大批稳定的客户，每天店内生意不断，美容师难得休息，加上店老板经营有方，每月收入颇丰，利润可观。但由于经营场所限制，始终无法扩大经营，该店老板很想增开一家分店，可此店开业不长，资金有限，还不够另开一家分店。

店老板苦思冥想，如何筹集到开分店的启动资金呢？他突然想到，平时不是有不少熟客都要求美容店打折优惠吗？自己都是很爽快地打了9折优惠。他灵机一动，推出10次卡和20次卡：一次性预收客户10次美容的钱，对客户给予8折优惠；一次性预收客户20次的钱，给予7折优惠。对于客户来讲，如果不购美容卡，一次美容要40元，如果购买10次卡（一次性支付320元，即10次 ×40元/次 ×0.8=320元），平均每次只要32元，10次美容可以省下80元；如果购买20次卡（一次性支付560元，即20次 ×40元/次 ×0.7=560元），平均每次美容只要28元，20次美容可以省下240元。

通过这种优惠让利活动，吸引了许多新、老客户购买美容卡，结果大获成功，两个月内，该店共收到美容预付款达7万元，解决了开办分店的资金问题，同时也拥有了一批固定的客户。

就是用这种办法，店老板先后开办了5家美容分店。

有一位智者说，这个世界上有两种人：

一种人是看见了问题，然后界定和描述这个问题，并且抱怨这个问题，结果自己也成为这个问题的一部分。

另一种人是观察问题，并立刻开始寻找解决问题的办法，结果在解决问题的过程中自己的能力得到了锻炼、品位得到了提升。

你愿意成为问题的一部分，还是成为解决问题的人，这个选择决定了你是一个推动公司发展的关键员工，还是一个拖公司后腿的问题员工。

在一次企业管理培训课上，一位蛋糕店的老板陈先生和大家一起分享了他的创业经验。他深有感触地说："我很幸运，有一位善于找方法解决问题的员工。那次如果没有她，我的店很可能早就关门了。"

原来，陈老板开了一家蛋糕店。这个行业，竞争本来就十分激烈，加上陈老板当初在选择店址上有些小小的失误，开在了一个比较偏僻的胡同里，因此，自从蛋糕店开张后，生意一直不好，不到半年，就支撑不下去了。面对收支严重失衡的状况，陈老板无奈地想结束生意。这时，店里负责卖糕点的一个女员工给他提了一个建议。

原来，这个员工在卖蛋糕的时候曾经碰到过一个女客人，想给男朋友买一个生日蛋糕。当这个员工问她想在蛋糕上写些什么字的时候，女客人嗫嚅了半天才不好意思地说："我想写上：'亲爱的，我爱你'。"

员工一下子明白了女客人的心思，原来她想写一些很亲热的话，又不好意思让旁人知道。有这种想法的客人肯定不止一个，现在，各个蛋糕店的祝福词都是千篇一律的“生日快乐”“幸福平安”之类，为何不尝试用点特别的祝福语呢？

于是，这个员工送走女客人后，就向陈老板建议：“我们店里糕点师用来在蛋糕上写字的专用工具，可不可以多进一些呢？只要顾客来买蛋糕，就赠送一支，这样客人就可以自己在蛋糕上写一些祝福语，即使是隐私的话也不怕被人看到了。”

一开始，陈老板并没有将这个创意太当回事，只是抱着尝试的心态同意了，并做了一些简单的宣传。没想到，在接下来的一个星期中，顾客比平时增加了两倍，每个客人都是冲着那支可以在蛋糕上写字的笔来的。

陈老板说：“从那以后，我的生意简直可以用奇迹来形容。我本来都做好关门的心理准备了，没想到我的店员帮了我大忙。现在，她成了我的左膀右臂，好主意层出不穷，我都觉得我离不开她了。”

西方流传着一句十分有名的谚语，叫作：“Use your head（请动动脑筋）。”许多成功者一生都在遵循着这句话，解决了很多被认为是根本解决不了的问题。在现代社会，每个人都在想尽一切办法来解决生活中的所有问题，而且，最终的强者也将是善于寻找新方法的那部分人。

对问题束手无策的6种人

面对困难，一个人解决问题的能力就会凸显出来。他可能并不缺少工作的热情，也绝对的敬业，但工作成效却不尽如人意，面对问题也往往束手无策。

在工作和生活中，有些人在面对问题时，不去积极地开动脑筋，主动寻求解决的方法，而是一味抱怨，或找出种种自以为冠冕堂皇的理由来推脱，所以很难成就什么大事。在此，我们将这些人具体分为以下6类，以示警醒。

第一种人：爱找借口的人

生活中，不知有多少人抱怨自己缺乏机会，并努力为自己的失败寻找借口。为什么他们总是如此煞费苦心地找寻借口，却无法将工作做好呢？如果每个人都善于寻找借口，那么努力尝试用找借口的创造力来找出解决困难的办法，也许情形会大大不同。如果你存心拖延、逃避，你自己就会找出成千上万个理由来辩解为什么不能够把事情完成。事实上，把事情“太困难、太无头绪、太麻烦、太花费时间”等种种理由合理化，确实要比相信“只要我们足够努力、勤奋，就能做成任何事”的信念要容易得多。但如果我们经常为自己找借口，我们就做不成任何事，这对我们以后的职业生涯也是极为不利的。

如果你常常发现，自己会为没做或没完成的某些事而找借口，或想出成百上千个理由为事情未能照计划实施而辩解，那么，你自己不妨还是多做自我批评、多多地自我反省吧！

第二种人：凡事拖延的人

拖延是解决问题的最大敌人，它不仅会影响工作的执行，更会带来个人精力的极大浪费。

拖延并不能使问题消失，也不能使解决问题变得容易起来，它只会使问题深化，给工作造成严重的危害。我们没解决的问题会由小变大，由简单变复杂，像滚雪球那样越滚越大，解决起来也越来越难。而且，没有任何人会为我们承担拖延的损失，拖延的后果可想而知。

社会学家库尔特·卢因曾经提出一个概念，叫作“力场分析法”。在这里面，他描述了两种力量：阻力和动力。他说，有些人一生都踩着刹车前进，比如被拖延、害怕和消极的想法捆住手脚；有的人则是一路踩着油门呼啸前进，比如始终保持积极、合理和自信的心态。这一分析同样适用于工作。

第三种人：投机取巧的人

古罗马人有两座圣殿，分别是勤奋的圣殿和荣誉的圣殿，在安排座位时，他们有一个顺序：必须经过前者，才能到达后者。荣誉的必经之路是勤奋，试图投机取巧，想绕过勤奋就获得荣誉的人，总是被荣誉拒之门外。

许多生活中的实例证明，不管面临什么样的问题，如果总想投机取巧，表面上看，也许会节省一些时间或精力，但最终往往会导致更大的浪费。而且，投机取巧会使我们的能力日渐消退。只有努力寻找方法，将工作做到完美，我们才会收获得更多。

第四种人：浅尝辄止的人

在自然界，每一个物种都在发展和加强自己的新特征，以求适应环境，获得生存空间。生命的演化如此，生活和事业的发展也是如此。社会对个人的知识和经验不断提出了更高、更广、更深的要求，泛泛地了解一些知识和经验，是远远不够的。企图掌握好几十种职业技能，还不如精通其中一两种。什么事情都知道些皮毛，还不如在某一方面懂得更多，理解得更透彻。因为这样，我们就能将精力集中在一个方向上，从而使得前进路上的方法总比问题多，就足以使自己获得巨大的成功。

有一位发明家，他尝试着发明一种新型的榨汁机，但是经受多次挫折后，他丧失了耐心，在离成功只有一步之遥时，他放弃了努力。他将长时间积累的职业经验和资源都舍弃了，自然也就无法形成自己的核心能力。

许多“离成功只有一步之遥”的人，恰恰因为缺乏最后跨入成功门槛的勇气而功败垂成，这是他们为浅尝辄止所付出的沉重代价。

第五种人：消极怠慢的人

王峰毕业后在一家服装公司从事销售工作，虽然这与他当初的理想和目标相距甚远，但他没有消极悲观，他满怀热情并全心全意地投入自己的工作中。他把热情与活力带到了公司，传递给了客户，使每一个和他接触的人都能感受他的活力。正因为如此，尽管他才工作了一年，就被破格提升为销售部主管。

而同样很年轻的李远，也在短期内被提升到公司的管理层。有人问到他成功的秘诀时，他答道：“在试用期内，我发现每天下班后其他人都走了，而老板却常常工作到深夜。我希望能够有更多的时间学习一些业务上的东西，就留在办公室里，同时给老板提供一些帮助。尽管没人这么要求我，而且我的行为还受到一些同事的议论，但我相信我是对的，并坚持了下来。长时间下来，我和老板配合得很好，他也渐渐习惯要我负责一些事……”

在很长一段时间里，李远并未因积极主动的工作而获取任何酬劳，可他学到了很多知识并获得了老板的赏识与信任，赢得了升职的机会。

大多数人并不像王峰和李远，他们常常以一种怠惰而被动的态度来对待自己的工作，在遇到问题时也不急于寻求解决之道。其实他们不是没有自己的理想，而是很容易一遇困难就要放弃，他们缺少一种精神支柱，缺少克服困难、解决问题的主动性。

一个人在工作时所表现出来的精神面貌，不仅会对工作效率和工作质量有影响，而且对他品格的形成也有很大影响。不管你的工作和地位是如何的平凡，倘若你能够全心全意投入你的工作，就像艺术家投身于他的作品，那么所有的疲劳与懈怠都会消失。其实，我们在各行各业都有施展才华和升职的机会，关键要看你是不是以积极主动的态度来对待你的工作，以积极主动的态度来寻找解决问题的方法。

第六种人：畏惧问题的人

获得成功，谈何容易？这需要克服各种困难，解决各种问题。

可不是吗？好比赤手空拳去建立自己的王国，你要招揽人才，建立军队，开辟领地，确立制度，发展经济，治理国民，每一项工作都存在着许多困难和问题，需要你去克服解决。

不管你的王国是建立在哪种行业上，情形都是一样，当然，王国的规模愈大，问题就愈多、愈复杂。

在关键的地方无法解决问题，便会招致失败。即使这个问题解决了，又会有新问题出现。总之，在你面前，经常潜伏着失败的阴影。

胆怯的人，一想到要面对重重困难，想到失败的可怕，便会停下脚步，不敢往前走。结果，未起步的，永远停在原地；已起步的，就半途而废。

方法就在你自己身上

解决问题的关键不仅在于问题本身，更在于我们有没有解开自己的心结，在于我们有没有用心去“想”。不怕问题困难，就怕不想。就好像一把钥匙开一把锁，每一个问题都会有解决的办法，而这把解决问题的钥匙，就在我们自己身上。

王明在一家广告公司做创意文案。一次，一个著名的洗衣粉制造商委托王明所在的公司做广告宣传，负责这个广告创意的好几位文案创意人员拿出的东西都不能令制造商满意。没办法，经理让王明把手中的事务先搁置几天，专心完成这个创意文案。

连着几天，王明在办公室里抚弄着一整袋的洗衣粉想：“这个产品在市场上已经非常畅销了，以前的许多广告词也非常富有创意。那么，我该怎么下手才能重新找到一个切入点，做出既与众不同，又令人满意的广告创意呢？”

有一天，他在苦思之余，把手中的洗衣粉袋放在办公桌上，又翻来覆去地看了几遍，突然间灵光闪现，他想把这袋洗衣粉打开看一看。于是他找了一张报纸铺在桌面上，然后，撕开洗衣粉袋，倒出了一些洗衣粉，一边用手揉搓着这些粉末，一边轻轻嗅着它的味道，寻找感觉。

突然，在射进办公室的阳光下，他发现了洗衣粉的粉末间遍布着一些特别微小的蓝色晶体。审视了一番后，证实的确不是自己看花了眼，他便立刻起身，亲自跑到制造商那儿问这到底是什么东西。他被告知这些蓝色小晶体是一些“活力去污因子”，因为有了它们，这一次新推出的洗衣粉才具有了超强洁白的效果。

了解了这个情况后，王明回去便从这一点下手，绞尽脑汁，寻找到最好的广告创意，因此推出了非常成功的广告。

王明的例子给我们这样一个启示：解决问题的关键不在于问题本身，更在于我们没有解开自己的心结，在于我们没有用心去“想”。在美国也有这样的故事。

有一位年轻的铁路邮务生叫佛尔，他曾经和其他邮务生一样，用传统的方法分发信件，结果使许多信件被耽误几天或几周之久。

佛尔不满意这种现状，并想尽办法要改变它。很快，他发明了一种把信件集合寄递的办法，极大地提高了信件的投递速度。

鉴于他对邮电局的贡献，领导很快提升了他的职位。

是的，当谁都认为工作只需要按部就班做下去的时候，偏偏总有一些优秀的人，会找到更有效的方法，将效率大大提高，将问题解决得更完美！正因为他们有这种“找方法”的意识和能力，所以他们以最快的速度得到了认可！

“与其诅咒黑暗，不如点起一支蜡烛。”这句话是克里斯托弗斯的座右铭，它也应当成为指导我们工作和生活的一条准则。诅咒和抱怨，并不能解决问题，黑暗和恐惧仍然存在，而且还会因为人们的逃避和夸大而增加解决问题的难度。

然而，如果我们果断地采取行动，及时寻找解决问题的办法，哪怕我们只做了一点点努力，也会使我们朝着克服困难、解决问题的方向迈进一步。同时，我们还可能在积极努力的过程中寻找到不同的、更便捷的解决问题的方式，因为解决问题的方法就在我们自己身上。

找对方法，问题迎刃而解

同样的工作，采用不同的方法，所取得的效果是不一样的。可见，工作中方法比什么都重要。很多人工作很努力，业绩却并不太理想，其中最主要的原因就是因为他们没有找到正确的方法。

王琰和李然在同一家公司上班，在同一办公室里做着相同的工作。这天，她们面临着同样的事情：

1. 给分公司打电话，并答复他们的询问。
2. 做出下季度的部门工作计划，第二天上午交给上司。
3. 约见一个重要的客户。
4. 11:30 去机场接许多年没见面的高中同学，并送她到酒店。
5. 要去一趟医院，诊治花粉过敏症。
6. 去银行办理相关的手续。
7. 下班后和先生约会，因为今天是个纪念日。

先看王琰是怎么做的：

因为前一天晚上睡晚了，所以王琰早晨起床有些迟，她匆忙打车到公司，还是迟到了 5 分钟。一进办公室的门，就听到电话响，是上司，提醒她明天一上班就要交计划书。

她打开电脑，上网到自己的信箱里，开始一一回复客户和公司的邮件，不停地打电话答复分公司的问询。最后一个电话结束，已经 11 点了。向上司告假一小会儿，匆忙赶到机场，还好刚过 10 分钟，打同学的手机看看，原来是飞机晚点。12 点见到同学，送到酒店，一起吃饭。这顿饭吃得有点心不在焉，因为 14：30 要和客户见面，所以一边吃饭一边打电话和客户约定地点。14 点跟同学告别，赶到约定地点。因为花粉过敏，和客户约见的时候一个劲儿打喷嚏，连说 sorry，非常狼狈。回到公司，刚刚坐定，想写工作计划，银行打电话来催了。赶到银行，银行突然需加一份文件，气得她跟银行工作人员理论了半天，又返回公司。这时差一个小时就下班了，她觉得太累了，不想再写那份计划书了，先给同学打了一个电话，聊聊天感觉好了许多。放下电话，看到满桌堆着的文件，忽然觉得特烦，决定整理已拖了几个星期的文件。整理完文件，已经到了下班时间。18：00跟老公约会，一起吃晚饭庆祝纪念日，有点累，不断打哈欠。回到家，老公休息了，她却不得不泡了一杯浓浓的咖啡，坐在电脑前，继续完成工作计划。

看了王琰忙乱的一天，我们再来看看李然是怎么做的：

李然在前一天晚上睡觉前就把今天要做的重要的事情在脑海里过一遍。准时上班后，开始打电话。先给各分公司打电话，请他们将相关材料通过电子邮件传送过来，并且告知上午不再接受他们的其他询问，下午她会给予答复。然后给客户打电话约时间、地点，将客户约见地点安排在同学预订酒店的楼下咖啡店里。再给机场打电话，确定班机到达时间。最后给银行打电话，确定相关手续及要准备的材料。打完电话后，抓紧写工作计划，因为前一周已经零星写得差不多了，所以很快完成，并传给上司。中间除了几个要接的电话，其他工作全部暂停。11点离开公司时顺便拿上了到银行的所有资料。因为知道飞机晚点半小时，所以先去医院看花粉过敏症。从医院出来，直接到机场接同学，在酒店吃了一个快乐的怀旧午餐，然后直接到旁边的咖啡店和客户谈事情。去银行办完手续后，回到公司，将上午各分公司的事务集中处理完结。17：30，接到老公打来的电话，到洗手间把自己重新打扮一番，漂漂亮亮地跟老公约会，过了一个有情调的纪念日。

同样的工作，采用不同的方法，所取得的效果是不一样的。因此，要想快速高效地解决问题，实现组织和个人的目标，方法就比什么都重要。如果方法不对，结果就只能是费力不讨好。因此，找对方法是高效解决问题的关键。这是任何组织能够成为行业领先者并能持续成长的核心原则，也是任何个人要取得突出业绩与卓越成就的关键因素。

问题在发展，方法要更新

方法是需要不断更新的，对于同样的问题，随着时代和科技的进步，我们采用的解决方法也越来越科学。今天是最佳的方法，并不代表永远是最佳的方法，我们必须树立一种与时俱进的态度，不断学习，不断更新，永远追求更好的方法。

时代在前进，人们所掌握的知识越来越多，许多过去我们无法给出答案或是给出了错误答案的一系列问题，在今天都已不再是难题。既然问题在不断变化，人们掌握的东西也在不断发展，那么解决问题的方法也必定是在不断更新的。

1928年的暑假，天气格外闷热，英国伦敦赖特研究中心的弗莱明医生心情异常烦躁，他胡乱放下手中的实验，准备去郊外避暑。实验台上的器皿杂乱无章地放着，这在一向细心的弗莱明20多年的科研生涯中还是第一次。

9月初，天气渐凉。弗莱明回到了实验室。一进门，他习惯性地来到工作台前，看看那些盛有培养液的培养皿。望着已经发霉长毛的培养皿，他后悔在度假前没把它们收拾好，但是一只长了一团团青绿色霉花的培养皿却引起了弗莱明的注意，他觉得这只被污染了的培养皿有些不同寻常。

他走到窗前，对着亮光，发现了一个奇特的现象：在霉花的周围出现了一圈空白，原来生长旺盛的葡萄球菌不见了。会不会是这些葡萄球菌被某种霉菌杀死了呢？弗莱明抑制住内心的惊喜，急忙把这只培养皿放到显微镜下观察，发现霉花周围的葡萄球菌果然全部死掉了！

于是，弗莱明特地将这些青绿色的霉菌培养了许多，然后把过滤过的培养液滴到葡萄球菌中去。奇迹出现了：几小时内，葡萄球菌全部死亡！他又把培养液稀释10倍、100倍……直至800倍，逐一滴到葡萄球菌中，观察它们的杀菌效果，结果表明，它们均能将葡萄球菌全部杀死。

进一步的动物实验表明，这种霉菌对细菌有相当大的毒性，而对白细胞却没有丝毫影响，就是说它对动物是无害的。

一天，弗莱明的妻子因手被玻璃划伤而开始化脓，肿痛得很厉害——这无疑是感染了细菌。弗莱明看着妻子红肿的手背，取来一根玻璃棒，蘸了些实验用的霉菌培养液。第二天，妻子兴奋地跑来告诉弗莱明："亲爱的，您的药真灵！瞧，我的手背好了。您用的是什么灵丹妙药啊？"望着妻子消尽了红肿的手背，弗莱明高兴地说："我给它命名为盘尼西林（青霉素）！"

现实中，每天都会产生出许多新问题，也会发现许多新方法。在青霉素发明之前，人们遇到细菌感染问题采用的是一类方法，而在青霉素被发现之后，细菌感染的问题有了新的也是更有效的解决方法。

再举一个简单的例子。大家在电视剧里看到古代常用一种“滴血认亲”的方式来判断两者的亲属关系。我们姑且不论这个方法是否科学，但随着科技的日新月异，要解决这个问题，已经不再采用古老的方法，而改用全新的科学技术，进行 DNA 对比。它们解决的是同一个问题，却是用了不同的方法。由于古代科学技术的限制，我们不可能要求他们能运用当今的科技。同样，因为新技术的诞生，旧的方法也被新技术所取代。